中国学術思想研究輯刊

七　編

林　慶　彰 主編

第1冊

《七 編》總 目

編輯部編

易緯釋易考

江婉玲著

花木蘭文化出版社

國家圖書館出版品預行編目資料

易緯釋易考／江婉玲 著 — 初版 — 台北縣永和市：花木蘭文化出版社，2010〔民99〕

序 2+ 目 4+226 面；19×26 公分

（中國學術思想研究輯刊 七編；第 1 冊）

ISBN：978-986-254-160-9（精裝）

1. 易緯 2. 研究考訂

121.19 99002184

ISBN - 978-986-254-160-9

中國學術思想研究輯刊

七 編 第 一 冊 ISBN：978-986-254-160-9

易緯釋易考

作　　者 江婉玲

主　　編 林慶彰

總 編 輯 杜潔祥

出　　版 花木蘭文化出版社

發 行 所 花木蘭文化出版社

發 行 人 高小娟

聯絡地址 台北縣永和市中正路五九五號七樓之三

電話：02-2923-1455／傳眞：02-2923-1452

網　　址 http://www.huamulan.tw 信箱 sut81518@ms59.hinet.net

印　　刷 普羅文化出版廣告事業

封面設計 劉開工作室

初　　版 2010 年 3 月

定　　價 七編 22 冊（精裝）新台幣 36,000 元

《七 編》總 目

編輯部　編

《中國學術思想研究輯刊》七編　書目

易學研究專輯

第 一 冊　江婉玲　易緯釋易考

第 二 冊　謝綉治　魏晉象數易學研究（上）

第 三 冊　謝綉治　魏晉象數易學研究（下）

第 四 冊　江弘遠　惠棟易例研究（上）

第 五 冊　江弘遠　惠棟易例研究（下）

尚書研究專輯

第 六 冊　游均晶　蔡沈《書集傳》研究

第 七 冊　何銘鴻　皮錫瑞《尚書》學研究

詩經學研究專輯

第 八 冊　趙明媛　《詩經》詮釋與《詩》說批評——姚際恆《詩經通論》研究

第 九 冊　江乾益　陳壽祺父子三家詩遺說研究

禮學研究專輯

第 十 冊　吳安安　《儀禮》飲食品物研究

第十一冊　吳安安　五禮名義考辨

春秋學研究專輯

第十二冊　曾錦華　《呂氏春秋・十二紀》紀首、《淮南子・時則訓》及《禮記・月令》之比較研究

第十三冊　張厚齊　《春秋》王魯說研究

林明昌　《春秋繁露》的天道觀與治道思想

《中國學術思想研究輯刊》七編
各書作者簡介・提要・目次

第一冊　易緯釋易考

作者簡介

江婉玲，1961 年生，台北市人。師大國文系學士，國文研究所碩士。畢業後從事教學工作迄今，曾任教士林國中，目前任教於台北市立第一女子高級中學。

大學時期大抵以文學的學習爲志趣，曾旁聽《易經》課程，由於義理深邃，無法領略教授所闡述的易學內涵而中止。其後踏出校門任教，由於與同事對命理之學的鑽研，因緣際會下又重新接觸《易經》而生好奇之心，然而總認定《易經》就是算命之學。及至到研究所時，重新開始學習易經，碩一即到大學部跟隨黃慶萱教授習易，由象數入門，進至義理，而略識其趣；碩二繼續研習《易經》研究，又到台大旁聽黃沛榮老師的課程，對於經文、易例、象數、易理有了更深一層的認識，而更堅定研究易學的決心。

碩士論文的撰寫還只是起步，易學浩瀚，仍是一條漫漫長路，可能要到退休後再繼續專研了。

提　要

夫《易》之爲書，自《十翼》一出，推天道以明人事，乃一躍而躋身經學之林，班志更推許爲五經之原，實爲中華文化之源頭活水也。孔子而後，歷朝碩儒俊彥，莫不戮力易學研究，易學遂彬彬蔚蔚，漪歟盛哉！而《易緯》興於讖緯學風、象數派易學勃興之漢世，學者大抵摒之於學術之次要地位，貶多於褒也。然諸儒注書，亦頗徵引緯文；《四庫全書》視爲要籍，次列經類，則《易緯》足有配經、助文等價値，通於《十翼》發明易旨之處不少，若能揭發其述易精義，睹識其緯術祕奧，亦爲宏揚易學之一助也。故今僅由其「釋易」一途入手，標舉數、象、理、術四綱，考述其「翼經」之要旨，冀能歸予本書易學史上應有之地位。

本論文以《易緯釋緯考》爲題，全文共分五章，凡十餘萬言。前有緒論，肯定《易緯》爲漢代《易傳》之地位，與本文之結構。第一章〈易緯概說〉，乃分別考察其源流，判別其眞僞，探求其內涵，列述其輯錄，析論其名義，抉發其價値。二章至五章爲本文之重心，分由易數、易象、易義、易術四方面立說，足見《易緯》有解經釋易之實，確有資格可稱漢代之《易傳》也。文末繫以結論，總述其發明易旨之精義，及其影響。

緯書者，所以輔助經義，敷敘經理者。《易緯》確能發揮緯之翼經功效，然以其眞僞雜糅，醇駁參伍，乃掩翳其姿，朱紫相亂也。今之所作，試擬爬羅剔抉，去蕪存菁，以申證或補足《易傳》於數、象、義、術所未傳示之幽微事義。今勉力草述，撰爲茲編，聊附前賢研論緯學之末，欲爲《易緯》研究之入門也。

目　次

第二、三冊　魏晉象數易學研究

作者簡介

謝綉治，台灣台南人。主要的研究領域集中在象數易學與道教易學上，兼研文化藝術、評論寫作等範疇。著有《周易憂患九卦之研究》、《中國哲學導論》、《平易人生》等專書。發表〈綜論《易・家人卦》與《白虎通》〔三綱〕之倫理觀〉、〈從《內德論》談儒佛的倫理思想〉、〈俞琰《易外別傳》的道教易學初探〉、〈俞琰丹道易學探微〉、〈管輅易學述論〉、〈魏晉卦變說析論〉、〈新聞評論的標題探析〉等學術論文近二十篇。

提　要

本書選擇魏晉象數易學作爲研究之目標，在於兼論象數易與術數易之精髓，並從中挖掘義理之要義，表現其特殊的學術意義及文化價值。主要的內涵包含三個面向：一、象數易學與義理易學論辯所展開的易學議題，如管、何之爭與孫盛與殷浩的「易象」之辯等。二、注經派的解《易》方法與思想，如各種易例的特色與人事義理之闡揚。三、占驗派的範疇內容，包括卜筮的種類、思想與納甲筮法學說的確立。

該書一個重要的特點便是從術數學的原理及文化史的角度去釐清術數易所體現的各種內容及思想深度，顯發聖人觀變玩占、神道設教之微旨，尤其是將一套占驗之學由「術」提昇到「學」的境界，在納甲說的基礎上，運用各種象數易學體例、卦爻之象，以及干支納甲、五行生克等方法，建立起占筮理論的系統，完成易道在人事上的落實，使「術」與「學」合而爲一。此外，對於魏晉象數易學所提到的「象先意後」、「意先象後」、「象中求意」、「意中求象」、「大衍之數」、「天地之數」、「象數先後」、「陰陽運動」等諸多議題也都加以探索。

象數，天道之學而實人事之道。本書雖站在象數易學的立場，也不敢輕忽聖人因象通義、藉占通德的揲筮之旨，故將象數派與術數派的易學主張皆包蘊於魏晉時期象數易學的探研當中，目的在創發一個更爲多元的學術視野與寬厚的學術氣象，以便開展更多的研究課題。

目 次

上 冊

第四、五冊 惠棟易例研究

作者簡介

江弘遠，1962 年生於台北市， 1988 年以黃慶萱教授指導論文《惠棟易例研究》獲得台師大國研所碩士學位，今列入大陸清代學術史研究書目。2006 年以王葆玹教授所指導論文《京氏易學研究》，獲得北京中國社科院哲學博士學位，2006年更名為《京房易學流變考》在臺出版，2007年獲得副教授升等資格。發表於《中台學報》有〈戰國秦漢之《周易》象數學概況〉、〈構築當代《易》學研究方法之反思——以惠棟對京氏《易》之誤解為例〉、〈漢代兩京房《易》術考〉、〈管輅玄理化《易》學研究〉、〈《易傳》聖人意象思維之通解〉。

提　要

本論文約三十萬言，分上中下三篇。今敘研究目的、資料來源、研究的方法、研究的結果如下：

一、研究目的：古今言「《易例》」者多矣，而惠棟《易例》較他本言例者有條理，範圍亦較為廣泛，故擇此書詳加研討，以其達到繫傳所言「《易》有聖人之道四焉，以言者尙其辭，以動者尙其變以制器者尙其象，以卜筮者尙其占」之目的，並求實用化、整合化、現代化。

二、資料來源：占筮方面，參引新近大陸出土數字卦、〈帛書周易〉之各篇研究報告；並取《春秋占筮書》、《易學新論》、《卜筮正宗》、左傳等書以資研究。陰陽方面，則採《淮南子》、《太玄經》、黃帝陰符經諸書。制器方面，則參《中國文明史話》、《中國文化史工具書》、《考古學基礎》、《古代文明之謎》等新作。圖說方面，乃以《易圖明辨》、《易學象數論》、《易漢學》等書而論之。卦象方面，就〈繫傳〉、〈說卦傳〉、〈虞氏逸象〉諸篇而說。餘例如互體、反卦、爻象等，則以《先秦漢魏易例述評》、《兩漢十六家易註闡微》、《周易釋爻例》、《周易集解纂疏》為主要參考資料。

三、研究方法：本文以考證為主。於卦象，則取日常所見事物來比擬，而評論諸家所言之象。於占筮，則試以納甲納支五行生剋沖合，互證經傳之內容。於圖說、卦變等，則參考新近出土資料報告，求其原始面貌，追尋其演變跡象。自王弼以來，象數、義理之《易》，多未能整合通變，故本論文不專主某方，乃基於合理原則，欲效孔子「一以貫之」之治學方法，用客觀態度做研究。

四、研究結果：本論文研究之心得，如《左傳》「艮之八」占例，乃以不動之第二爻為用神；《國語》「貞屯悔豫皆八」，則為一事二筮之法，而以二卦之不動世爻為用神；並推納甲納支五行之術以解卦爻辭，多有吻合之處，尤於「七日來復」「十年乃字」「八月有凶」等日占月占年之法，頗有領會也；於數字卦至陰陽符號成立之過程，亦有若干合理之解釋；其周易之原始功用，及經傳所含之背景，亦略能窺知；且於《易例》一書之優劣處，一一列論之；於古今若干《易》學諸家之說，也敘論其得失；復增述《易例》一書所遺漏之例於後云。

目　次

第六冊　蔡沈《書集傳》研究

作者簡介

游均晶，臺灣桃園人，一九六九年十二月生，東吳大學中國文學研究所碩士。現任長庚大學中醫系兼任講師，專研《醫古文》與中醫文獻學。著有《蔡沈書集傳研究》，編有《經學研究論著目錄》（1988～1992）、《乾嘉學術研究論著目錄》，《點校補正經義考・論語》第七冊等書。

提　要

《書集傳》六卷，爲南宋蔡沈所著，注解《尚書》詳盡可考，爲朱子嫡傳，爲宋代以來最重要的《尚書》著作。蔡沈《書集傳》的成就特出於宋儒，建立了注經的新典範，影響頗爲深遠，爲元明清三代科舉所用注本，爲研究宋人《尚書》學不可或缺的重要書籍。

目　次

第七冊 皮錫瑞《尚書》學研究

作者簡介

何銘鴻，一九六九年生，臺南縣人。臺北市立師範學院語文教育學系畢、應用語言文學研究所碩士，歷任臺北市、臺南縣國小教師、組長、主任等職務，現就讀臺北市立教育大學中國語文學系博士班，研究範圍以小學語文教育、經學、《尚書》學爲主，已發表〈九年一貫課程下的作文教學——以中年級爲例〉、〈古文尚書攷實述要〉、〈我對臺灣閩南語標音方式的看法〉、〈青山大介教授與先秦哲學研究〉、《古文尚書攷實》點校、〈《審核古文尚書案》述評——兼談古文《尚書》之眞僞問題〉等論文多篇。

提 要

皮錫瑞可說是晚清研究《尚書》之大家，其《尚書》著作以條理明晰、考證翔實而聞名，尤以《今文尚書考證》一書，可說是晚清今文《尚書》學帶總結性的代表作，其書所收集的材料、表達的觀點、採用的方法、呈現的特色等，都具有一定的學術價值，惜迄今未有研究之成果。

本文即嘗試以《今文尚書考證》之原典資料爲基礎，參考皮氏其他《尚書》之著作，以分析、歸納、比較的方法，針對皮氏《尚書》著作的體例、內容、方法、特色等方面，予以逐一釐析，以呈現皮氏《尚書》學在晚清學術史上之成就與地位，希望對於晚清學術史的研究上，或者有些助益！

全書章節依下列之次序安排：

第一章清末《尚書》學之發展：自歷代尚書學之發展始述，次爲清末今文學派的發展，最後爲清末《尚書》研究概述。期於對清末《尚書》學之發展有一概括的瞭解。

第二章皮錫瑞學記：針對皮錫瑞生平、學術立場以及皮錫瑞對《尚書》一經的基本態度作一敘述，以爲進一步研究之基礎。

第三章皮錫瑞《尚書》著作述要：針對皮錫瑞幾本重要的《尚書》學著作——《今文尚書考證》、《尚書大傳疏證》、《尚書中侯疏證》、《古文尚書冤詞評議》之重點作一簡要的摘錄，以見皮氏《尚書》著作之特色與發明。

第四章皮錫瑞《今文尚書》之研究（上）：對於皮氏《今文尚書》考證條例予以歸納出幾項基本原則，並論述皮氏依此原則對《尚書》之字詞與脫誤處所進行的考證。

第五章皮錫瑞《今文尚書》之研究（下）：接續上一章，敘述皮氏在名物制度、三代史實之考證，以及歸納皮氏在考證時所使用之方法。

第六章結論：總結前述研究所得之結論與心得。

目　次

第八冊　《詩經》詮釋與《詩》說批評——姚際恆《詩經通論》研究

作者簡介

趙明媛，中央大學中文所博士。著有專書論文：《歐陽修詩本義探究》、《詩經詮釋與詩說批評——姚際恆詩經通論研究》，另有單篇論文：〈莊子德充符析論〉、〈釋朱熹詩集傳之賦比興〉、〈姚際恆詩經通論之詮釋觀念——意會與言傳〉、〈淫詩之辨——朱熹淫詩說與姚際恆的批評〉、〈荀子的天道思想〉（合撰）等。

作者執教於國立勤益科技大學，96 年參與執行「教育部獎勵教學卓越計畫」，開發中文教材，與江亞玉、張福政、童宏民、劉淑爾共同編著《大學文選——語文的詮釋與應用》一書。

提　要

近來研究姚際恆《詩經通論》的學者不在少數，關於姚際恆生平、著作之考察、《詩經通論》對傳統的批判以及實際說《詩》得失等方面的探討，都達到一定深度與廣度。然而，《詩經通論》是一部解經的著作，有著一貫的經學立場，並且透過詮釋原則與方法的運用，批評前人《詩》說，提出個人解釋。因此，由這些方面反省《詩經通論》的觀念與理論，進而評論其價值與歷史地位，相信較能獲致全面且客觀的認知。

顯而易見的，形式上《詩經通論》主要由批評前說與解釋詩義兩部分組成，至於姚際恆的說《詩》立場、觀念與方法等等，也表現在種種論述之中。是以，本文將以四個層面爲討論重點：「解經立場、觀點與理想」、「詮釋原則與方法」、「對《詩序》與《詩集傳》的批評」、「價值與歷史地位」，以期完整呈現《詩經通論》的特色與價值。

姚際恆一秉經學立場，通過批判《詩序》、《詩集傳》兩部說《詩》權威之作，達到擺落一切傳注的目的；進而，建立一己的詮釋原則與詮釋方法，以回溯詩人創作之原始情境，闡釋創作原旨，發揚《詩經》的教化意義；這些在在顯示出爲說《詩》傳統重新賦予活力的積極貢獻。《詩經通論》所呈現出的觀點、研究方法、以及具體的研究成果，許多地方已超越當時的學術潮流，而對後世產生一定的啓發作用。

目　次

第九冊　陳壽祺父子三家詩遺說研究

作者簡介

江乾益，臺灣省臺中市人，一九五六年生。曾就學於臺中市南屯國小、崇倫國中、省立臺中一中、國立中興大學中國文學系，國立臺灣師範大學國文研究所碩士班、博士班，於一九九一年卒業。曾任教於臺南縣南榮工專，擔任專任講師一年，臺北市銘傳商專、銘傳管理學院專任講師五年。一九九一年自臺灣師範大學國文研究所博士班畢業後，任教於國立中興大學中國文學系，以迄於今。曾擔任該校通識教育中心主任，現任中國文學系教授兼系主任。

作者專長在中國學術史及經學之研究，著有碩士論文《陳壽祺父子三家詩遺說研究》、博士論文《前漢五經齊魯學之形成及其影響研究》、《詩經之經義與文學述論》等專著，及單篇論文〈漢代尚書洪範咎徵學述徵〉、〈后倉與兩漢之禮文化〉、〈禮向位之儀探論〉、〈漢書五行志中之災異說探論〉、〈中國歷代論語學之詮釋形態及其方法論〉、〈儒家倫理學說與臺灣現代化關係的探討〉等多種。

提 要

茲篇論文之作，在藉清儒陳壽祺、喬樅父子蒐輯魯、齊、韓三家《詩》遺說之所得，探討兩漢《詩經》學之內涵，以歸論其經學之精神，與三家亡佚之緣由。本文計分十章：

首章述陳壽祺父子之生平，與其治學之旨趣及成就。

次章述陳壽祺之漢學理論與方法。蓋清學之成就所以邁越前人者，在以科學之精神與方法治學。陳壽祺《經郛義例》之方法，乃集清儒之大成，即今日持以治國學，亦尟有所失。道光、咸豐之間，漢學由許、鄭溯源上及西漢今文學，陳氏實管其樞轄之地位。

第三章辨明師法與家法之分別，以此探討三家《詩》之傳授歷程。分由史傳所載傳人，及兩漢百家著述兩端探究歸納其家法之數，以明後文徵引皆有所驗也。

第四章述《魯詩》成立之因緣，與《魯詩》篤守不失軌範之風，並爲之解題，以證《漢書・藝文志》謂魯爲最近之意。

第五章闡《齊詩》之學，本之於陰陽，合之以禮樂，而爲之解題。蓋齊學以風氣之所處，純然與魯異也。

第六章言《齊詩》翼氏一支之說。齊學皆有非常異義之論，學者多不能曉。其源即出於陰陽，又與禮樂摻合，陰陽既失其數，禮樂亦失其統，翼氏之說純爲齊學，獨傳其緒。故孔廣森謂始際之義出於歷律，當爲篤論，其詳雖不能明，亦得彷彿焉。

第七章揭《韓詩》遺說，論定其價值。韓生皆推《詩》、《易》而爲傳，《易》仿文王之演卦，《詩》效孟子之逆志，其爲學駁雜，亦自成一家。

第八章比勘兩漢四家《詩》之異文。蓋字句爲篇章之本，字倘能明，驪珠可得。《毛詩》多假借之文，三家多用本字，用三家之字，足輔成《毛詩》之意也。

第九章論鄭康成之《詩經》學。鄭氏《詩》學兼括四家，箋《詩》以毛爲主，採經傳與三家《詩》之學以成一家之言。而其體系理論，多有間失，此章所論，在剔其出處，並爲之評騭，以求其縝密不失。

第十章結論，述陳氏父子抉幽闡微之功績，並論三家寖微、《毛詩》獨傳之理。蓋學術乃優者受容，適者留存，非苟焉而已也。

目　次

第十冊　《儀禮》飲食品物研究

作者簡介

吳安安，國立臺灣師範大學國文研究所碩士、博士。現任新生醫護管理專科學校助理教授。長期致力於禮學思想的詮解及闡發，著有《五禮名義考辨》、《《儀禮》飲食品物研究》等書，近年尤其關注飲食、醫藥、婦女生活等相關議題，並曾發表多篇論文。

提　要

《《儀禮》飲食品物研究》一文，旨在分析《儀禮》各儀節階段所需使用的禮食、禮器，藉由對種類、數量、功能之了解，進而探討其間的施用狀況及意義。

「飲食」爲人類經常進行的活動，雖看似平凡，卻往往具有深刻的意義。就字義觀察，「飲」與「食」經常連言，但實爲二事，「飲」可指喝的動作、供人或動物飲用及飲料的通稱；「食」則有吃、提供人或動物食用、飯及食物等義。「食」的字義範圍較廣，可涵蓋「飲」；「飲」則無法概括「食」。二者關係密切，主要由於透過口部進用的動作，並消化吸收轉化爲能量的功用接近，反映於餐飲過程，每每形成飲食兼備的模式。飲食除了最基本的維持生理機能正常運作的功能外，亦有助於強健體魄、修養心性，表達敬天愛人的精神，甚而至於國家的興衰存亡，都與其密切相關；綜觀《儀禮》各篇，尤其在敦親勵下、區別人我、報本返始三方面，表現得最爲顯著。

禮學的研究，素有名物一門，探究衣服、飲食、宮室、車馬、武備、旗幟、樂舞等方面的制度。我國飲食的美味、精緻，向來受到世人推崇，十七篇除〈士相見禮〉、〈覲禮〉、〈喪服〉外，各篇均載有與飲食相關的程序，包括贄見之贈禮、宴席的預備和陳設、賓主酬酢、回饋致贈等等。由於涉及範圍龐大，爲求深化主題，遂針對儀節中曾實際進用的部分加以研究，餘者暫不列入討論。

本文以《儀禮》禮書所載的篇章爲主，由各個儀制所必備的要素 飲食切入，藉由傳世文獻與出土實物間的相互印證，輔以社會學、人類學等相關學科，除探討飲食在儀制中的食飲狀態、文化內涵外，更期望藉著對於禮書所載各儀節使用的飲食品物的分析，得以進一步了解上古禮制的精神，且能夠在禮學的研究上有所助益。

爲便於了解儀式進行間飲食的設置，本論文在架構上，採歸納、分類的方式安排章節。首先，將《儀禮》所載性質相近之禮歸於同章。其次，各章之下依篇分節。其三，各節之下又按照儀節程序，分析統整所須使用禮食、禮器的物性、實用功能、象徵意義、考古實物，以及於特定禮儀中使用的原因。

目　次

第十一冊　五禮名義考辨

作者簡介

吳安安，國立臺灣師範大學國文研究所碩士、博士。現任新生醫護管理專科學校助理教授。長期致力於禮學思想的詮解及闡發，著有《五禮名義考辨》、《《儀禮》飲食品物研究》等書，近年尤其關注飲食、醫藥、婦女生活等相關議題，並曾發表多篇論文。

提　要

《五禮名義考辨》，旨在探討「五禮」這個名詞的定義，及其形成原因。

「五禮」，是禮目的分類，在經學研究中，經常被用來對應儀制的類別；但是前人大多逕述爲：吉禮、凶禮、賓禮、軍禮、嘉禮五個類目，迄至目前爲止，幾乎沒有人對此一名詞的定義和訂定原因，做過系統、深入的研究與分析。以「五禮」的名義爲探究主題，是想要以此作爲敲門磚，期望藉由對禮制分類的了解，得以對禮的發展體系，建立初步的概念。

在進行研究探討時，有幾個發現：首先，「五禮」這個名詞，在先秦時期出現得並不頻繁，只有《尚書》的〈舜典〉、〈陶謨〉;《周禮》〈地官・大司徒〉、〈地官・保氏〉、〈春官・小宗伯〉和《大戴禮記・曾子天圓》，共計使用六次。而各篇經文本身，都沒有解釋「五禮」的意義。其次，一般來說都將「五禮」解釋爲：吉禮、凶禮、賓禮、軍禮、嘉禮五項，吉、凶、賓、軍、嘉這個系列，目前最早的使用，是見於《周禮・春官・大宗伯》，然而大宗伯的職文中，並沒有「五禮」這個名詞。也就是說，「五禮」與吉、凶、賓、軍、嘉，未曾同時於同一篇章中出現；最早將此二者牽合在一起的，已是東漢的鄭眾、馬融、鄭玄等人。其三，在《尚書》之〈舜典〉、〈陶謨〉及《周禮・地官・大司徒》，都有與吉、凶、賓、軍、嘉相異的說解。譬如：鄭玄、賈公彥主張〈舜典〉的「修五禮」所修的是公、侯、伯、子、男之禮；對於〈陶謨〉，鄭玄、王肅、僞孔《傳》、孔穎達等人，有天子、諸侯、卿大夫、士、庶民；王、公、卿、大夫、士；公、侯、伯、子、男等，位階等級方面的解釋。至於〈地官・大司徒〉，則有孫詒讓《周禮正義》，主張是大司徒十二教的祀禮、陽禮、陰禮、樂禮、儀禮。其四，「五禮」是戰國學者對於禮的分類方式，然而從先秦乃至於兩漢，禮的分類方法，大多十分簡約，僅有吉凶二分，或是概略的類名表述；唯有〈春官〉「五禮」的歸類，在當時算是較有系統的呈現。

禮經過長時期的發展，到周代時，無論是儀節的數量或程序都日趨繁複，為便於了解與施行，自然發展出分類的方式。因此，本論文在架構的安排上，也依循此一順序，由禮的起源開端，接著分析「五禮」的定義，進而由先秦兩漢禮的分類概況，探討〈春官〉「五禮」的訂定原因。

目 次

第十二冊　《呂氏春秋十二紀》紀首、《淮南子・時則訓》及《禮記・月令》之比較研究

作者簡介

曾錦華，國立成功大學中國文學系學士、國立政治大學中國文學研究所碩士，現執教於明新科技大學，教授中文領域、神話、歌謠等課程。

人到中年，方知學問之趣味，如清風明月，於不著痕跡之處。

提　要

呂不韋集眾賓客所著成之《呂氏春秋》，旨在調和各家，取其精而用其長，以爲王者施政方針。不韋死後，秦始皇盡採其象徵帝運五德之說而改制；及漢之世，雖諱言其說，然其於漢代學術政治之影響，卻極爲深遠，徐復觀先生即言兩漢思想家，幾乎無人不受十二紀紀首——月令之影響。呂氏賓客以陰陽五行納入十二月紀之帝王行事曆中，又與政治設施相應而組合，兩漢學術政治瀰漫陰陽五行符命讖緯之說，可謂十二紀已發生實質影響。

月令之文，歷代各有傳本，夏月令，傳世〈夏小正〉，當爲晚出之書；殷月令，可考者唯有甲骨文中之干支表；周月令，《周書・月令》已佚，論者以爲〈周月〉、〈時訓〉二篇；秦月令，則爲《呂氏春秋・十二紀》；前漢月令則有《淮南子・時則》及《禮記・月令》。月令之文常見於秦漢人之著述，月令

之名則不一，今所見之時政月令亦不只一種，鄭玄注《禮記・月令》時，所及見者，即有《呂氏春秋・十二紀》、《禮記・月令》、《今月令》及《王居明堂禮》四種。

其中大體具在而又大同小異者，僅有《呂氏春秋・十二紀》、《禮記・月令》及《淮南子・時則訓》三種，其大同者，如各月之天文記事、五德轉移、干支配置及各月政令安排；其小異者，除用字差異及文字脫落外，或有因反應時代風尚而增刪者，亦有助於考究思想、明學術流衍。斯文之纂述，雖未能盡掃霾翳，唯取捨從違，求其近道而已。

目　次

第十三冊　《春秋》王魯說研究

作者簡介

張厚齊，民國五十二年生，東吳大學中國文學研究所碩士，現於博士班進修中，並兼任講師，研究主要領域爲春秋學，曾發表〈郭店竹簡與鄒衍學派關係蠡探〉、〈建構中華文化版圖新著——評介《中華文化寶庫》〉、〈從歸有光的文學理論探討〈項脊軒志〉的文章特色與寫作技巧〉、〈兩漢章句之學歷史考源與發展例釋〉、〈陳柱《公羊家哲學》略論〉、〈《禮記學記》「化民成俗章」鄭注孔疏商榷〉、〈神思說之特質與演變探析〉等學術論文。

提　要

《春秋》王魯說乃董仲舒、何休一系公羊學之核心價值，所以建構《春秋》之理想國也。按春秋之世，禮崩樂壞，諸侯僭越，不統於王。王魯者，示夏、殷、周三代以來之王道，一統於魯也。故董仲舒《春秋繁露·三代改制質文》以孔子「親周、故宋、以《春秋》當新王」，乃擬魯當《春秋》之新王，以維繫道統於不墜耳。

王魯說之形成背景有三：一以周道衰廢不足觀，周禮盡在魯矣。二以三統循環說，董仲舒首倡之，乃道統遞嬗之論，異乎五德終始說之政統遞嬗論也。三以素王說，蓋素王者，無王爵而行王道者之謂也，不必定指爲誰；孔子作《春秋》，乃行素王之事，又擬魯十二公爲王，以行王道，俱《春秋》之素王也。

王魯說之書法有二：一以借事明義，蓋王魯說乃假行事以見素王之法也。二以文與而實不與，凡周王與諸侯之行，縱不合於禮，實不與之，有偶進於王道者，文猶與之，此王魯說重王道之義也。

至王魯說之價值有三：一以彰顯一統與尊王之理想，蓋行王道本周王之事，惟久不得而行矣，故《春秋》別立素王，代行周王之事。二以解決漢世道統與政統之糾葛，漢帝因行事而加乎王心，孔子世封殷紹嘉公，皆其例證也。三以垂示後世因時制宜與時俱進之法，蓋《春秋》乃爲後世制法，不專爲漢也。

按本文所創獲者，五德終始說與三統循環說之遞嬗系統不同，《春秋》乃素王之事，《春秋》「王正月」之王乃素王，王魯說「文與而實不與」之書法，俱發前人之所未發。雖云創獲，實一本《春秋》道統之義，不敢須臾離也。

目　次

《春秋繁露》的天道觀與治道思想

作者簡介

林明昌，1962 年生，台北市人，淡江大學中文博士。現任佛光大學文學系助理教授，兼世界華文文學研究中心主任。曾任台北「林語堂故居」執行長。

著有《想像的投射——文藝接受美學探索》、《華語教學——理論與實務》、《古文細部批評研究》（博士論文）。主編《閒情悠悠——林語堂的心靈世界》，合編《多元的交響——世華散文評析》、《視野的互涉——世界華文文學論文集》等。

提　要

本文探究的課題爲《春秋繁露》的天道觀，及以天道爲中心發展出的治道思想與宏規。

《春秋繁露》天道觀的建立是治道思想的基石，論述天道觀時是以治道爲實際內涵，討論治道時則以天道觀爲基本原則。

天道在《春秋繁露》包含兩個面向，即統一和諧的結構，以及此結構的「尊生貴德」趨向。前者包括天地宇宙中心的「元」及十端、陰陽、五行等，並且以「同類相動」組合成立體的天道結構，以及建立與人世的關聯。後者說明天道並非平衡靜態結構，而有特定的趨向，即尊生貴陽。

由尊生貴德及陰陽五行的天道觀形成的治道思想，開展出君王法天德、正己安民、無爲而治；群臣法地德、眾賢同心、分職敬事；制度上則是改制救弊、緣情立制、因材序位等政治原則。並依據尊生的天心之仁及客觀化的實踐需求，提出以「重人」和「別嫌疑」爲內涵的春秋大義，作爲理想國度的實現途徑及根本大法。

《春秋繁露》由天道觀開展出的治道思想，最大特色在於標舉出高於一切的「道」，天地君臣民都必須服膺此道。然而此道並非焯著可見，要依靠學者的詮釋才能彰顯，學者因此擁有天道與治道的最高詮釋權・這是藉「道尊於勢」的設計，使得學者雖然在政治結構中處於君王之下，卻能巧妙成爲政治與社會的領導者。

目　次

第十四冊　命與德：論《左傳》中的吉凶禍福

作者簡介

簡瀅灩，臺北縣人，民國七十一年出生。

學歷：私立玄奘人文社會學院中國語文學系畢業。國立中央大學中國文學系碩士班畢業。

論文發表：〈以陸機《文賦》中的美學理想探討其《擬古詩》的藝術表現〉，周憲、徐興無編：《中國文學與文化的傳統及變革》，南京：南京大學出版社，民國 97 年 11 月，頁 329～341。《命與德：論《左傳》中的吉凶禍福》，桃園：

國立中央大學中國文學系碩士論文，民國 98 年 1 月。

現任：臺北縣立鶯歌高級工商職業學校國文教師

提　要

從古至今，生命的安頓一向是人類關注的焦點，中國古代的經典也往往以生命爲中心而展開記述。本論文正是基於對生命存在的關懷，重新閱讀、思索《左傳》一書對生命安頓的表現，透過對「命」與「德」觀的思考，論析《左傳》中的禍福事件，以此瞭解春秋時人對人生處境的反省思維，進而深究《左傳》所欲傳達的歷史意義。

本論文的主要內容分爲四個部分：第一部分是從歷史時代的脈絡下去考察「命」觀的起源。在商人的觀念中，禍福掌握在「帝」的手中，因此能否獲得帝命神意的支持，便成爲統治者擁有政權的關鍵因素；周人雖承襲商人此一想法，卻改以「天」指稱至上神，同時提出「德」的觀念，以此作爲天命轉移的依據。第二部份旨在研究《左傳》中「德」觀的內涵與影響。透過考察「德」字的起源，指出「德」具有象徵政權的原始義，並在周初開始產生具有道德的意涵；進而從《左傳》對「德」的記載中，說明春秋時人將周初「德」的觀念延續與深化，開展出以禮爲依歸的道德內涵，與強調道德規範的政治思想，顯示當時重德的思想概況。第三部分意在探討《左傳》中「命」的展現形式。由於《左傳》中禍福事件的預言是其「命」觀最直接的呈現方式，因此分別從天時星象、龜卜筮占、夢境徵兆、相人之術以及言行威儀五個面向進行論述，解讀徵兆與禍福之間的關係，進而從中挖掘出春秋時期的宗教信仰與人文精神的交錯情形。第四部分則是探究《左傳》中「命」與「德」的相互關聯。首先延續第三部分以徵兆預言「命」之禍福的觀點，接續討論人的德禮行爲對徵兆的影響力；其次分別就「命」與「德」一致、無關、不一的三種關係，論述其中的禍福事件，藉此梳理出春秋時人不同的思想概念；最後解析春秋時人在這三種「命」、「德」關係的影響下，所引發出的處世態度與價值判斷。

透過這些禍福事件的論析，可知《左傳》客觀地載有「命由天定」、「命隨德定」與「命德鬆動」三種思想的禍福現象。然而在這些禍福事件的敘事中，卻隱含《左傳》主觀的思想意識，傳達敬天道而重人事的觀念，同時寄託懲惡而勸善的目的，呈現《左傳》一書透視人生現象、詮釋人生態度的歷史意義，及其獨特的精神面貌。

目　次

第十五冊　《左傳》「君子曰」研究

作者簡介

盧心懋，祖籍江蘇泰縣，民國五十一年生於台北市。國立政治大學中文研究所碩士班畢業。目前任教於銘傳大學應用中文系，教授左傳、國語語音學、歷代文選、中國文學鑑賞與創作、華語高級會話等科目。

提　要

本文以「《左傳》『君子曰』研究」爲題，乃以《左傳》之「君子曰」爲研究之對象，此因「君子曰」是《左傳》主要的評論形式，且爲後世史論之祖，至其內容亦能代表《左傳》作者之意見，是以無論其形式、內容，皆頗富研究價值。

本研究之次序，則以辨「君子曰」之眞僞始，進而整理其相關之諸項問題，諸如評論形式、內容分類等，再次，則深入探討「君子曰」之意義及評論態度、思想淵源，並對前賢之批評駁難有所說明。其後，則就徵引經籍、評析文理二方面論君子之學養。最後則就「君子曰」在《左傳》中之分位、作用，及其對後世之影響綜合說明，以爲本研究之結論。斯則大概之程序也。

至於本研究所得之結論，有以下四點，(一) 由「君子曰」知《左傳》乃「事義兼傳」，非僅傳事而不傳義也，(二) 由《左傳》「君子曰」之評論立場，或可推定其成書時期不在戰國後期也，(三) 由「君子曰」所論與孔子相合，可知《左傳》亦爲解經之作也，(四) 由「君子曰」之體例，可知《左傳》於孔子「寓經於史」之義亦有所發揚。

目　次

第十六冊　孟子「性善說」研究

作者簡介

陳立驤，公元 1964（民國 53）年 10 月，出生於觀音霞光、大屯春色與淡江夕照三者交織的「台灣八景」之一的淡水小鎮。因家中世代務農，故自幼即隨著阿公、阿嬤與雙親等，在三芝與石門老家從事農稼之事。十歲時母親因操勞過度而辭世，三兄弟幸承辛勤而偉大的父親陳旺老先生撫育成人。之後陸續取得國立中央大學地球物理系學士（1983～1987 年）、中國文學研究所碩士（1987～1990 年），以及國立成功大學中國文學研究所博士（1998～2003 年）等學位。現任高苑科技大學通識教育中心專任副教授，以及國立高雄應用科技大學通識教育中心兼任副教授，並擔任南台灣大學校院通識教育策略聯盟理事兼高雄地區召集人、中華民國華夏語文學會常務理事，以及高雄市高雄文化研究學會理事等榮譽銜。此外，還經常在海峽兩岸的各學府、機關與團體——如南京大學、南京航空航天大學、河南大學、湘潭大學、遼寧師範大學、台灣師範大學、元智大學、高雄應用科技大學、澎湖科技大學、南台科技大學、嘉南藥理科技大學、浙江工貿職業技術學院、重慶信息技術職業學院、文藻外語學院、中州技術學院、台南奇美醫院、台北榮總與花蓮慈濟等，進行講學與演講等活動，也曾於佛光山叢林學院講授「中國哲學概論」與「西洋哲學概論」等科目。陳先生的學術專長為中國哲學、通識教育與戰後台灣小說等。他一生學思的根本問題意識爲：「如何建立中國哲學詮釋的主體性？」及「如何建立一套本土的通識教育品牌？」著有《孟子性善說研究》（碩士論文）、《劉蕺山哲學思想研究》（博士論文）、《宋明儒學新論》（近 40 萬字），以及儒、道、釋、通識教育、台灣文學、文字學與書評等學術論文近 60 篇。

提　要

本文以「孟子『性善說』研究」爲題，全文共分四章完成。

第一章「緒論」。此章分五節寫成：第一節「研究的動機」。旨在說明本文的研究動機，乃因「性善說」的重要性而起；第二節「研究的資料」。旨在說明本文所參考的資料之類別及其運用原則；第三節「研究的方式」。旨在說明本文所採用的兩種研究方式：一爲「思想體系的研究方式」；二爲「以『立』爲主的研究方式」；第四節「研究的範圍」。旨在指出本文的研究範圍，係以孟子義理的「本體論」爲主，「工夫論」爲輔；第五節「研究的次第」。旨在對本文研究的前後步驟，作一概略的說明。

第二章「『性善說』釋義」。此章旨在探討孟子「性善說」的正面義理，全章共分三節寫成：第一節「『性』的意義」。此節又可分爲三小節來論述：一爲「『性善說』的『性』之內容的限定」。旨在說明孟子並不以「命」爲性，而是以「本心」，爲性的；二爲「論『本心』爲一眞實呈現」。旨在說明作爲「性」的「本心」，並不是人從大腦中憑空想像出來的概念，而確實是一眞實呈現，是可隨時呈現於人的生命活動中的；三爲「論『本心』」。旨在說明「本心」不僅是「道德的主體」，同時還可進一步引申說是「道德的本體」，而且此引申乃是孟子義理所允許的；第二節「『善』的意義」。旨在說明「善」是人天賦的爲善能力，即是孟子所說的「良能」，亦即是「本心」與「性」；第三節「『性善說』的眞義」。旨在說明「性善」乃是一分析命題，而若以中國傳統的說法而言，則「性善說」即是「人性本善說」。

第三章「『惡』的來源及去『惡』的工夫問題」。此章旨在處理「惡」的問題，全章共分二節寫成：第一節「論『惡』的來源」。旨在回應「人性本善，惡自何來」這問題。此節又分成三小節：一爲「『主體性』、『道德性』與兩種『自由』觀念的意義區分」。此爲論述「惡」的來源之前的一項重要預備工作；二爲「『惡』的意義」。旨在說明「惡」的根本意義爲：人之主體性「順軀殼起念」或「一念之陷溺」；而其完整意義爲：人之主體性順軀殼起念以及由此所衍生所表現的一切；三則爲「『惡』的來源」。旨在說明「惡」的根本起因乃是人之主體性的「不思」；而其助緣則是人生命中「慣性」的作用。此兩者相因相成，遂造成了人的墮落爲惡，甚至與禽獸無異；第二節「論去『惡』的工夫」。此節又分成二小節：一爲「『工夫』的意義與類別」。旨在對「工夫」的意義及其類別作一說明；二爲去「惡」的主要工夫——『思』」。旨在說明「思」爲去惡的最本質與最核心的工夫，且其意義實近於牟宗三先生所說的「內在的逆覺體證」。

第四章「結論」。此章旨在總結全文，並歸納了八個主要的研究結果。

目　次

第十七冊　顏元李塨《論語》解經思想研究

作者簡介

李智平（1978-），男。東吳大學文學士，東海大學文學碩士，輔仁大學中國文學研究所博士候選人。曾任世新大學中文系兼任講師，現任東吳大學中文系、輔仁大學全人教育中心、臺灣警察專科學校等校兼任講師。研究領域爲近現代儒家思想、道家思想等。著有〈老子與黃帝四經對「知」的態度淺析〉、〈論「王霸之辨」：黃帝四經與春秋繁露詮釋視域之比較〉、〈復反之道：老子與剝、復二卦詮釋視域的比較〉、〈義利之辨：《左傳》中義利概念的實踐與應用〉、〈援佛入老，以佛解老——試析馬一浮《老子注》義理體系的建構〉、〈聖人名實的轉移：從《老子》到《黃帝四經》的觀察〉等數篇學術論文。

提　要

本文研究動機與方向有以下幾方面的考量：以宏觀視野來看，《論語》一書在魏晉南北朝以至於宋代、清代時，都有很傑出的解經成果，在時代與學術氣氛影響下，呈現出紛然的詮釋內涵。本文擇取清初《論語》學趨勢作爲發端，繼而整理明末清初學術思想的走向，考察時代背景對當時學術的影響；從微觀視野加以審視，乃由顏李《論語》學爲基點，並以學派形成、學理內涵、時代價值等勾勒出其經解特徵，橫向討論與清初學術思想間的關係。其身爲清初重要思想兼解經家，立足在程朱、陸王對立面思惟下，對於理學過分重視內聖心性，展開現實的檢討。不同於當時多數學者或多或少受到前期理學影響，他們直探經典內涵，掌握本旨的解讀，希冀避免成爲歷來解經成果的再詮釋。故於重視「習行」躬行實踐的治學前提下，對於《論語》價值的體認，與魏晉「援道入儒」以及宋代著重心性價值闡述，甚至是其後乾嘉考據學興起後的解釋，皆不盡相同。然而，界於漢宋學間的特性，反成其學術價值爭議的開端，故本文主要將透過顏李有關《論語》著述的相關內容，縱向研究「論語學史」在明末清初理學反動思惟下解經的時代意義，並橫向由《論語》註釋中，呈現顏李學術地位與價值。

目　次

第十八冊 楊簡心學、經學問題的義理考察

作者簡介

張念誠，民國 48 年生，中央大學 70 級中文學士、81 級中文碩士、92 級中文博士，現任教於台南崑山科技大學。碩士論文為《象山人格教育思想研究——以生活化儒學為中心》，單篇論文有《熊十力、印順儒佛論爭研究》、《以漂泊、掙扎、尋覓、歸屬的主軸架構，詮釋張系國地、笛、紅孩兒的義理世界》及《楊簡心學定位的兩個問題》等。另有《我們該感恩死亡那些教導？》《人生有公平正義嗎？》《道場何處覓？》《明師何處尋？》等多篇哲理文散見於弘一月刊。

提 要

《楊簡心學、經學問題的義理考察》共五章十四節、19 萬餘字，以環繞著楊簡心學、經學特性的三大問題「儒佛之辨」、「生命之學」、「證量解經」，展開一系列以「問題意識」「特定主題」為本的系統研究。

第一章〈緒論〉共分三節。第一節首明寫作動機、過程、架構形成因緣與目標，第二節析述楊簡心學、經學目前的研究成果及局限；第三節〈研究方法：「靜態生命之學三進路」解釋架構之建立〉，則對各種生命之路加以釐清。

第二章〈楊簡心學「儒佛定位」之全盤考察〉計分四節。第一、二節從家教融佛迪訓等外部面向，及工夫形成過程等內部心行，考察楊簡心學儒佛之辨的問題。第三節借崔大華三大誤解楊簡心學之例，對楊簡「心善意害說」重新

理解辨正。第四節〈楊簡心學主軸：心善意害及意之兩重性〉，則從「下層之意與上層之意的關係機制」「表層之意與深層之意的內在連結」，確認楊簡心學「心意關係」與佛禪關係的交涉，此亦是本論文對楊簡心學研究的重要貢獻。

第三章〈楊簡心學問題在「生命之學」場域的義理考察〉共分三節。第一節從「循理齋之悟」等特殊文本，對楊簡內門之路的工夫歷程進行考察。第二節從楊簡啓人疑竇的兩個話頭出發，研究楊簡「以覺言心」的心學特性、風格。第三節從「曩豈生，今豈死」等文本，論證楊簡融攝佛禪內門之路的工夫、方法，其心學必然在生死課題上生發一定程度的轉化，此可視爲對儒家原型生命論之縫合補強。

第四章〈楊簡「證量解經」問題的義理考察〉共分四節。第一節從「儒學與經學的辨證糾葛」「五經系統與四書系統的消長變化」等角度，探討楊簡「心學化經學」成立的基礎條件。第二、三節從楊簡之《先聖大訓》出發，探討其「心學證量解經」在中國經學「聖人——六經——道」互爲指涉的前提設定下，其經學觀「六經一經也，六經一旨也」的系統接榫問題。第四節從楊簡心學證量解《詩》解《易》切入，探討其在解經學中的問題與影響。

第五章〈結論〉，除對本論文之探索成果重點回顧、概括綜論，並對楊簡心學、經學所涉及的餘留問題、未來開發路徑，明確提出後續發展方向。

目　次

第十九、二十冊　錢大昕之生平及其經學

作者簡介

司仲敖，文學博士，指導教授爲林尹教授、陳新雄教授。教育部公費博士後留學日本國立京都大學，民國九十三年獲日本交流協會訪問學者，赴日本研究。曾任國立臺北大學人文學院院長、教務長、副校長等職，現任中國文學系教授。著有張曲江詩集校注、袁枚及其詩學、袁枚及其其性靈論之探究、隨園及其其性靈詩說之研究、旅日臺籍詩人葉榮鐘之古典詩歌研究、葉榮鐘先生〈少奇吟草〉的比興諷諭試探、葉榮鐘先生《早年文集》析探：葉氏之文學觀、由〈中國新文學概觀〉及〈第三文學提倡〉以探葉氏之文學觀等。

提　要

自來論清學者，每以節節復古爲其精神，實則清學非徒復前代之古而已，乃以前人之舊瓶，裝清學之新酒。亦即以徵實之精神，結算周秦以來之學術而開拓新局面，有遠非漢所能及者。其傳家法、守專門，固襲漢人之舊，而領域更大，方法更密。最能代表有清一代學術而成學箸系統者則乾嘉之世也。其時以經學爲中心，以考證爲主流，學者爲經學而致力，爲考証而盡心。實事求是，無徵不信，義取實訓，事取實証，爲經學隆盛之時也。大昕爲乾嘉之鉅子，其學浩博無涯涘，名重今昔，於經、史、音韻，既多發明，而天文、地理、金石、詩、文，亦能兼擅。其所以致之者，歸因於嚴謹之治學方法，不苟之治學態度，繼之以矻矻之治學精神。大昕以先聖之蘊具於六經，而道在六經，舍經以談道，非道也。離經以求道，非學也。惟經之義難明，而通經又爲明道唯一途徑。其方法則「以小學疏通經義」故能洞徹原委，語多精諦。益以「多方歸納，小心求證」，凡所辨證，確當可依。進而「講求義例，建立系統」，開示後人治經史之途徑。其爲學也「隨時箚記，存儲資料」，故能以勤勉之精神，矯空疏之流弊。大昕由好古進而爲精核，由信古而爲創造，發皇考據之精神，開創出有效之治學方法，建立完密之學術系統，予有清一代治學，另闢一新途徑，其影響可謂巨矣。

目　次

上　冊

前　圖

第二一、二二冊　阮元經學之研究

作者簡介

楊錦富，台灣高雄人，1951 年生。致力於思想史、文學理論、語文教學研究三十餘年。現任屏東美和技術學院（將改制科技大學）通識教育中心副教授，曾任通識中心主任。所著《國文視聽教學》對推展語文教育迭有貢獻；《阮元經學之研究》四十餘萬字，曾獲政大新聞研究所吉福星教授獎學金首獎；《夏炘學記》二十餘萬字，爲升等之作；諸書皆酌理清晰，別有創見。另有論文十餘篇，都廿餘萬字。

提　要

乾嘉學術，吳、皖二派爲主流，前者惠棟主之，後者戴震爲導，皆各領風會，沾溉後進，而阮元學脈，則承戴氏以行。

阮學主體，一言以蔽之，即「推明古訓，實事求是」。以其推明古訓，故考經證史，皆追本溯源，務還本來詁意；以其實事求是，故廣羅金石，尋物以對，使事得以證，「經」得以明。嚴格說來，與宋明空疏之義理，儼然有別。

阮元之學，所以蔚爲「漢學最後之重鎮」，古訓之外，纂輯之功，蓋不可掩，若《十三經注疏》、《皇清經解》、《經籍纂詁》等傳世之作，皆在其有生之年完成，雖不若《四庫全書》之浩瀚袤沃，然獎掖士林之績，必爲久遠。

再者，阮元考據，仍兼義理，其義理抒發，即在發揚儒學。以孔孟之學，爲人文教化的根本，亦道德價値的源頭活水，故其仁學於所著《揅經室集》，即列重要環節，蓋以仁兼禮義，亦兼信智，有仁者，其他諸德即涵蘊其中。故賢哲慧識慧識之能流芳百代，乃在推己及人，而其歸宿，即在仁道的極至。

又者，阮元爲宦所至，皆籌建學舍，參與書院教授，使莘莘學子不僅知書達禮，亦且詩文富贍，所謂「文行忠信」四教者，於阮元幕府，殆已敦篤踐履。

淵淵其淵，浩浩其天，研讀前賢典籍，彌覺俊睿懿範，映照吾人顏色。

目　次

上　冊

第二三冊　王國維之經史學

作者簡介

洪國樑，民國三十八年（1949）生，台灣省台北縣人，祖籍福建省南安縣，國立台灣大學中國文學研究所博士。自民國六十九年（1980）起任教於台灣大學中國文學系，民國八十八年（1999）退休，轉任私立世新大學中國文學系教授；民國九十年（2001）至九十八年（2009），並兼任世新大學中國文學系主任、人文社會學院院長，先後八年。學術專長：經學、小學、古籍辨僞學、中國上古史。曾授課程：詩經、尙書、訓詁學、歷代文選、史記、應用中文講座、語言與文化、治學方法等。

提　要

所謂「經史學」，或可釋爲「經學與史學」，爲經、史並立之學；亦可釋爲「經史之學」，爲經、史合一之學。考靜安先生之治經，固重其人文價值，有經世之意，而尤重其史學價值，故通經以證史；是其「經史學」，實爲經、史合一之「經史之學」。本論文即本此旨而撰，並詳人所略、略人所詳，要以發明靜安之學術精神與特質，並明其學術地位之成因爲職任。

靜安之著述閎博，而《觀堂集林》一書尤爲其學術精萃所在。論文共六章，首章即考《集林》之相關問題，而後次以靜安之性格及學術志趣，以爲後數章論述之張本。

第三章論靜安之學術淵源，特舉顧亭林及章實齋二家爲說。蓋顧氏之論諸經要義，不離乎政治、道德，又重風俗及人物心術，與靜安之學旨密邇契合；而章氏之「六經皆史」說，亦至靜安方得其實踐之意義而更予拓展。第四章論靜安與羅振玉、沈曾植之學術關係。三人之交誼，介乎師友之間，而彼二人所予靜安學術之影響，殆無他人可相比擬，此論靜安之成學歷程者所不能不措意者也。

靜安於近代學術貢獻之大者，厥在開拓學術區宇、揭示研究途徑、導正學術風氣等諸端。第五章述其論學術風氣，第六章歸納其經史研究之內容及其方法。凡所論述，務舉其大端，免致支離。

本論文爲掌握靜安之學術精神、特質及其貢獻，特歸納其習用字予以綜貫，曰：理、通、推、新、事實、名實；若更約之，則理、通、新三者是也。靜安之學重系統，務通貫，氣象博大，眼界高遠，又能擴充學術資料，創新研究方法，矯風氣之偏至，示來者以軌則，此其所以當新經學家、新史學家、新經史學家之譽而無愧云。

目　次

第二四冊　劉申叔先生之經學

作者簡介

陳冠甫，原名慶煌，號修平，以字行。臺灣頭城人，政大國家文學博士，淡江大學專任教授，臺北大學兼任教授。幼嗜丹青，長好文學，淹貫經、諸子、史、漢、文選及唐宋明清要集。嘗涉獵考據、義理、經世之學，而以辭章為依歸。義務任中華學術院詩研所永久祕書長，中華閩南文化研究會理事長，為宏揚風雅、鼓吹休明，與發揚閩南精神及團結臺灣族而努力。傳世有《蒹葭樓詩論》、《西廂記的戲曲藝術》、《慎餘錄》，《古典文學縱橫論》論文百餘篇。《心月樓詩文集》六千首，李猷讚為：「眞近今教授中之僅見」，曾霽虹以：「楚望一脈之延續而昌大之，宜恃一肩承之」勖勉。以會通百家，兼採眾長，自成新格，識者覺詩中有獨特之靈氣、仙氣洋溢焉。日後將履行方子丹教授生前僅結撰一千字而重託繼志完稿《禮學價值新論》之承諾。

提　要

夫經者，恆久之至道，不刊之鴻典。先聖曾以溫柔敦厚、疏通知遠、廣博易良、絜靜精微、恭儉莊敬、屬辭比事六者，設為詩、書、樂、易、禮、春秋立教之旨。冀學者通經致用，得以福國利也。

有清一代，經學之隆，度越前世。儀徵劉氏三代以春秋左氏傳蜚聲道、咸、同、光間。至師培劉申叔先生，迺遠紹門風，恢宏前業，甫弱冠即英才挺發，特懋聲光，蔚為名家；惜稟命不融，奕葉鑽研之功未竟。爰著論八章，凡廿餘萬言以闡揚之：

首為導言：溯其學術地位及經學著述。次述其生平：備列小傳，兼附年譜，以求知人論世。

三、究其易學：分易之名義、作者、內容、傳授，以及象、數、理、旨、例與價值等而究之。

四、考其尚書學：依書之傳授、中古文即孔安國所獻、孔傳實有二僞本、今文無序、今古文皆有泰誓而考之。

五、探其詩經學：憑詩之傳授、詩分四家、邶鄘、頌、毛詩蘊義、傳例而探之。

六、明其禮學：除禮樂之傳授外，以論周官本源、周禮注、西周田制，述其對周禮之創獲；以論儀禮篇次、篇義、逸禮篇次，述其對儀禮之創獲；以論王制、月令、中庸、格物，述其對禮記之創獲。

七、論其春秋左氏學：除春秋之傳授外，以論左傳釋經、未經後儒附益、君子曰非劉歆增竄、洪邁謂左傳議論遣辭之非四條，力闢前儒對左傳之誹詆；以論左傳嚴華夷之界、富民主思想二條，闡明左傳之精義；以論推考左氏故誼應資取諸子史記、研治左傳條例、左氏禮例事三端尚待探討三條，另開研究左傳之蹊徑，敘其對左傳之貢獻。

最後爲結論：綜述其於經學兼采今古文，固初主古文經學，但亦不墨守漢儒家法，蹈其故轍；雖反對今文學派之非古、疑古，但亦不否定今文經。

此全篇大略也，其中：易與禮學部分，先經陳貽鈺教授潤飾，再呈高師仲華認可；其他各經，悉由成師楚望裁定。憶廿八年前，三老玉成茲編，今日猶感荷無既，虔祈神佛，祐其冥福！

目　次

易緯釋易考

江婉玲　著

作者簡介

江婉玲，1961年生，台北市人。師大國文系學士，國文研究所碩士。畢業後從事教學工作迄今，曾任教士林國中，目前任教於台北市立第一女子高級中學。

大學時期大抵以文學的學習為志趣，曾旁聽《易經》課程，由於義理深邃，無法領略教授所闡述的易學內涵而中止。其後踏出校門任教，由於與同事對命理之學的鑽研，因緣際會下又重新接觸《易經》而生好奇之心，然而總認定《易經》就是算命之學。及至到研究所時，重新開始學習易經，碩一即到大學部跟隨黃慶萱教授習易，由象數入門，進至義理，而略識其趣；碩二繼續研習《易經》研究，又到台大旁聽黃沛榮老師的課程，對於經文、易例、象數、易理有了更深一層的認識，而更堅定研究易學的決心。

碩士論文的撰寫還只是起步，易學浩瀚，仍是一條漫漫長路，可能要到退休後再繼續專研了。

提　　要

夫《易》之為書，自《十翼》一出，推天道以明人事，乃一躍而躋身經學之林，班志更推許為五經之原，實為中華文化之源頭活水也。孔子而後，歷朝碩儒俊彥，莫不戮力易學研究，易學遂彬彬蔚蔚，漪歟盛哉！而《易緯》興於讖緯學風、象數派易學勃興之漢世，學者大抵摒之於學術之次要地位，貶多於褒也。然諸儒注書，亦頗徵引緯文；《四庫全書》視為要籍，次列經類，則《易緯》足有配經、助文等價值，通於《十翼》發明易旨之處不少，若能揭發其述易精義，睹識其緯術祕奧，亦為宏揚易學之一助也。故今僅由其「釋易」一途入手，標舉數、象、理、術四綱，考述其「翼經」之要旨，冀能歸予本書易學史上應有之地位。

本論文以《易緯釋緯考》為題，全文共分五章，凡十餘萬言。前有緒論，肯定《易緯》為漢代《易傳》之地位，與本文之結構。第一章〈易緯概說〉，乃分別考察其源流，判別其真偽，探求其內涵，列述其輯錄，析論其名義，抉發其價值。二章至五章為本文之重心，分由易數、易象、易義、易術四方面立說，足見《易緯》有解經釋易之實，確有資格可稱漢代之《易傳》也。文末繫以結論，總述其發明易旨之精義，及其影響。

緯書者，所以輔助經義，敷敘經理者。《易緯》確能發揮緯之翼經功效，然以其真偽雜糅，醇駁參伍，乃掩翳其姿，朱紫相亂也。今之所作，試擬爬羅剔抉，去蕪存菁，以申證或補足《易傳》於數、象、義、術所未傳示之幽微事義。今勉力草述，撰為茲編，聊附前賢研論緯學之末，欲為《易緯》研究之入門也。

目次

序　例

一、本文所採《易緯》，以臺灣商務印書館影印《文淵閣四庫全書》本《易緯》八種爲據，新興書局、三才書局並有結集出書。又嚴靈峰所編《無求備齋易經集成》，備列《武英殿聚珍》本、《古經解彙函》本及《黃氏逸書考》本，亦爲參引之資。八種以外之諸《易緯》，則均不在論內。

二、本文所引《易經》經傳分章，悉採朱熹《易本義》之分法。

三、本文引用書名，皆以「《　》」標示之，《易緯》八種及諸緯書同用之；篇、章、節名，則記以「〈　〉」符號，《易》卦亦同用之，以識別其義。

四、本文所引《易緯》緯文，一律低於本文四格述之，以清眉目。又本文《附註》均列於頁尾以便檢閱。

五、本文稱引人物，於前賢一律稱其姓名；於時賢則稱先生，於業師則尊以「師」字，以示尊慕敬重之意也。

六、文後附列參考及引用書目，首以《易緯》及諸讖緯之學爲重心，其次舉列歷代易學書目，再以經史類、子集類順序編排。終則結以書志索引，以見緯書所自出。學位論文及單篇論文期刊則又殿於其後。

七、本文之撰述，實出於黃師慶萱之點化裁成也，以《易緯》於易學史上未得定位，黃師乃勉以論作「釋易考」，期能廓清蒙惑誕妄，見其醇正合經之義蘊，然以個人才學麤疏，難有創見，僅能作簡而易操之整理歸納而已。一年來，黃師於韓國漢城外國語大學講學之餘，仍不忘殷殷垂詢，諄諄教誨，指導綱目，諟正經義，茲編之成，實先生之功也，不敢或忘，謹此敬表謝忱。又及，幸承成功大學林金泉老師寄予難得之珍貴資料，茲文始能順利完成，特此一併致謝。

辛未（西元 1991 年）孟夏　江婉玲謹識於國立臺灣師範大學國文研究所

緒　論

《易緯》者，以易學發展史言，可謂漢代之《易傳》也。欲明其故，則須先識「緯」之義涵也。

《易緯》一書成於讖緯盛興之漢世，亦爲讖緯之一支，其共名爲緯，因其性質相異，乃有類名之分，要之，讖、緯、圖、候、符、書、錄等，雖稱謂不同，其實止是讖緯，而通稱互名，其別可參陳槃菴先生〈讖緯命名及其相關之諸問題〉一文。〔註1〕而《易緯》一名，顧名思義，即相對於《易經》而立名。《說文》云：「經爲織縱絲」，則「緯」爲「織衡絲」也。段玉裁注曰：「漢人左右六經之書，謂之祕緯。」漢儒以爲有經必有緯，乃作緯書，常託名爲孔子所作，其書多依託經義以言天人文物及符命瑞應也。劉熙《釋名》以音訓釋之，曰：「緯，圍也。反覆圍繞，以成經也。」即取義於圍繞經書，反覆申說，以完成經書之義。若此，則緯書內容雖涉災異符應，而大要皆圍繞經義，足有配經之美，故《四庫提要》云：「緯者，經之支流，衍及旁義。」亦推美緯書，附益於經書之末列也。高懷民先生論「經緯」則透視時代思想交點以襯顯其義曰：「『經』義爲常，故經書代表縱貫各時代不易之常道；『緯』爲橫絲，故藉以代表各時代思想潮流之橫剖面。以時代思想來解釋常道的經，故稱名『緯書』。」就取名上言，甚爲有理。〔註2〕

職是之故，則謂《易緯》爲漢代之《易傳》，可得其理也。其一，以功用言，傳者，解經之作也；緯亦圍繞經典以贊翼經義，功用同也。其二，以內容也，《易傳》約爲數、象、理、術四類；《易緯》所述亦不離此四者也。其三，以作者言，《易傳》非成於一人，作於一時，乃集思之作；《易緯》亦同

〔註1〕陳先生之文，收錄於史語所集刊第二十一本。

〔註2〕高先生論「緯」義，見《兩漢易學史》，頁30、31。

此況。其四，以思想言，《易傳》純然儒家體系，然〈說卦〉等章已雜入陰陽五行思想；《易緯》亦承儒家傳統，而滲入道家、陰陽五行家思想，故屬雜家之作，此二者之大別也，然此因時代學術思想演變所致，究其實，仍有依承轉化之關係也。其五，依類別言，《易傳》即《十翼》也，實則〈彖〉、〈象〉等七種，總為翼經，其旨一也；至其解經，則各有重點。《易緯》向稱八種，亦叢輯之作，故各家所重亦有異同，如《乾坤鑿度》偏重象與數，頗類〈象傳〉、〈說卦傳〉、〈序卦傳〉、〈雜卦傳〉；《乾鑿度》則類同〈繫辭傳〉，為漢代之易學通論也，於八卦起源，卦爻象之結構，筮法之體例，及易義之深旨，皆有闡發；而其他諸種亦隨處可見《十翼》之身影。總上所述，稱《易緯》為漢代之《易傳》，當不為過。

《易緯》既可比之《易傳》，其釋易範疇即指向易學之大宗——數、象、理、術也。〔註3〕《周易》原為占筮之書，故占術即其本質，其術切於人事日用，指導群生作息，文王即引為神道設教之法，以決斷群疑，推衍政教。筮術之發明，乃上承伏羲畫卦、通德類情之思想而發揚光大，並下開孔子以人生哲學贊易之門戶，其創設之根基，亦同於前後二聖之創制，內容皆不離數、象、理三要素。蓋理不可見，則垂之以象；象不可測，則稽之以數；數不可推，則窮之以理，三者相扣而生連鎖作用，關係至為密切。筮術即由筮法衍為眾數，倚數而設卦，觀象而窮理也，以《十翼》之哲學角度言，亦皆準以象數而闡述易理，如傳言：「聖人設卦觀象」、「立象以盡言」、「極其數，遂定天下之象」、「極數知來」，故知〈彖〉、〈象〉無一字一句不據象數而來。若捨象數而言義理，正是不以規矩，不能成方圓，其理則無安頓處也。易道尚變，變之蘊於內者為數，發之見於外者為象，存乎中者即為理，而數、象、理均透過術以呈顯，故釋易者，當共執此四端，方能關照呼應、圓融無礙。故本論文即由此四方面開展，以見《易緯》釋易之規模。

然《易緯》究為漢世讖緯學之一支，而讖緯學特為漢代學術之一大流派，故須置《易緯》於其本源中，尋求緯學演進之源流，此《易緯》研究之縱線

〔註3〕本文「數、象」次序之安排，乃本之〈繫辭傳・上〉第十章所云：「參伍以變，錯綜其數，通其變，遂成天地之文；極其數，遂定天下之象。」而言，乃由占術本質而發也，與《左傳》僖公十五年，韓簡所言「龜，象也；筮，數也。物生而後有象，象而後有滋，滋而後有數。」立意不同。又《周易》各卦爻題與卦辭之序，如〈乾卦〉：「初九潛龍勿用」，亦由數而象而理，故本文依此而定其章序。

追蹤也。而其內容包羅宏富，兼賅天地人之事理，融冶儒、道、陰陽雜學於一爐，若一一析分釐清，可見其書之義涵，並見漢代易學之整體風貌，此《易緯》研究之橫面剖析也。因緯學源起，年代久遠，僞託竄入處甚多，眞僞雜糅，瑕瑜互見，故須披沙瀝金，除僞現眞，以爲闡發其價值之資具也。《易緯》大興於漢代，不旋踵又以隋帝之禁緯而散佚，幸賴後學輯佚而見其面貌，亦得藉之考察其名義，故其輯錄叢書不可不知，以爲研易入門之階。《易緯》因列諸緯書之林，向爲學者所貶抑而掩其價值，然亦有伯樂者流肯定其翼經、述史、測天、考地、助文之價值。明其價值，乃可去其成見、發其義諦，達治《易緯》之鵠的，此亦本論文之用心也。因本論文著重考其釋易之要旨，故多言其「翼經」之價值。以上總爲〈易緯概說〉，列爲首章，乃就《易緯》，分別考察其源流、判別其眞僞，探求其內涵，列述其輯錄，析論其名義、抉發其價值，以爲治其學之先驅。

二章以下爲本論文重心，分由易數、易象、易義、易術四方面立說。因《易緯》爲叢輯之書，而八種唯《乾坤鑿度》、《乾鑿度》、《稽覽圖》、《通卦驗》尚稱完整，餘多缺佚不可考，難作全面考述，故就此四綱標舉要目，以見指撝，以備詳考也。

第二章〈易緯釋易數考〉，析分爲〈天地之數〉、〈卦爻之數〉、〈大衍之數〉、〈蓍策之數〉、〈軌折之數〉、〈九宮之數〉，及〈總釋二十九數卦例〉七小節。第三章〈易緯釋易象考〉，析分爲〈古文八卦〉、〈八卦大象〉、〈四正四維〉、〈聖人索象畫卦〉、〈十二月消息卦〉五小節。第四章〈易緯釋易義考〉，析分爲〈易歷三聖〉、〈易含三義〉、〈太極生次〉、〈太易三始〉、〈乾坤兩儀〉、〈八卦用事〉、〈經分上下〉、〈三才六位〉、〈君人五號〉、〈觀象制器〉、〈天地相應〉、〈懸聖著德〉、〈陰陽消息〉、〈中和時變〉等十四小節。第五章〈易緯釋易術考〉，析分爲〈卦氣說〉、〈卦候徵驗〉、〈貞辰法〉、〈求卦主歲術〉、〈推世軌〉、〈推災厄〉等六小節。總其標目，以見《易緯》釋易之義諦與創獲也。文末繫以結論，總述其發明易旨之精義，並略述其於後世之影響。

夫《易》之爲書，廣大悉備，推天道以明人事，自《十翼》之出，乃一躍而躋身經學之林，班志更推許爲五經之原，實爲我中華文化之源頭活水也。孔子而後，歷朝碩儒俊彥，莫不戮力易學研究，易學遂彬彬蔚蔚，猗歟盛哉！所謂二派六宗，〔註4〕粲然備矣！《易緯》即象數派禨祥宗之主流也，乘讖緯

〔註4〕《四庫全書總目提要》云：「《易》之爲書，推天道以明人事者也。《左傳》所

學風而起，因妖妄謎讖、僞託竄羼，致掩其翼經釋義之眞價値。《易緯》因有先賢遺說，其釋易之精醇處，比之《易傳》，未遑多讓也；又若孟京易學猶可稱說，則《易緯》承之而開展，可謂後出轉精，更有可觀；而鄭玄，漢之大儒，博通古文，爲之作注，〔註 5〕則緯之出於聖門而說經者不可廢也。惜其殘佚支離，未得探其綜貫之意旨。前儒多有兼治緯學者，〔註 6〕漢時諸儒皆習緯說，言陰陽災異，惜史籍失載，致後世無稽耳。清代尤好奇學，故頗多通緯之士，以《易緯》名家者有惠棟、張惠言、黃宗羲、莊忠棫、錢塘、丁杰等，而張惠言《易緯略義》與莊忠棫《易緯通義》厥爲其中翹楚。張氏乃就《稽覽圖》、《乾鑿度》、《通卦驗》三書所論六日七分之候、八卦晷氣之應，與乾坤消息之變化，求其醇者，條而次之，以類相說，疏通文義，存其義略；莊氏亦抉發《易緯》曆元卦軌之數，六日七分之候、寒溫風雨之應與八卦晷氣之原。二氏皆精通祕書緯術之奧，從事範圍天地、曲成萬物、極深研幾之學矣，此非蒙昧如余者所得窺知也，是故分其條綱爲數、象、義、術，約其簡義考述，以爲入門之階，擷取前修之論以資佐證，若得蒙以本文爲嚆矢焉，則固所願也。

記諸占，蓋猶太卜之遺法。漢儒言象數，去古未遠也。一變而爲京、焦，入於機祥；再變而爲陳、邵，務窮造化，《易》遂不切於民用。王弼盡黜象數，說以老莊。一變而胡瑗、程子，始闡明儒理；而李光、楊萬里又參證史事，《易》遂日啓其論端，此兩派六宗已互相攻駁。」「兩派六宗」之說乃定於此。兩派者，象數派與義理派。象數派有占卜宗、機祥宗與圖書宗；義理派則有老莊宗、儒理宗與史事宗也。

〔註 5〕後儒多以爲鄭玄注《易緯》，唐志則載宋均注《易緯》九卷。詳見第一章〈易緯之輯錄〉一節。

〔註 6〕歷代通緯之士，世恆有聞，可參蔣清翊《緯學源流興廢考》，及姜忠奎先生〈緯論〉一文。

第一章　易緯概說

壹、易緯之源起

考《易緯》之源起，須從兩漢思想之主流——讖緯之學——著手。自西漢末已有六緯之稱，〔註1〕後世考其源流者，多一體論之，蓋其皆具時代之共相也。再者，緯書皆未署撰者之名，即已倍生困擾，復經隋朝禁絕之厄，多殘佚不完整，其源更是渺茫難徵，難以獨立一緯而作論斷也，故考源宜就其大體論之，總探讖緯之源流。

然自東漢迄今，論緯之起源者眾說紛紜，各執一端，莫衷一是，約有數十說。〔註2〕以今去古既久，欲由眞僞雜錯，復有後人篡入之斷簡殘卷以得源

〔註 1〕六緯之稱見於《漢書·李尋傳》。而《後漢書·樊英傳》則言英「明七緯」，章懷太子注「七緯」爲六經緯與孝經緯。另《隋書·經籍志》亦著錄七緯之名。

〔註 2〕論緯之起源，眾說紛紛，姜忠奎先生〈緯論〉述其況曰：「有以時代爲斷者：或謂原於太古，或謂始於周世，或謂出於春秋，或謂起於戰國，或謂出於先秦，或謂起於漢初，或謂起於漢末，或謂興於東漢，或謂始於秦人而盛於西漢，或謂始於漢世而盛於東京，凡此皆以時代斷也。有以人物爲斷者：或謂始於庖犧而軒轅倉頡所演修，或謂太史所記而博士隨筆條附以合時應，或謂創於孔子而纂於戰國，或謂立於孔子而出於前漢，或謂演於孔子而出於哀平，或謂遺於七十子而東漢大行，或謂出於七十子而漢初復出，或謂原於七十子而秦漢之間第錄，或謂出於商瞿，或謂後於莊周，或謂作於終張之徒，或謂增於技數之人，或謂始於虛僞之輩，或謂宋人所附益，或謂六朝迄唐術士所附益，凡此皆以人物斷也。有以典籍爲斷者：或謂出於河洛，或謂興於符命，或謂原於經，或謂原於易，凡此皆以異籍斷也。」計二十說，此其大者，細分則不止此數。呂凱先生之分類近此，並引述原文事例爲證，義更詳也。姜

起之定論，實不可能也，故僅能比列諸家說法，考核緯書內容，論其是非，以規模作者與時代之梗概，庶幾無悖於史實也。類此綜合研究之通論，今人呂凱先生《鄭玄之讖緯學》及王令樾先生《緯學探原》二書考辨甚詳，其所蒐羅資料之豐富、析理之精闢，後學難有超越之新論，故本文引其論點，述其大要，以為《易緯》考源之所資。

先舉呂文之所述。其〈讖緯之起源〉一節，約分三系論之。有據時而論者：如劉師培〈乙巳年國粹學報文篇〉之源於太古說，汪繼培〈緯候不起於哀平辨〉之源於周代說，顧炎武《日知錄》卷三十〈圖讖〉之源於秦穆公說，及《後漢書》張衡上疏語、劉勰《文心雕龍・正緯篇》、孔穎達《尚書序正義》之源於哀平說。

有據人而論者：如金鶚〈緯候不起於哀平辨〉之源於孔子說，張惠言《易緯略義・序》之源於七十弟子說，及俞正燮《癸巳類稿》〈書開元占經日錄後〉之源於古太史說。

有據書而論者：如《文獻通考・經籍考》引胡寅之本於五經說，周治平〈緯候不起於哀平辨〉之本於〈洪範〉、〈夏小正〉、〈周官〉、《內經》說，又及本於《禮記》之〈王制〉、〈明堂位〉、〈喪服小記〉、《史記》、《說苑》等說。

以上三端，呂氏以為諸說「或具讖緯之思想，或涉讖緯之名目，然究其實，皆非讖緯也。」而力主陳槃菴先生之說：「所謂讖緯，槃以為當溯源於鄒衍及其燕齊海上之方士。」（見〈讖緯溯源・上〉）此即俗謂陰陽家者流，其內容要皆以陰陽五行及災異之變為依歸也。而鄒衍之學，名為陰陽，其實雜家也，此戰國諸子之說彼此互通之通例，雖以一家為名，然多能兼通他家。陳槃菴先生曾深入鑽研，論作〈讖緯溯源〉及〈論早期讖緯及其與鄒衍書說之關係〉諸文，以證讖緯之作，多出方士，而方士所據，本乎鄒書，讖緯諸書雖非鄒衍之作，必有鄒衍餘緒之浸染。秦漢間方士多矯稱文學，外被儒學之服，內行方士之實，託古稱聖，以固其說，讖緯之學乃因緣際會，輔附經書而興起也，故呂凱先生終結曰：「讖緯之源，起於鄒衍；讖緯造作，昉於方士。而緯書配經，則緣漢武帝崇儒術而行方士，故二者乃相需相成，滋生日多，而造成兩漢思想之主流——讖緯之學。」

次舉王文所述。其《緯學探原》第三章〈緯之源流〉，博采眾說，據時而歸類條列四綱，並引述原文，細究其間差異，以作考訂。

文見於《新民月刊》第一卷、第六期。

如以緯起於伏羲至孔子，有《易緯乾鑿度》題辭，《隋書・經籍志》〈六藝緯類序〉，及鄭玄說（據公羊家言）等三家說。以緯起於西漢哀平之際，則有《後漢書・張衡傳》張衡上疏文，荀悅《申鑒・俗嫌篇》，劉勰《文心雕龍・正緯篇》，孔穎達《尚書序正義》，及馬端臨《文獻通考》等五家說。以緯起於周秦西漢，有《古微書》，《四庫全書總目提要》，徐養原、汪繼培、金鶚、李富孫等〈緯候不起於哀平辨〉，劉師培《國學發微》，皮錫瑞《經學歷史》、《經學通論》，陳槃〈論早期讖緯及其與鄒衍書說之關係〉等九家說。以緯出於古史，則有俞正燮《癸巳類稿・緯書論》，及劉師培〈讖緯論〉〔註 3〕等二家說。

王令樾先生歷敘四說，其後斷以讖緯源於古史，中經周秦，迄於漢哀平之世，大抵從俞正燮之說也。俞氏《癸巳類稿・緯書論》曰：「緯者，古史書也，通記天地人，蓋靈臺所候簿。」此其總綱也。其次論斷古太史之書，於孔子定六經之後，其剩餘文字存於太史處者即緯也，此證緯即古史也。緯所以依經立名，因其爲經之餘；緯所以配經，因其與經同出於一史也。第三段分辨孔子覽緯而不定緯一事。第四段歷舉諸書，反覆證成「緯在太史，不在秘書」之說法，揭示《漢志》不錄緯書之疑。第五段則舉論破除前人以緯爲後人僞託之疑點。第六段以緯爲古史之故，有輔經之用，故緯宜傳流。第七段重申首段總義以結全文。王氏評論曰：「此說認爲緯爲古史，通記天地人之事理，將此與緯書內容相考求，綱目脗合。而緯書出自古代史官之手，非一人之文解，非一時之作品，考諸諸緯之文義事蹟，亦皆契合。此說以天地人爲緯總綱，以天文、地理、人事爲其分目，眞可謂得到緯書的全體大用。所謂緯源起上古，不是渺茫無端的；流行止於哀平，不是僞託虛造的。因爲史必歷代相沿，綿亙不斷；而言辭或出於古帝列聖，事蹟或起於太古中古，要皆史官訪求所記；故對源流及作者的論定，道理事情圓通，無偏無窒。此一說法大異於前三類，緯之眞象，廓若發蒙，最是持平可信的一類。至於所論緯非孔聖所作，以及《漢書・藝文志》所以不錄，讖緯不宜禁絕等，都是以平實之理，破除久已積存的疑問，這也非前人所能見及。總之，由於其論斷

〔註 3〕劉師坫於《國學發微》所論屬第三類，與此說迥異者，王令樾先生推其因由曰：「當是《國學發微》之說完成於前，所以就緯之史實論緯源於周秦兩漢，而終於哀平；此文則是見俞說以後寫成，因佩服俞說精當，故就緯之本體，論緯起源於古史，淆經配經於兩漢。」劉氏二文皆收錄於《劉申叔先生遺書》中。

緯爲古史，握住緯學的樞機，關鍵既得，群疑自如破竹，這是緯學的一大發明。而論緯學之源流，亦自是以此說爲準繩。但是認爲緯非後人所能僞託，而將哀平時，王莽僞造的讖緯也說是眞的，這顯然與事實相悖，此不免千慮之一失。」若此，則一掃張衡以下多以「圖讖成于哀平之際」之論調，蓋緯書圖讖，哀平時固然最多，哀平之前，經史亦多有記載，例證可見上述第三、四節諸儒所述。王氏之以俞說爲準，即因俞說義理清晰，考事周密，並能闡精微、破群疑，正視緯書亦有醇古之文，足可輔證經義者也。

揆諸二說，皆有其立論之根基，非妄說也，考求緯書內容，亦未悖離。蓋緯之所記，天地之道、庶物之理、而以徵夫人事、敷敘經義者也，唯其所記多恢奇瑰怪、敷會禎祥，而障蔽其機理也，姜忠奎先生〈緯論〉一文頗能道其詳：「龜龍之神，魚鳥之兆，亦尚存於經義，非僅見諸緯文，然神道遠人，非庸德之急務；毖義難曉，豈凡民所能由？是以先聖制作，不以入經；後賢纂述，遂收爲緯，書始出於西漢，道大行於東都。」此以緯之成書而論，至其考求緯學源流，則兼融俞樾與陳槃二說之特點，更見開闊，非徒爲草率併合而已。其文把握學術思想流變中「通變」之法則，由上古洪荒初闢、伏羲畫卦，神德以通，物情以類之天道、神道思想時代起始，神鬼怪異，妖祥機兆，「皆有史官以記其事，小史掌邦國之志，外史掌四方之書，而世繫墳典，歷朝所記，亦爲史氏所藏，故人天鬼物、正變感應，其跡與術，盡在於斯。」而後官師之職畢陳，天人之學益明，或知來而藏往，或原始以要終，極深研幾，探賾索隱，達其道以通其變也，「其徵見於事，其志藏於史，聖人取其常者以爲經，存其變者以爲緯，故緯者，諸官之世業，而史氏之遺籍也。」春秋戰國以降，國亂世紛，賢者有隱避山林者，經緯之眞貌亦因歷年既遠而眞旨斯微，有記其事而遺其術者，有得其術而昧其義者，「本經以與庶民，則有孟軻、荀卿；闡緯以干世主，則有鄒衍、毋忌。……鄒子之徒，觀陰陽以究終始；毋忌諸人，依鬼神以事解化，威昭倡於上，燕齊傳於下，由是緯學一歸於左道，人事盡變爲仙方矣。」此陰陽方術滲入緯學之端也，至秦漢之符籙讖言、災異五行大興，則緯學大盛之期也。由是纖緯之源流脈絡，尋之可得也，即源於古史，中經周秦，變化於鄒衍及其燕齊海上方士之手，而盛於哀平之世也。

考《易緯》之源起亦復如是。以思想言，可探求遠古思想之痕跡，此雖或爲漢人所記，然上古三皇五帝、福禍災異之事蹟，當先人耳語相傳或史料所留也。再以《乾坤鑿度》之「古文八卦」爲例，其以八純卦符號爲古文字，雖爲擬測，依象形、指事之文例，是亦有此可能性也。《易緯》於易義有所闡明者，多承《易傳》而發；於易象、易數、易術方面，亦已雜入陰陽五行、災異符應，又多與易學家孟喜、京房有相合者，殆漢易之總合也。《易緯》乃纂輯之作，非作於一人，定於一時，故難與當世之易作道其先後、論其影響，如以成書畫其世，則起於孟京與哀平之際也。以上爲《易緯》起源之大較，論者亦多持此說，當以成書時間說之也，證據則可參見下列諸章。

貳、易緯之眞僞

《易緯》之眞僞論又須與其源起論相參，蓋源起之點既異，眞僞之說即生異調。如以讖緯起於古史者，則多信其書爲眞；而力主起於哀平者，則多以其書爲僞，或其眞僞雜糅也，故一如源起之論，又是異說紛紜。

前儒論斷眞僞，仍多就緯候圖讖，囊括全體而言，總合之，不出眞、僞、眞僞參雜三說，王令樾先生《緯學探原》一書第四章〈緯之眞僞〉，引述重要各說，即析分三綱而作申論，而以眞僞雜糅說爲最得其實。王文列舉《後漢書・張衡傳》張衡疏文、《文心雕龍・正緯篇》、《經義叢鈔》所載徐養原、周治平、金鶚、李富孫諸文、《四庫全書總目提要》，及胡應麟、劉師培、陳槃等文，證成緯書乃眞僞參雜、醇駁並列之書。王氏歸納總論曰：「緯書爲古史官所記，演自河洛圖書所蘊含之理，上焉者配合經書旨義，爲經之支流；或依傍於經，別闡新義。中焉者推明天道，多陳述災祥之應驗。下焉者只說明符命，爲帝王興衰之預言。其中演繹河圖洛書的哲理，與經義相互發明的，大抵爲經的佚文，或先儒口耳相傳之說，可謂緯之眞者。其言災祥一類，大概本陰陽家之說，而與經義時有乖合，但爲西漢今文家所取，用以講經，遂亦淆入配經之列，可謂屬於眞僞之間者。至於預言符命，與方士術數相類，多爲後人僞託，或爲赴趨時宜之人所僞造，此則屬緯之僞者。雖然緯的內容有高下之別，然而其文，辭采爛然，多有助於文章。」〔註4〕因所引諸說論斷精詳、條析近理，斯可謂持平之論。

《易緯》信是醇駁雜陳、眞僞相參之作也。此又當分內容與成書二途論之。以內容言，即如前說，大抵以翼經與否區分眞僞。緯學源於古史，至兩

〔註 4〕王令樾先生文，見《緯學探原》第四章〈緯之眞僞〉，頁 75。

漢而大興，緯書之說多本於先儒，漢以去古未遠，彼時學者多見古書，其所著述，多有所本，當有裨易教也。且其釋易象、易數、易義等，中心不出《易傳》之範疇，頗見精言奧義，其醇者亦孔氏之遺說也。而其論河圖洛書者（非宋代河洛之數），前儒亦信為緯之眞者，蓋因孔聖早發「河不出圖、洛不出書」之嗟嘆，〈繫辭〉亦有「河出圖，洛出書，聖人則之」之論調，《易緯》本於河圖洛書卦疇原理者，足以配經，故為圖緯之眞者也。另其參以陰陽五行說，《易傳》已初見其跡，此齊學以儒學為文飾之發端，秦漢之際則日益滋生矣，今文家頗有引以解經，王先生謂其屬眞僞之間者也。至其言方術符應，預言世軌災厄，假託孔子所作，則多為方士僞造，誕妄不經，有乖聖人訓典也。劉勰《文心雕龍．正緯篇》即「按經驗緯」，懸徵聖配經為準的，以判緯書之眞僞也。今人陳槃菴先生論曰：「讖緯中若干思想古已有之，是也。然自古雖亦有此思想，不可謂此即纖緯也。古籍散亡，遺文賸義賴讖緯而保存至今者，誠亦不少。然讖緯之產生，由於矯誕，或剽割盜襲，或怪迂能變，以其名為讖緯而論，僞書也。以其鈔襲幸而有功古學論，則所謂僞書中往往有眞材料。」〔註 5〕此論核之《易緯》內容，信其然也，尤以《乾鑿度》、《乾坤鑿度》，其中材料於易旨頗有勝義，足以輔翼經文，不可以其不經而忽之也。

復以成書言之。前已言《易緯》諸書約起於孟京與哀平之際，而緯書自隋末禁絕，多散逸失傳，唯《乾鑿度》等一二種尚存，猶可窺見漢世原貌之一二，然已加入唐宋人之增刪改竄，則又非眞實之著錄，此尤以易術為然。如《乾鑿度》「求卦主歲術」及「推厄法」，《稽覽圖》亦載其術，而從伏羲天元甲寅以來，推至南朝宋永初、元嘉年間及唐貞元、元和年間，皆可見歷朝術士附益之跡。餘《易緯》諸書，因多散見於諸類書，賴宋人掇拾輯錄而存於今世，然以史志所載書目之異同，而有疑為宋人依託為之者，如晁公武以〈隋志〉〈唐志〉及《崇文總目》皆不錄，至元祐《田氏書目》始載，故謂《乾鑿度》（實《乾坤鑿度》，晁氏誤併為一）為宋人依託。此涉目錄學與辨僞學，今人張心澂先生《僞書通考》一書，蒐羅宋以來諸讀書札鈔，辯及《易緯》書目之說者，以證《易緯》諸書皆僞書也，且為「僞中之僞」也。張氏以辨僞之公例（據梁啓超先生《中國歷史研究法》）辨《易緯》為僞書，其說若以「後人補益之」而論，於第二層次言「僞書」則無疑；然其於第一層次之「僞

〔註 5〕陳槃氏一文，見〈論早期讖緯及其與鄒衍書說之關係〉，《中研院史語所集刊》第七本。

書論」，乃本諸梁啓超《古書眞僞及其年代》一書中論僞之程度，有「僞中益僞」一目，以讖緯爲戰國陰陽家及西漢方士僞託於孔子之僞作，此說若據上節所述「易緯之源起」，則知所論有失偏頗，或可謂各家辨僞之理念不同所致。明乎此，張文所謂「僞中之僞」有待商確也。幸而張氏僅於書目下加注「僞」字，而由所列諸書論議相較，仍可另作異論。如晁公武謂《乾（坤）鑿度》爲宋人僞作，顧實則以爲此說殊爲失考：「隋焚禁民間之緯，而經師朝廷不禁稱引。……漢〈譙敏碑〉稱『其先故國師譙贛深明典奧讖錄圖緯』，是《易緯》尤與焦氏京氏兩家易相近。而《乾鑿度》《通卦驗》兩書並依附〈繫辭〉策數及〈說卦〉方位爲說，當作於漢武宣以後，亦今文博士之遺說，兼有鄭玄注，俱未可蔑視也。」〔註6〕以〈隋志〉載鄭玄注《易緯》八卷，可知《易緯》不當以「僞書」一語概括而盡棄之也。

總言之，《易緯》爲眞僞雜摻之作。孟京哀平之前已見眞僞雜纂之跡；其後以散佚之故，於整理輯錄時，又有改竄依託，故純駁雜陳、精粗互見，歷代諸典籍當未有如《易緯》一類讖緯之源流難定、眞僞難辨者也。此治《易緯》之另一難題也。

參、易緯之輯錄

讖緯之學伴隨陰陽災異思想、終始五德術說而盛於秦漢之時，尤以王莽之好符命、光武之信圖讖，〔註7〕更有推波助瀾之勢，風行益烈，蓋因讖緯符瑞，既可授命，亦可移德，故王者每引緯書之文以自固。上有所好，下必甚焉，時儒乃爭學圖緯，兼復說以符命，有識者即以圖緯虛妄，非聖人之法而非之，如桓譚、張衡等，張衡並上疏請禁絕之，然終漢世，餘風仍熾。至晉武帝泰始三年禁星氣讖緯之學起，北魏有太和之禁，隋有開皇之禁，唐有大曆之禁，元明二世亦多次禁絕。〔註8〕歷代禁緯，多以鞏固政治地位爲計，以

〔註6〕見顧實《重考古今僞書考》一書，《僞書通考》引。

〔註7〕據《漢書・王莽傳》所載，王莽爲安漢公時，武功長孟通浚井得白石，上書：「告安漢公莽爲皇帝」，此其計畫中首一符命，雖不得施行，王莽藉以稱「假皇帝」、「攝皇帝」。居攝三年，符命相繼出現，終得梓潼哀章造「赤帝行璽邦傳予黃帝金策書」及「天帝行璽金匱圖」，而建立新朝。另據《後漢書・光武帝紀》，光武起事，乃拜李通所上讖言：「劉氏復興，李氏爲輔」之賜，並得同舍生彊華所奉赤伏符而再造中興也，故於中元元年宣布圖讖於天下。

〔註8〕歷代禁緯之舉，資料參見《古今圖書集成》第三百六十七卷〈讖緯部彙考〉

防圖緯符瑞之亂人心，侵帝位也，而虛妄妖邪，非聖人之法，則為冠冕之言也。如隋文帝以國戚之尊，欺人孤寡而竊國，嘗下開皇元年之詔曰：「自古帝王受終革代，封侯錫爵，多與運遷。朕應籙受圖，君臨海內。」（見《隋書·文帝紀》），未嘗不假手讖緯。成功之日，正恐反為人所竊，故禁之愈切。

緯書因隋文帝詔禁緯候，勿得私藏，繼而煬帝發使搜焚，匿者處死，自此書籍散亡，殘佚不全，全卷得以保存者，唯《易緯乾鑿度》等一二種而已，「然亦宋人掇拾類書而成，非本書也。」〔註 9〕此為研考《易緯》其書目錄、版本之一大難題也。王令樾先生探治緯學之關鍵曰：「緯書完整之本無多，皆為後世學者蒐檢諸書所輯錄，並非其原本。所以各篇條文，很多全文重複，或辭義大同小異的。而各書引用緯文時，有的稱此篇名，有的稱彼篇名，因各篇不完全，總旨難見，所以也無從斷定該屬何篇，也無從明定其先後。」〔註 10〕以此言治《易緯》之難處亦同也。

舊志諸書所載，或僅著錄《易緯》一名及卷數；或並錄《易緯》及他篇名；或條列諸篇名，而冠以《易緯》之名，即便如此，各書所錄篇名及其注者又有不同。如以《易緯》之名為例，《七錄》載九卷，《隋書·經籍志》載八卷，並云是鄭玄注（其目準七經緯次第排列，然以《河圖》居首，蓋以之繫屬《易緯》），新舊《唐書》二志、《崇文總目》亦載九卷，唯新舊〈唐志〉並云宋均注。以上皆不詳其篇目，至唐章懷太子注《後漢書·樊英傳》始舉「七緯」之名，謂《易緯》有《稽覽圖》、《乾鑿度》、《坤靈圖》、《通卦驗》、《是類謀》、《辨終備》六種，此當為鄭玄所注者。而《宋史·藝文志》載《易緯》七卷，另又著錄《易乾鑿度》三卷、《易緯稽覽圖》一卷，《易通卦驗》三卷（以上並鄭玄注），已是並錄《易緯》與他篇名。餘書目則多載錄諸篇名及卷數，如：

1. 宋鄭樵《通志·藝文略》載：
   《乾坤鑿度》二卷、《乾鑿度》二卷、《易緯稽覽圖》七卷。其《乾坤鑿度》下注曰：「伏戲文、黃帝演、倉頡修」，餘二者並鄭玄注。
2. 宋晁公武《郡齋讀書志》：
   僅載《易乾鑿度》二卷（實指《乾坤鑿度》），並謂為時人（宋人）依

所輯。

〔註 9〕文見姚際恆《古今偽書考》〈易乾鑿度考〉。

〔註 10〕王先生一文見《緯學探原》第一章緒論，頁 1、2。

託爲之。

3. 宋姚應績《昭德先生郡齋讀書後志》載：
《坤鑿度》二卷、《周易緯稽覽圖》二卷、《周易緯是類謀》一卷、《周易緯辨終備》一卷、《周易緯乾元敘制記》一卷、《周易緯坤靈圖》一卷、《易通驗卦》二卷。

4. 宋陳振孫《直齋書錄解題》載：
《易緯》七卷、《易稽覽圖》三卷（與上《易緯》前三卷相出入而詳略不同）、《易通卦驗》二卷、《易乾鑿度》二卷、《乾坤鑿度》二卷、（一作《巛鑿度》）。

5. 宋黃震《日鈔》載：
《乾坤鑿度》、《易緯稽覽圖》、《易通卦驗》，然僅札記式之日鈔，未數及卷數。

6. 明焦竑《經籍志》載：
《乾坤鑿度》二卷、《易緯稽覽圖》二卷、《易緯是類謀》一卷、《易緯辨終備》一卷、《易緯乾元敘制記》一卷、《易緯坤靈圖》一卷、《易卦通變》二卷。

以上大略言之，其詳目可參見朱彝尊《經義考》卷二六三〈毖緯〉一節，與胡應麟《四部正譌》、張心澂《僞書通考》等書，亦可見《易緯》其書眞僞分合之辨論、書目具名之異同也。

讖緯之學自隋代二主禁燬，書籍散亡，惟賴〈隋志〉等書載其存目，尚可規模其狀，唐時《易緯》尙存，宋以後《易緯》亦失傳。迨及明末清初容華人孫瑴，「採摭群書，編綴逸緯，使百世而下之人得見兩京以上之祕記，縱有疏略，然功不可泯。」（引用姜忠奎〈緯論〉之語）。孫瑴編有《古微書》，以符命歷數天人之理，次第排列諸緯之先後，然《易緯》之書目略異於傳統所錄，殆以《永樂大典》已輯有《易緯》數種完本，《古微書》則輯其佚書與別本也，故他緯較詳備而《易緯》較爲疏略。孫氏之前，嘉靖中范欽刊《范氏奇書》，有《乾鑿度》二卷，附《周易乾坤鑿度》二卷。又楊喬嶽編《緯書》十卷，除《易乾鑿度》爲完本外，餘者僅錄佚文數條。二書皆不及《古微書》之宏偉也。沿及清世，《古今圖書集成》彙編成〈讖緯部〉一卷，可詳見緯學沿革與歷代書目。乾隆間，四庫館臣則采輯《永樂大典》，得《易緯》八種，載錄於《四庫全書》而行世。而私人輯緯之名家，朱彝尊《經義考》有〈毖緯〉五卷，然則僅為書目之考證也，開胡應麟、張心澂諸家之先河，唯後者著重於辨偽一途。而蒐采浩博者則推馬國翰《玉函山房輯佚書》（然不錄《易緯》）、趙在翰《七緯》（多全本）、黃奭《通緯》及喬松年《緯攟》諸書，而治《易緯》之學者，則首推張惠言。張氏作《易緯略義》，其書乃割裂《易緯》之原文，依文義歸納統整而成，亦屬集緯之別例也。莊忠棫有《易緯通義》則重其術之發揚。晚近，日人安居香山、中村璋八合編《緯書集成》，茲編宏大，當屬集大成者。

由上所述，茲舉《古微書》等輯佚書為例，分錄其所載《易緯》篇目，以考見《易緯》其書，書目分合異同之貌，而後則簡選一家為本論文摭取議定之所本。

1. 孫瑴《古微書》：

   《易緯》：《易通卦驗》、《易坤靈圖》、《易稽覽圖》、《易河圖數》、《易筮類謀》、《易九厄讖》。附《易雜緯》（有《辨終備》、《易萌氣樞》、《易中孚傳》、《易運期》、《易通統圖》、《易統驗玄圖》）。

2. 黃奭《黃氏逸書考》：

   《易緯》：《易乾鑿度》、《易乾坤鑿度》、《易是類謀》、《易坤靈圖》、《易乾元序制記》、《易辨終備》、《易稽覽圖》、《易通卦驗》、（附《易萌氣樞》、《易通統圖》、《易通驗玄圖》、《易九厄讖》）。

3. 趙在翰《七緯》：

   《易乾坤鑿度》、《易乾鑿度》、《易稽覽圖》、《易辨終備》、《易乾元序制記》、《易通卦驗》、《易是類謀》。

4. 喬松年《緯攟》：

   《易緯》、《易乾鑿度》、《乾坤鑿度》、《易通卦驗》、《易稽覽圖》、《易是類謀》、《易辨終備》、《易中孚傳》、《易天人應》、《易通統圖》、《易運期》、《易內傳》、《易萌氣樞》、《易內篇》、《易傳太初篇》。

5. 文淵閣《四庫全書》：

   《易緯乾坤鑿度》、《易緯乾鑿度》、《易緯稽覽圖》、《易緯辨終備》、《易緯通卦驗》、《易緯乾元序制記》、《易緯是類謀》、《易緯坤靈圖》八種。

6. 武英殿聚珍《四庫全書》初刻本：

   內容同 5。

總上所錄，可考見《易緯》書目之繁複錯雜，即如《易緯》書中亦多緯書之目，如《乾坤鑿度》有「太古文目」，共一十四緯，就中《垂皇策》、《乾文緯》、乾坤二《鑿度》三文乃說《易》者也。以諸說之互相參差，又多條錄佚文，殘缺不全，今本論文僅採《永樂大典》、及《四庫全書》所輯《易緯》八種爲據，不再論及他緯，以歸束於一也。

清人頗爲好奇，多視《易緯》爲奇書，除《四庫全書》輯錄八種外，另有諸緯之刊本。以下茲列舉各緯之刊本於次（含明刊本）：〔註 11〕

1.《乾坤鑿度》：

有《范氏奇書》本、《武英殿初刻》本、《藝海珠塵》本、《反約篇》本、《七緯》本、《古經解彙函》本、《漢學堂叢書》本、《黃氏逸書考》本。其中標鄭注者，疑誤。

2.《乾鑿度》：

有《范氏奇書》本、《雅雨堂叢書》本、《武英殿初刻》本、《反約篇》本、《七緯》本、《古經解彙函》本、《漢學堂叢書》本、《黃氏逸書考》本、《鄭學彙函》本。

3.《稽覽圖》：

有《武英殿初刻》本、《藝海珠塵》本、《反約篇》本、《七緯》本、《古經解彙函》本、《黃氏逸書考》本。

4.《辨終備》：

有《武英殿初刻》本、《七緯》本、《古經解彙函》本、《黃氏逸書考》本、《鄭學彙函》本。

5.《通卦驗》：

有《武英殿初刻》本、《七緯》本、《古經解彙函》本、《黃氏逸書考》

〔註 11〕《范氏奇書》本，明嘉靖中范欽刊行。
《武英殿四庫全書》聚珍初刻本，清乾隆三十八年刊。
《藝海珠塵》本，清乾隆中吳省蘭輯刊。
《七緯》本，清嘉慶十四年趙在翰輯。
《雅雨堂叢書》本，明錢叔寶本，清乾隆中盧見曾校刊。
《古經解彙函》本，清同治十二年鍾謙鈞校刊。
《反約篇》本，清同治中李光廷輯。
《漢學堂叢書》本，清光緒十九年黃奭輯。
《黃氏逸書考》本，民國二十三年黃奭刊。
《鄭學彙函》本，清闕名刊。
以上參見《叢書子目類編》條錄。

本、《鄭學彙函》本。

6.《乾元序制記》：

有《武英殿初刻》本、《七緯》本、《古經解彙函》本、《黃氏逸書考》本、《鄭學彙函》本。

7.《是類謀》：

有《武英殿初刻》本、《藝海珠塵》本、《反約篇》本、《七緯》本、《古經解彙函》本、《漢學堂叢書》本、《黃氏逸書考》本、《鄭學彙函》本。

8.《坤靈圖》：

有《武英殿初刻》本、《七緯》本、《古經解彙函》本、《漢學堂叢書》本、《黃氏逸書考》本、《鄭學彙函》本。

以上諸輯本，本文大抵大同小異，另則《玉燭寶典》、《昭明文選》注、《帝範》、《開元占經》、《天文要錄》、《太平御覽》、《埤雅》、《路史》、《說郛》、《緯攟》等書，乃至舊書史志皆有佚文載錄，孫瑴《古微書》、日人所編《緯書集成》及呂凱《鄭玄之讖緯學》均作〈補遺〉可參，謹附識於此，茲不贅敘。

肆、易緯之內涵

《易緯》之興起，有其歷史淵源，亦有其時代背景，前文乃以讖緯思想之流變，縱述其歷史淵源，並辨其眞僞，此則橫剖漢代易學風貌，以探其成就《易緯》其書內涵之底蘊。

以學術思想史言，先秦兩漢易學之分野爲「秦火」。秦火前，先秦易學發展至孔、老二氏，象、數、術之創建與哲理之發揮，均已奠立理圓論足之基石；儒門易、道家易、筮術易三支，並齊頭發展，互相競逐。雖則儒道兩家均從義上發揮，各自開展形下形上之學，而爲易學思想之主流與旁支，〔註12〕筮術易一支仍以實用之學，生機盎然地活躍於易家間。孔老之後，先秦易學漸呈衰竭之勢，鮮有新意，然則，此實爲古今學術演變中盛衰交替之常則，亦易道「窮則變」之律則，値此易學衰季，實則默默醞釀求變也，而「秦火」正爲轉變之關鍵。以「卜筮之書不焚」之故，《周易》上下經流通如故，筮術

〔註12〕因孔子贊易，提升《易經》之地位，故儒門易向爲易學之正統。而老子之道家易，只言道，不言易，對上而言，被視爲易學之別派；對下而言，則被視爲一門獨立學術，成爲道家。說見高懷民先生《先秦易學史》。本節探《易緯之內涵》，分目亦多參高氏《先秦易學史》、《兩漢易學史》，一併附識於此。

易亦得以倖存而復興；儒門易雖以《十翼》被焚，漢初易學家說《易》仍以守經義爲務，然因受陰陽五行思想衝擊，其內容亦不得不變也。而道家易者流，則一本其清靜無爲、守時待變之性格，側身於時代一隅，玩索卦象、兼研易學，而開創漢易新局。易道以「變」爲用，此三支易學流變至漢初，則共趨向數術之學，復以陰陽五行、雜家之學共冶於一爐，漢代象數易學於焉誕生。於此之際，易學骨架雖有傳承，又更新結合、相雜而變，故其面目已迥異於先秦易學矣。

《易緯》與象數易實爲一路之學，既尊易學道統，又發道家易之論、復採筮術易之術，乃兼融儒、道、數術、陰陽災異於一之作，然非儒、非道、非筮，又亦儒、亦道、亦筮。以易學思想言，實雜家之作；然若歸本於漢代學術思潮言，則類孟、焦、京之學，亦有儒門易理之發揮，足爲翼經之用也。

以下分就「易學」與「經學」二系，總述《易緯》之內涵義蘊，而因學術流變之故，各細目均已見新風貌矣。

一、易學內涵

（一）筮術易之餘緒

《易經》原爲占筮之書，故筮術即其本色也。「筮術易」始於周文王演易，乃透過一套既設儀式筮法求得卦爻之象，再據象以演說易道，並用於占斷人事吉凶，此文王藉神道以設教，溝通天地鬼神，據以爲行事之指導原則，爲神道思想時代之產物，其時易學即爲用世之學也。而筮術易之主要角色爲蓍草與筮術，爲龜卜外新創之占斷術，其術經由演蓍過程，實蘊含哲學思維以表現易道，〈繫辭傳〉曰：「易有聖人之道四焉」，「以卜筮者尚其占」即讚筮術之神用也。然筮占法，僅見於〈繫辭傳〉「大衍之數」一章，記載又極簡約，宋代易學家鑽研其法頗費苦心，而朱熹斟酌古法，參以己見，制爲筮儀，最得人所稱許，若以《易緯》所載相參，更可證成朱說之精當。《乾坤鑿度》嘗引《萬形經》言蓍策之制與蓍策之數，並及天地之數、卦爻之數等，皆《易傳》「筮占法」之擴大推演，其本源皆同也。而《乾鑿度》、《稽覽圖》則以既得「蓍策之數」、「卦爻之數」，據以推求「軌折之數」並及「卦主歲術」、「推世軌術」、「推災入厄術」等，欲與律歷相合，求卦氣徵驗也。由其易術之運用，即可窺知《易緯》雖會合各家雜學，其本源乃承先秦「筮術易」之餘緒而發展新說也。

（二）儒門易之傳統

自孔子贊易，並與其門人、後學作成《十翼》，《周易》即一躍而爲哲理之書。儒門易學言易道多依於仁，以建立人道思想體系，並求貫通天人，參贊天地化育，此「推天道以明人事」之謂也。孔子於筮術則排除之，今考《論語》所載，其於鬼神信仰態度多採「敬鬼神而遠之」，不語怪力亂神；雖讚筮術之神用，然僅就易道之神用言，非讚其筮法，故僅〈子路篇〉言及〈恆卦〉九三爻辭，其下又云：「子曰：不占而已矣。」既不占，轉而傾全力轉化卦爻辭於占筮時，吉凶悔吝之斷用，另賦以新義，作成《十翼》，重新建立易學理論。其思想體系「完整而美」：「由乾元始動到化生人物，爲由形上發展到形下（由道化生器）；由人之窮理盡性到上合於天德，爲由形下返回到形上（由器反於道）。」〔註 13〕歸結其大義，則如黃師慶萱先生所云：「周易之作，源於憂患意識，今有天人合一的觀念，因而見重於儒家。周易所言仁知之道、誠信之教、時中之用、寡過之效，也便代表周易大義之所在，儒家思想的重心了。」〔註 14〕故自此儒門易遂爲易學之正統，以傳解經亦爲讀經之入門。漢初田何於秦火後，振袂重興儒門易學，以恢復儒門「古義」爲倡，田何傳易於丁寬，丁寬傳易田王孫，及田王孫傳易於施讎、孟喜、梁丘賀三人，朝廷分設三家易學博士（孟喜本人未被錄用），儒門易更大爲光耀。雖則田何授易有「筮術」與「古義」二科，其弟子亦多學得其術，孟喜甚而「改師法」，開漢象數易之先河，其時說《易》仍多以守經義爲務，發揮易學哲理精微。唯以孔子成就至高，儒門後學缺乏新創意，難以踰越其法度。

《易緯》之闡發義理，亦謹守儒門易之傳統，如論易有簡易、不易、變易三義，乾坤二元資始資生之作用，並及三才六位之理，觀象制器之義，又經分上下、君人五號、天地相應、懸聖著德、陰陽消息、中和時變等，雖已雜入道家、陰陽家、象數易家之論，其要旨亦能切合儒門易說，時見吉光片羽之精論，闡明「易者所以經天地、理人倫而明王道」之大理。而其參以象數說易，亦頗有相襯之美，即便儒家易亦未能過之，如以消息卦說易及八卦用事，極盡自然天象流行之理。《易緯》守儒門易之傳統，其說或附會儒門經義，或支離片斷，然於易旨頗有創見發明，尤於名詞制作，時有佳構，如歸納〈繫辭傳・上〉首

〔註 13〕儒門易之思想體系，可參高懷民《大易哲學論》、《先秦易學史》等書。本文所引，錄自《先秦易學史》，頁 309。

〔註 14〕參見黃師慶萱《周易讀本》，〈周易縱橫談〉一文。

章，揭發「易有三義」之說，又「十翼」之名亦出於《易緯》，言簡義當，與孔子「贊易」之義合，而廣爲後世所通用。又「四正四維」、「太乙九宮」、「太易三始」等亦多爲象數家援引，此其不獨守傳統而能求變求新之舉也。

（三）道家易之兼治

道家易旨在發揮易學之形上義，蓋〈繫辭傳〉曰：「形而上者謂之道」，其思想指向恰與儒門易相反。《老子》雖言「道」，然其書與易學思想關係之密切，可由古人「易老」並稱而知，其言「道」即言「易」也。觀《老子》書，尚謙、居後不爭、貴母、虛靜無爲之思想，直是以坤德爲法，亦與孔子重乾德爲對比也。又其言及萬物化生之義，言及反復、亢龍、物壯則老、全德貴德、抱一守本等，亦皆與易學息息相通。道家易之思想內容，及何以其書只言「道」而不言「易」，高懷民先生《先秦易學史》與《大易哲學論》有精闢之論可參。道家易雖不言太極、乾坤，然其「上行推極道始（推「有」入「無」入「道」），下行論宇宙萬物之生成（「道生一，一生二，二生三，三生萬物」）」，〔註 15〕韓康伯、孔穎達即據以注解「易有太極，是生兩儀」一節，雖未盡理，亦可見二者思想之相通性。

《易緯》一書於「太極兩儀」體系外，又往上探求宇宙萬物生成之始，建立「太易、太初、太始、太素」系統，即模仿道家推「有」「無」而上，探宇宙之起源，又雜引漢初《淮南子》以下所發展出之「氣化宇宙論」，〔註 16〕言其創生之程序，約以物質元素分析，已失純粹哲學思維活動之精神，然其欲溝通儒道二家之思想內涵，綰合形上形下理論之用心則昭然若揭。此氣化

〔註 15〕引文錄自高先生《大易哲學論》目錄，其詳亦可參見本論文第五章「太易三始」一節。

〔註 16〕以「自然」之義言「氣」，《老子》書中所載之氣，仍屬素樸、原始之義，將萬物本然存在之狀態，以沖虛之氣釋之。《莊子・內篇》亦承《老子》之說，〈外篇〉〈雜篇〉則言一氣流行、玄同生死，皆扣緊其人生哲學而立說。漢人釋氣之義，乃就氣化宇宙論之氣言之，已有別於生命血氣之義或自然流行之義，而作爲物質元素之通稱。質言之，天地萬物之生，必有其所以生之總原理，名之曰「道」，此「道」如以氣規定之，即謂之氣化宇宙論。河上公以「精氣」釋《老子》之「道」，即開漢代《老子》學說以氣化釋有無之先驅。《淮南子》則首提「元氣」之說，發展出氣化宇宙論。元氣爲天地未形之先，混一未分之氣，由元氣之作用而生天地萬物，元氣之上則有「宇宙」、「虛霩」，此一宇宙生成論，爲一物質世界之生成論，屬古典唯物之詮釋也。《易緯》則納入「太易三始」系統，以「渾淪」取代「元氣」，亦「氣化宇宙論」之調也。以上說解，具引自莊耀郎先生《原氣》一書。

系統雖膚淺，然其立於漢代以氣化論宇宙之哲學形態下，能仿《老子》之「有無」體系，並捨「有」而代之以「易」，推極於未見氣之「太易」，亦經深思，可算有識矣！因道家之「守時變」，戰國末期，道家之學已流衍爲黃老之學。道家者流頗見放逸世外之隱士，默察易風之所趨，匯合易學（道家易）與陰陽五行說，流衍至《易緯》之時，道家易之內涵已生新變，即以氣化言宇宙創始，其下又轉言自然流行之氣、陰陽五行之氣，愈悖離於道家思想矣！故《易緯》於道家易之兼治，僅見靈光乍現之宇宙論，餘無足論也。

（四）象數易之主流

漢宣帝以後，孟喜「得易家候陰陽災異書」而改易師法，遂開啓漢代象數易之流風；而焦延壽「獨得隱士之說」，並「嘗從孟喜問易」，則二人研治易學必互通聲氣。〔註 17〕推測傳授二人新易學者，當如前所謂道家隱士之流也。而後焦氏傳易於京房，象數於焉發皇盛壯。象數易之特點乃結合陰陽、五行、干支、星象、歷紀、災異等，撮其大要，約之有三：其一，以奇偶之數與八卦所象徵之物象解說《周易》之經傳；其二，以卦氣說解說《周易》原理；其三，引《易》以言陰陽災變也。〔註 18〕象數之學向以孟焦京爲代表。《易緯》其後即乘象數易之流風而興起，就中頗多觀點與孟京易學相通，推之，當爲二氏易學之闡發也。如《乾鑿度》之「易三義說」、「經分上下」、「三才六位」及易之大用等均可考見《京氏易傳》之文字句式、義理內涵。《稽覽圖》則闡發孟喜之卦氣說，諸如四正卦、十二月卦、六日七分法等，均相合無差忒。《易緯》吸收西漢之元氣說、陰陽五行學說，將孟京之卦氣說推演至極點，並引爲推術占驗之理據，其走向漸趨與天文曆數相合，則於象數易之主流中，又自創新局也，其宏博紛雜遠較孟京爲甚。因象數易學者之好言陰陽五行之說、四時災異之變，正與讖緯之學一拍即合，《易緯》由是而生，故二者之內容互通而無別，茲於下文分述之。

二、緯學內涵

《易緯》之行世，固時會所趨、應運而生也，雖美之爲配經，其實不脫

〔註 17〕孟喜、焦延壽象數易學之相通，可參高懷民《兩漢易學史》所論證，徐復觀《中國經學史的基礎》一書論述亦同。蓋《漢書・儒林傳》〈京房傳〉載述京房以爲「延壽易即孟氏學」，以其師從受學之相近，其說當可信也。

〔註 18〕象數易之特點引述朱伯崑先生《易學哲學史》之論，參見頁 108。

讖緯學包羅萬有之本質。其內容大要亦可以「象數易」涵蓋之，置於此，則欲抽離其依附於易學之因子，以見緯學之端緒。至若學者或詬其淺俗怪誕，或推其相參經史，則屬價值論，容後再議。

（一）陰陽五行

陰陽五行學說起自鄒衍，傳至漢世，經董仲舒《春秋繁露》之力倡而益爲發揚，厥爲兩漢學術思想之主流，亦爲讖緯學之骨幹。因陰陽之相對而相成，五行之相生又相剋，其理可放諸自然人事，故可統轄時令、方位、音律、服色、道德等，正與易理相通貫也。《易緯》全書通貫陰陽五行思想，如陰陽消息、布散用事，其例繁多，茲不贅舉。

（二）符命瑞應

讖緯既同源，緯書亦夾雜大量符命讖語，或附於神話，或出於造作。《易緯》亦見記載，略舉數例如下：

△亡殷者紂，黑期火代，倉精受命，女正昌效紀，承餘以著當。（《乾鑿度・下》）

△孔子曰：帝德之應，洛水先溫九日，後五日變爲五色。元黃天地安靜，書見矣。負圖出午聖人。（《乾鑿度・下》）

△斗佁之世，卯金刀用治，謨修六史，宗術孔書。（《是類謀》）

（三）禨祥運歷

由陰陽五行之理，日家推步之術，則可推測災祥之兆應、禍福之徵驗，並可爲爲政之指引，此天道人事相應之奧祕也。《乾鑿度》、《通卦驗》、《是類謀》多載其術。並推演五德終始之論，參以八卦卦氣、五行用事，表明帝王應運及歷數之期，以見興亡更替之徵驗，爲隋以前言術數者所必及也。然以其數之玄奧，多不易通曉。

（四）災異卦驗

災異之說，先秦經史屢見記載，漢世董仲舒之徒大煽此風，而如野火燎原，勢不可止。《中庸》有云：「國之將興，必有禎祥；國之將亡，必有妖孽。」董氏倡災異之說，其論固有可議，然用以正國君之失，其意甚善，可謂正君之良法。《易緯》亦可見此用心，唯其隨後多轉就自然現象而立說，如《通卦驗》曰：

凡易八卦之炁，驗應各如其法度，則陰陽和、六律調、風雨時、五穀成熟，人民取昌，此聖帝明王所以致太平法。

反之，八卦炁不效，則災異炁臻，八卦炁應失常。其說尚合自然曆象，此蓋前人經驗之所積，當實證可得。然《易緯》更多見雜以幽玄難徵之事，以說風雨、霜雷、水旱等雜異，如《稽覽圖》說之以陰陽寒溫尊卑，僅見推理，並以卦爻之相應言自然之相應，難服人心，故貽後世之譏也。

（五）天文律曆

有漢一代，於曆法制訂與改革、天文觀測、儀象發明、理論創獲及天文著述，皆有優異成績，可謂我國古代天文學之黃金時代。影響所及，史志讖緯亦多天文史料之記載。緯書因眞僞參雜，頗多古史之餘，雖雜有占驗及怪異者，後人輒以怪誕不經視之，然其天文記錄證以實測，已多所證驗，並於天象理論如「天旋地動」說，已啓新機，唯時人斥爲無稽，是以未能於科學方面進一步發展，殊爲可惜。《乾鑿度》及《乾坤鑿度》，推「大衍數」，乃《易傳》之發揮，並是模仿天文歲曆以神其術。又《乾鑿度》由「天道左旋、地道右遷」發展出爻辰說，亦是運用天文發明易術之具體呈現；《通卦驗》載有二十四節氣之晷景長短數目，後人推爲當係周公於陽城測景台所實測。〔註 19〕他如曆法之規模，節氣成歲，步天歷算，皆準確而應候，《稽覽圖》亦甚多記錄。然《易緯》多引易以應律歷，重點在《易》不在歷，至其保存天文舊志，則彌足珍貴也。

（六）醫理病候

醫學之言調和陰陽、五行順脈、氣變感應、生剋制化，故可資藉陰陽五行與易理相通。古人亦多以易先後天之學爲醫理之根也。《易緯》闡發「易八卦之氣，驗應各如其法度」之理，亦本於「坎離震兌每卦六爻，既通於四時

〔註 19〕我國早有專門觀測天象兼奉神占星之所，夏稱清台，商稱神台，周稱靈台，歷代各有不同名稱。而今存最古天文臺遺跡，則河南登封（古陽城）周公測景台也。鄭玄注《周禮・地官・大司徒》「日至之景，尺有五寸，謂之地中。」一句，引鄭眾曰：「土圭之長，尺有五寸，以夏至之日，立八尺之表，其景適與土圭等，謂之地中，今潁川陽城地爲然。」即確指周公以土圭測日景之地。《周禮》測景之記錄，僅二至之景長，《後漢書・律歷志》載有二十四氣之晷景長度，自其「夏至景尺五寸、冬至景丈三尺」，可知其表八尺，測景之地當在陽城或同緯度之地。而《通卦驗》所載除冬至晷長丈三尺相同外，餘皆有差異，因其書數字來自理想之計算，而非實測，故有差等。詳見陳遵嬀先生《中國天文學史》第六冊第八編第一章〈周公測景台〉一節，及曹謨先生《中華天文學史》，頁 8。

二十四炁，人之四支二十四脉亦存于期」之相通性，以醫理病候實證之。歲氣節候之未調，則災異臻至、五穀傷殘；應之人事則政令不行、君臣廢職；應之人身則臟腑有疾、經絡不順，《通卦驗》於此，歷歷記述，以醫理常識觀之，亦非虛誑之言也。

綜上所論，可考見《易緯》其書之駁雜，以易學之脈絡言，爲筮術易、儒家易、道家易、象術易之流衍總成；以讖緯之實質言，乃陰陽五行、符命瑞應、機祥運歷、災異卦驗、天文律曆、醫理病候之兼容並說，其論或涉虛妄怪誕，然以時學觀之，此漢學之通病也，不可以瑕掩瑜，劉勰《文心雕龍・正緯》云：「事豐奇偉，辭富膏腴，無益經典而有助文章。」此直能識其文學價值。至劉氏所謂無益經典，則又不然，自來談經之士，時有徵引，莫能廢焉，蓋讖緯中亦有經義也，故鄭玄頗有引以注經。徐養原曰：「康成之信緯，非信緯也，信其與經義有合者也。」〔註 20〕誠爲中肯之論，康成注經，今文古文，各取其當，其於緯說，亦復如是也。除配經、助文外，《易緯》於天文律曆、醫理病候之說，亦皆準《易》而立言，證以天文、科學、醫學，亦皆合理，非無端之論，故吾人讀緯之際，當本諸「去妄取實」、「去蕪取菁」，必有助於研理徵古，則達治緯學之鵠的矣。

伍、易緯之書目

觀《易緯》諸書目，初多不可解，故胡應麟輕鄙之，疑其書悉是僞託（見《四部正譌》）。然孫穀《古微書》於所輯《通卦驗》、《坤靈圖》、《稽覽圖》、《筮類謀》等，均略作訓解，義理精當，饒有深味，非可以淺薄斥之。雖僅得數語，然可知《易緯》其書名之怪奇艱深，正與內容風格相合，細思之，則易義畢見。蓋出之幽微奇詭，以盡婉曲致理之微旨，兼達推驗窮變、道庸致譎之大用也。以下即依《易緯》八種之次第，悉列《四庫全書總目提要》與《古微書》賁居子按語，爲之申解名義，並參酌王令樾先生《緯學探原》之說解，期使緯書之名義豁顯，並由之與其內容大義相參也。

一、《乾坤鑿度》

《四庫全書總目提要》云：「其書分上下文，各爲一篇。上篇四門、四正、取象、取物，以至卦爻蓍策之數。下篇謂坤有十性，而推及於蕩配、凌配，

〔註 20〕徐養原之文，見〈緯候不起於哀平辨〉，收錄於嚴杰《經義叢鈔》。

又雜引《萬形經》、《地形經》、《制靈經》、《蓍成經》、《含靈孕》諸緯文，詞多聱牙不易曉。……伏讀〈御製題乾坤鑿度詩〉，定作者爲後於莊子，而舉〈應帝王篇〉所云『儵忽』『混沌』，分配乾坤太始，以推求『鑿』字所以命名之義，援据審核，折衷至當。」其後紀昀等依乾隆〈御製詩〉：「以余觀作者，蓋後於莊子，《南華》第七篇，率已揭其旨。儵忽鑿七竅，竅通混沌死，乾坤即儵忽，渾沌寔太始。乾坤既鑿開，太始斯淪矣，言易祖〈繫辭〉，頗覺近乎理。」推求此書以《莊子》「鑿混沌」之義〔註 21〕爲本，變更南華氏之文而緣飾爲文，以通釋「乾坤鑿度」之義。

按：乾隆之解差乎近理。然〈應帝王篇〉篇旨實如向、郭注文所言「無心而任乎自化者」。成玄英疏曰：「南海是顯明之方，故以儵爲有；北是幽闇之域，故以忽爲無；中央既非北非南，故以渾沌爲非無非有者也。」由「有無」之並舉，轉意「乾坤」之相對，其跡可循，然成疏不如簡文所云：「儵忽，取神速爲名；渾沌以合和爲貌。神速譬有爲，合和譬無爲。」〔註 22〕不分儵忽爲有無，不落有無相對之迷障，蓋乾坤均屬道家「有」之層面，太極方爲「無」之層次也。以《易緯》言，則「太易」爲「無」，「太極」（或「太初、太始、太素」）爲「有」，其理詳見第四章所論。因之，《莊子》文中虛寂無之「渾沌」，落至《易緯》即成「太極」也。方天地未分，乾坤未形，虛寂無物時爲「太易」也，然無爲而自有視聽食息之作用，是爲「太極」，儵忽鑿開渾沌則乾坤生，《乾坤鑿度》曰：「太易始著太極成，太極成，乾坤行。」其思維似可與〈應帝王篇〉相通。乾隆詩云「渾沌寔太始」，乃爲叶韻之故，舉一代之也。

「鑿」字命名或取義於此，然若謂《乾坤鑿度》篇旨即「儵忽鑿渾沌」則斷非如此。蓋「乾坤對，太易興」，正顯其大用，而儵忽日鑿一竅，七日而渾沌死，乃「爲者敗之」也，〔註 23〕不順自然之故也。是以究其名義，當尋諸本文。

其文曰：「乾鑿度，聖人頤乾道浩大，以天門爲名也。乾者天也，川也，

〔註 21〕「混」亦作「渾」。《莊子．應帝王》曰：「南海之帝爲儵，北海之帝爲忽，中央之帝爲渾沌。儵與忽時相與遇於渾沌之地，渾沌待之甚善。儵與忽謀報渾沌之德，曰：『人皆有七竅，以視聽食息，此獨無有，嘗試鑿之。』日鑿一竅，七日而渾沌死。」此「鑿混沌」之所出。

〔註 22〕成玄英疏見《莊子集釋》三十三卷本，簡文之注則見《莊子集解》八卷本。二書並收入於《新編諸子集成》。

〔註 23〕「爲者敗之」，郭象注也，見《莊子集釋》。

先也。……乾訓健，壯健不息，日行一度。鑿者開也，聖人開作度者，度路又道。聖人鑿開天路，顯彰化源。大天氏云：一大之物目天，一塊之物目地，一炁之䨓名混沌，一氣分萬霸，是上聖鑿破虛無，斷氣爲二，緣物成三，天地之道不灤。」又曰：「坤鑿度者，太古變乾之後，次鑿坤度」。「度」可訓爲「道、路」，又可訓爲法度，則「乾坤鑿度」者，即鑿破虛無，分混沌之氣爲陰陽二氣，由是而萬物生生不息，且由之而見乾坤秩然有序之大法。細分之，則〈乾鑿度〉即謂「鑿開天路，顯彰化源」也。文中引《萬形經》曰：「天門闢元氣，易始於乾也。」重而言元氣分開爲陰陽二氣，遂有〈乾卦〉之象。乾元始動，坤元順成，故〈坤鑿度〉即闡說坤元十性、三體與變化也。

《乾坤鑿度》一書大要言宇宙之生成、八卦之由來，餘者，《總目提要》已點出矣，茲不贅敘。

二、《乾鑿度》

《四庫全書總目提要》云：「《周易乾鑿度》，鄭康成注，與《乾坤鑿度》本實二書。……自《後漢書》、南北朝諸史，及唐人撰《五經正義》，李鼎祚作《易傳》，徵引最多，皆於易旨有所發明，較他緯獨爲醇正。至於太乙、九宮、四正、四維，皆本於十五之說，乃宋儒戴九履一之圖所由出，朱子取之，列于《本義》圖說，故程大昌謂漢魏以降，言《易》《老》者皆宗而用之，非後世所託爲，誠稽古者所不可廢矣。」

按：其名義同《乾坤鑿度》。雖以「乾德」爲尚，然與坤相配，立乾坤以統天地，理人倫而明王道，且由乾坤及於他卦，總言之，即於易旨多所發明，如易之三義、八卦用事、十二月辟卦六十四卦之生成、三才六位之理、以卦爻之數合曆法歲紀等，較《易傳》爲詳，頗有配經之功用。至其言律曆之數，聖人庸人，推即位之數、推世軌等，後儒亦多有推演，如黃宗羲《周易象數論》、胡煦《周易函書》，皆嘗研究之，有六十四卦主歲之術法，爲古來章部紀元之法之餘緒也。

三、《稽覽圖》

《四庫全書總目提要》云：「其書首言卦氣起中孚，而以坎離震兌爲四卦，六十卦卦主六日七分，又以自復至坤十二卦爲消息，餘雜卦主公卿侯大夫，候風雨寒溫以爲徵應，蓋即孟喜京房之學所自出，漢世大儒言《易》者，悉本於此，最爲近古。至所稱軌筞之數，以及世應遊歸，乃兼通於日家推步之法。」

又孫瑴《古微書》云：「此亦主節候徵應，依卦立言。」

按：《總目提要》已提綱挈領點題，然以爲此書「蓋即孟喜京房之學所自出」則未得其詳也。其言卦氣消息與《通卦驗》當屬同支，並論陰陽災變之效驗。以四正卦分主二十四節氣亦同《乾元序制記》，另言運歷術數亦類《是類謀》，則知皆屬節候徵應、災異禨祥者，唯《稽覽圖》卦氣說近同孟喜，並以圖表明示，直爲此中大成者也。本書予災變說系統化，各卦既有主事，則時歲變化當順其常，卦氣不效則必有災荒。故於諸卦分月列述災祥之徵兆，並詳述軌折推術列表明之，故名《稽覽圖》，當即王令樾所謂「稽察其義理，閱覽其圖表而得其術」也。其雜引宋永初、元嘉，魏始光，唐上元、先天、貞元、元和年號，蓋爲六朝至唐，術士所附益也。

四、《辨終備》

《四庫全書總目提要》云：「《辨終備》一作《辨中備》。……其文頗近《是類謀》，而《史記正義》所引《中備》：孔子與子貢言世應之說，與此反不類。或其書先佚，而後人雜取他緯以成之者，亦未可定也，然別無可證，姑仍舊題云。」

按：此仍推衍運歷之作，然僅餘寥寥數十言，難窺其全貌。本末云：「自伏羲已來漢永和元年，凡四十萬九千三百八十九歲」，注以爲後人所加。然其大旨論殃災禨祥，總爲言易與天象、時變、災驗之應也。書末有云：「小辨終備，無遺戒郄，知億察世郵。」鄭注曰：「世郵，郄變也。」可略得知殆如王令樾所謂「辨明天終復始之道，備論所戒愼之閒隙，察知世事變化之理」也。

五、《通卦驗》

《四庫全書總目提要》云：「《易緯通卦驗》……黃震《日抄》謂其書大率爲卦氣發。……核其文義，似於『人主動而得天地之道，則萬物之精盡矣』以上爲上卷；『曰：凡《易》八卦之氣，驗應各如其法度』以下爲下卷，上言動應之理，下言卦氣之徵驗也。」

《古微書》云：「陰陽律歷皆祖于易。氣也者，物之先者也，故物無以驗，則驗之氣；氣無以驗，則驗之風，而其朕其幾，集動于卦。此王者所以體天元，而聖人所以法天行，必謹于卦氣也。」又云：「古今歷法所載，晷影之數，交有參差，考之《通卦驗》，更爲悉備，此其完簡也。」

按：此書備言天人相應之理與卦氣之徵驗，殆亦如《漢書・五行志》所述《京房易傳》等災祥之法，又特詳備晷影之數，通解八卦候驗與二十四氣候並及炁理，則《易》可用之於醫理矣，其書名義亦可窺知矣。其言「遂皇始出……蒼牙通靈，昌之成，孔演命，明道經」等語，皆爲後儒述易所本。其言「人主動而得天地之道，則萬物之精盡矣。」亦有利於政治之學，足見本書之包羅萬象。

六、《乾元序制記》

《四庫全書總目提要》云：「今考此篇首簡『文王比隆，興始霸』云云，孔穎達詩疏引之，作《是類謀》；疏又引《坤靈圖》「法地之瑞」云云，今《坤靈圖》亦無此文，而與此篇文義相合。又《隋書・王劭傳》引《坤靈圖》：「泰性商名宮」之文，今亦在此篇。至其所言風雨、寒溫、消息之術，乃與《稽覽圖》相近，疑本古緯所無，而後人於各緯中分析以成此書者。」

按：本書言消息、六日七分法、寒溫風雨、五音、時節之應者，與《稽覽圖》、《通卦驗》實屬一路。其書首曰：「乾元亨利貞，道之用也。……文王……制命示王意，序錄著卦科合謀。」既是解題，亦言文王設卦之事。續論文王、武王、周公「三聖首乾德，各就乾元利貞，每遺夕惕若厲懼後戒」，其後則專言風雨寒溫之術。則知其書首揭文王制作乾元以爲王道之用，俾得施於德政，而由乾元衍及諸卦之徵驗也。

七、《是類謀》

《四庫全書總目提要》云：「《是類謀》一作《筮類謀》。……其書通以韻語綴輯成文，古質錯綜，別爲一體。……其閒多言機祥、推驗，並及於姓輔名號之說，與《乾鑿度》所引易歷者，義相發明。而《隋書・律歷志》載周太史上士馬顯所上表，亦有玉羊金雞之語，則此書固自隋以前言術數者所必及也。」

《古微書》云：「賁居子曰：書有致其譎以導其庸者，此篇是也。易不可見，則乾坤或幾乎毀矣。天綱地維，陽九百六，窮則必變，變則必通，元會運世，于茲可測。」

按：此書依數預測帝王興亡運歷，及姓輔名號，爲宋易「元會運世」之術之先驅。王令樾案語曰：「《周禮・考工記》注訓『謀』爲『應』，故名之爲《是類謀》者，似表示本書依數類推，未來世之運歷皆與數相應。」誠爲的解。

八、《坤靈圖》

《四庫全書總目提要》云：「《坤靈圖》，孫瑴謂配《乾鑿度》名篇。馬氏《經籍考》著錄者一卷，今僅存論〈乾〉、〈无妄〉、〈大畜〉卦詞，及史注所引「日月連璧」數語，則其闕佚者蓋已夥矣。」

《古微書》云：「此或配《乾鑿度》而名篇。」

按：此書以天地之道、星象、災異等釋卦義，然佚失甚多，雖所論三卦亦合傳義，然多轉言災異，則若〈坤卦〉尚存，必亦《坤鑿度》之屬也。其述及機祥之類，亦孟京災異之學之類也。《坤靈圖》者，取坤與乾相對，如王文所言：「乾之大法既已抉啓，坤之神理亦可圖列。」究其取名原意，似亦當有圖示如《稽覽圖》也！

陸、易緯之價值

兩漢之際，緯學特盛，或假諸天地、援乎鬼神，或託於夢兆、藉於物象，競稱符應災異，傅會陰陽五行，上自天子，下及庶民，無不陷溺其中，其時能發其虛妄者，桓譚抉之於前，張衡非之於後，於此觀之，則讖緯盡是妄謬之說，不值一哂。然則，讖緯祕文假符應之驗，故必緣事飾奇，藉物述怪，以神其書；復因託名孔聖、依附六經，故於聖賢遺語、經說要義，多有援引；況其既爲漢學主流，學者通儒亦從風披靡，如賈逵以此論左氏學、曹褒以此定漢禮，鄭玄、宋衷則純乎闡發義理，因之，緯學確乎純駁相雜，若能去蕪存精，審其義諦，則得其眞價値也。

以《易緯》之多存於今世，且較他緯爲醇正，更可摘引甚勝處，如張衡以圖緯虛妄，非聖人之法，上疏闢之，猶曰：「臣聞聖人明審律歷，以定吉凶，重之以卜筮，雜之以九宮，經天驗道，本盡於此，或觀星辰逆順，寒燠所由，或察龜策之占，巫覡之言，其所因者非一術也。立言於前，有徵於後，故智者貴焉，謂之讖書。」此論似針對《易緯》而發也。劉勰《文心雕龍·正緯》則由文學角度探緯之價值。俞正燮《癸巳類稿》以緯爲古史書，包羅天文、地理、人事，所賅之廣，不在經學之下，故可與經史相發明。而劉師培《讖緯論》據讖緯之可採者，詳考得五善：補史、考地、測天、考文、徵禮，實以緯爲殷周絕學，而勾勒其特具之價值。王令樾先生《緯學探原》亦按緯之全體，參以俞氏天地人三綱、劉氏史地天文禮五善，釐訂其價値爲四項：配經、天人、述史、助文。今本論文亦參考上述諸文之創見以為架構，證諸《易緯》，以入其類目，因此非本論文之重心，故僅述其概要，約為翼經、補史、測天、考地、明人、助文六目，列論於左：

一、翼　經

諸緯既名為緯，即取經緯相應相成之意，故《四庫提要》謂：「緯者，經之支流，衍及旁義。」緯書多依附經義，考其所記，或孔聖及七十子之遺說，或先賢遺訓，或古事古制之條錄，或性命道德之微言，《易緯》其精醇處即有吻合經義者，有申衍經義者，有經之別義旁文者，要皆與經義相互發明。如《乾鑿度》，後人多所徵引，於易旨有所發明，故《四庫全書總目提要》云「自《後漢書》、南北朝諸史，及唐人撰《五經正義》，李鼎祚作《易傳》（《周易集解》），徵引最多，皆於易旨有所發明，較他緯獨為醇正。至於太乙九宮、四正四維，皆本於十五之說，乃宋儒戴九履一之圖所由出，朱子取之，列于《本義》圖說。故程大昌謂漢魏以降，言《易》《老》者，皆宗而用之，非後世所託為，誠稽古者所不可廢矣。」由後世言易者之援引此書，即可證其原為論經之作。又如《稽覽圖》，卦主六日七分，又以自〈復〉至〈坤〉為十二消息卦，餘雜卦主公卿大夫，候風雨寒溫以為徵驗，蓋即孟京陰陽卦氣之學也，漢儒之言易者，悉本於此，最為近古。他如《通卦驗》，言易八卦卦氣之效，若驗應如法則可致太平；八卦氣不效，則災異臻至。此皆據易理而立言，故有助於易之經旨，為說經者所不能廢。徐養原謂「康成之信緯，非信緯也，信其與經義有合者也。」即闡明其有翼經之功用。而《易緯》翼經之概況則可參見王令樾《緯學探原》第五章〈緯之價值〉——〈配經〉一節。茲不另敘。

二、補　史

史前時代，時夐世遠，因無文字記載，其史難以徵考，唯賴口耳流佈與神話附會而世代傳衍，此皆史籍所不錄，著述所不及，而緯書取之，經史官延訪追述，錄存其梗概，以備稽察也。《史記》記史追溯至黃帝，然則其上果無史耶？非也。黃帝者，大一統之徵也，宇宙洪荒，漫漫長古，自有人類之始至黃帝之時，蓋一上古進化史也，先儒乃以事功命其氏，曰有巢、曰燧人、曰伏羲、曰神農、曰三皇、曰五帝，讖緯載其史事雖無徵而道理不悖，非盡妄造，故可補古史之闕，亦兼具古史書之價值。《易緯乾坤鑿度》由伏羲「索顚作天，索易以地，俯仰而象，遠近而物」，始作八卦，而後傳授天老氏、混沌氏、天英氏、無懷氏、炎帝、神農氏、烈山氏、帝釐氏、軒轅氏，有此傳授之世系，則「垂皇策者犧，卦道演者文」二者間時間之差距即可彌縫，以見思想之遞嬗演進，此其補史之善例也。俞正燮謂「緯者，古史書也」即就其本質而論也。王令樾撮其述史之大凡曰：「有古帝王相承的世代次序，政治的史實，受命的瑞應，形體的特徵，輔佐的異相，君臣的遇合，政教的施敷，經學的授受，經書的要旨，以及其他神奇的事蹟。」(《緯學探原》)。《易緯》雖不以「史事」爲重心，於此亦可考見一二。

三、測　天

緯書雖以翼經自名，內容則以述天文爲重心。蓋因漢人於天文曆法、歲時節候，推研至詳，以爲改元制度、順時制宜之準據，故於周天度數之畫分，日月運轉之方向，機旋衡轉之天象、四時八節之用事，皆有所記，並致力於渾天、地動、土圭、日晷等儀器之發明改進，凡此陰陽、星辰、歲歷、鍾律，自《史記》以下，皆著天文、五行志、又諸史之表志紀傳、典制、論著、星占、術數、醫卜等書率皆引用，而緯書既爲古史，包羅萬有，又書成於漢時，勢必多所載錄。《易》爲道陰陽，究天地人之書也，故《易緯》於天道之發揮，除以翼贊經文天人合一之要義外，其於天文曆法、推災考運亦有殊大貢獻。劉師培曰：「《鑿度》、《運樞》之說，推災考運之文，辨地域之廣輪，測星辰之高遠。地乘氣立，月假日明，氣觸石而生雲，陰激陽而成電，天圓則象徵覆載，地動則義取左旋。三百六旬，定時成歲；七十二候，送暑迎寒。度密度疏，啓周髀步天之學；景長景短，開土圭測日之先。四表四游，明太空之無極；二分二至，辨日晷之遷移。莫不甄明度數，稽合歷文。」(《讖緯論》)緯書其於測天之大要，義皆得證明，術多有徵驗，故多爲諸家所採信，《易緯》承繼《易傳》以來，易卦筮術與天象之媾合，從而觀其象、演其數、究其義、推其術，多準其「應用」而發揮也，故於測天之價値，足爲顯明之例證焉。

四、考　地

《易緯》以氣化論宇宙生成，渾淪元氣剖分爲二，輕清者上爲天，重濁者下爲地，天地相通相應，並爲太極兩儀，故天文、地理皆其論述重心。然《易緯》多就其性質理則言，如《乾坤鑿度》之言八卦大象，有取於地理之象者；「坤有八色」一節泛論四方土性之異質；餘則以八卦配方位，述其氣效徵應，總以參合歲時天文為言，不若他緯之言五嶽四瀆、山川河海、地之平險、土之分野，足以增補《山海經》之缺漏，蓋以輔翼經書之性質不同故也，如劉師培以為「河圖者，即古代之輿地圖也。」故可上天入地，推演大小九州、赤縣神州。《易緯》則闡述伏羲「仰則觀象於天，俯則觀法於地，觀鳥、獸之文，與地之宜」，觀象制卦之義理，此其考地之精神所在也。

五、明　人

天人之學，自來即為聖賢心傳之要道，中國學術之宗本。儒道二家均以通貫天人為其哲學之無上義，唯儒家重形下之器識，以求上契天理；道家則重形上之常道，以求下貫萬物，一重人之德行自覺，一重人之任眞自適。漢儒論經言事，兼容二家哲學義涵，並采陰陽五行及災異符應之說，發揮〈文言傳〉「大人者與天地合其德」，及〈說卦傳〉天地人三才之理，建立其「天人合一」之哲學體系。由董仲舒倡始此風，如《春秋繁露・人副天數篇》曰：「天德施，地德化，人德義。天氣上，地氣下，人氣在其間。」故人當與天地合德，以仁義之性，上與天合而配陰陽，下與地通而濟剛柔，與天地合者得休徵，違者生惡兆也。自董氏之後，天人之學乃成兩漢普遍之思想，《易緯》亦多由此以明人事之常度。《乾鑿度》義理較醇正，尚能執守《易傳》儒家哲學闡述人理，如「六位三才，天地人道之分際」一節即不失分寸，餘則多由天象休咎，申明天道，以決人事之修為。《乾鑿度》曰：「人生而應八卦之體，得五氣以為五常，仁義禮智信是也。」「五者，道德之分，天人之際也，聖人所以通天意、理人倫而明至道也。」此述人之言行當法天理而行。而《稽覽圖》、《通卦驗》則以風雨寒溫、氣應失常，戒人順天地、和陰陽、序尊卑、守仁義，則綱倫有常，人事和洽，政令不失，禮樂合度。此乃道道德自覺之哲學體系式微之後，假幽微天道以決人事之外制力量也，使人趨吉避凶，敬畏天命，而莫敢縱逸，亦有其時代價値也，不可以其言禍福災變，而斥為荒謬無稽，則掩其眞義矣。

六、助　文

緯書興起後，非之者眾矣，然荀悅《申鑒・俗嫌》論緯書雖非孔子所作，其間仍存有先賢遺說，自可取則，而楬櫫「言必有用，術必有典，名必有實，事必有功」，辨明研緯去取之標準，實為前無古人之卓見。其後劉勰於《文心雕龍・正緯篇》特重緯書之文辭，首倡助文之說，曰：「若乃羲農軒皞之源，山瀆鍾律之要，白魚赤烏之符，黃金紫玉之瑞，事豐奇偉，辭富膏腴，無益經典而有助文章，是以後來辭人，採摭英華。」彼謂「無益經典」，上文已證其非也；助文之說則歷歷可考，因其內容包羅萬有，豐富奇偉；文義辭句，瑰麗妙遠，有裨文學（足可啓人玄想冥思，對魏晉六朝之博物志怪，當有所影響）。漢以後文學家多所採摭，以《昭明文選》所錄漢魏六朝之文為最夥，李善注文即多引緯文為釋也，其詳亦可參王令樾《緯學探原》一書，所舉《易緯》之例多見也。又據《四庫全書總目提要》曰：「《史記．自序》引易『失之毫釐，差以千里』，《漢書．蓋寬饒傳》引易『五帝官天下，三王家天下』，注者均以為《易緯》之文是也。」按：前者今見《通卦驗》，後者則緯文不見，不知何據也（一說為《春秋緯》之文）。又《禮記．經解》亦引易曰：「君子愼始，差若毫釐，謬以千里。」當亦《通卦驗》異文也。此一則明其助文之價值，一則可證史公與戴聖已得見緯書矣，故緯書其源甚古也。又劉師培則以「考文」言其價值，蓋以訓故說之，如《乾坤鑿度》之「推日合月為易」，雖取《莊子．天下》「易以道陰陽」之義比附而得，並為段玉裁斥其非六書之本，然予漢人陰陽說之發展頗大啓示，亦非無端之說也。而「古文八卦」尤見匠心獨運之創見，若不執守六書結構分析，亦有觀象觸發之妙思。許愼《說文解字》亦博採祕書緯說，不廢其言也。漢世學術思想之活潑性，科技發明之高成就，以「拆字為解」之學風或可觀想其因，故《易緯》考文助文之價值誠不可忽也。

綜上所論，仍以「翼經」價值為最高，故以下諸章即由「翼經」之途著手，分項考論其輔贊《易經》之精義。

第二章　易緯釋易數考

自伏羲一畫（數也）開天（象也），兩儀始立，四象初定，八卦畫成，因卦演數，由數定象，察象推理，以明易道易簡、變易、不易之理。易道尚變，數乃成變化而行鬼神之基源也，極其數，遂可定天下之象，知易變之理矣！聖人恐後人忽其數，故屢讚唯知神知機者，乃可與於易數之參透明變、極數知來；並舉天地之數、大衍之數以盡其神變之奧妙。姑不論其神妙爲何，即以解義而言，捨數象而論理，則恐其架空玄虛；而況天理人情，無不可引說，何只藉易之「筌」而說乎？是故易之數不可廢也。《易緯》於易數，亦多以闡發《易傳》之蓍數、卦爻數爲務；軌折之數則其卦主歲術之基也。另於九宮之數，則結合明堂說而定其「術」，於後世數術之學頗有啓發。由以下所述，亦可見《易緯》於易學發展史中，居關鍵轉捩之地位也。

壹、天地之數

《乾坤鑿度・乾鑿度》標有「天數」、「地數」及「衍天地合和數」三目云：

天數

一、九、二十五、三萬九千七百五十五。

地數

二、六、三十、八萬六千四百二十。

衍天地合和數

天地合一得三，合九六，合二十五及三十。

此論天地之數，已見於《易傳》。〈繫辭傳・上〉第九章云：「天一、地二、天三、地四、天五、地六、天七、地八、天九、地十。天數五，地數五，五位相得而各有合。天數二十有，地數三十，凡天地之數五十有五，此所以成變化而行鬼神也。」天地之數即謂奇偶之數也，以天地配十數，陽數奇，陰數偶。奇偶之數其觀念當起於伏羲畫卦之初，「⚊」一畫爲奇，「⚋」兩畫爲偶，故陽爲奇，陰爲偶。至八卦畫成，「⚊」積三畫成「☰」，象天；「⚋」積三畫成「☷」，象地，故又以天爲奇，地爲偶也。

〈繫辭傳・上〉所舉天地之數一節，《十三經注疏》本分列兩節，且置於大衍章後，朱熹《易本義》重整於第九章，依文義而觀，當是也。此處即以數釋天地，天爲陽數，屬奇，乃配一三五七九；地爲陰數，屬偶，乃配二四六八十，因之，天數五，地數亦爲五。「五位相得而各有合」者，朱子言「奇偶爲類，而自相得」是也，然其謂「一與二，三與四、五與六、七與八、九與十」相得，則恐非也。劉百閔先生謂「一二三四五爲生數，各有其位；六七八九十爲成數，與之相得；則一與六合、二與七合、三與八合、四與九合、五與十合。」〔註1〕則確是「奇偶爲類，而自相得」，亦且一組組皆以奇偶之數相得與天地變化相準也。然此多配合河圖及五行爲說，高亨先生《周易大傳今注》則純由數上說：「相得猶相加也。合猶和也，即和數也。天數一三五七九，五位奇數相加，其和數爲二十五；地數二四六八十，五位偶數相加，其和數爲三十。二十五加三十，共爲五十五。」〔註2〕其說甚是清爽素樸，然僅此相得有合即能「成變化而行鬼神」，則恐未得其奧旨。〈繫辭傳〉此章於帛書本繫於〈佚說〉，且已雜入漢代術數五行思想，故仍須以圖數之說觀之，方能盡其鬼神變化之妙。劉百閔「生數、成數」之分列，即本後世所謂「河圖」之位而得也。「河圖」「洛書」之名，雖宋人附會而得，然其圖數之理念，至晚，漢已有之，緯書已引入，揚雄《太玄經》亦有〈玄圖篇〉，故不必待陳摶而造作也。《乾坤鑿度》亦已點明「五位相得而各有合」之法則，其「生天數」一例云：

> 天本一而立，一爲數源，地配生六，成天地之數，合而成性。天三地八，天七地二，天五地十，天九地四。
>
> 運五行，先水，次本生火，次土及金。

其首曰：「天本一而立，一爲數源」，蓋宇宙萬物之源起，由無入有。太

〔註1〕見劉先生《周易事理通義》，頁830～832。
〔註2〕高氏所言，見《周易大傳今注》，頁527。

易著而後有太初、太始、太素，太極乃成，其爲氣形質具，渾淪而未離之元氣，其變化生生之動能下貫於數即爲「一」也。此「一」既可言數之始，亦可言一畫開天，甚且可指陽爻一也，則三畫而成乾。乾元賴以具有始生萬物之功能，亦見天象之流行作用，故言「天本一而立」。其下續言：「地配生六，成天地之數，合而成性」，即謂「天一地六」相配也，配以五行，則其性爲水，其位居北。依類推之，「天三地八（木），天七地二（火），天五地十（土），天九地四（金）」，各自比配居於四方之地，以圖示之如下：

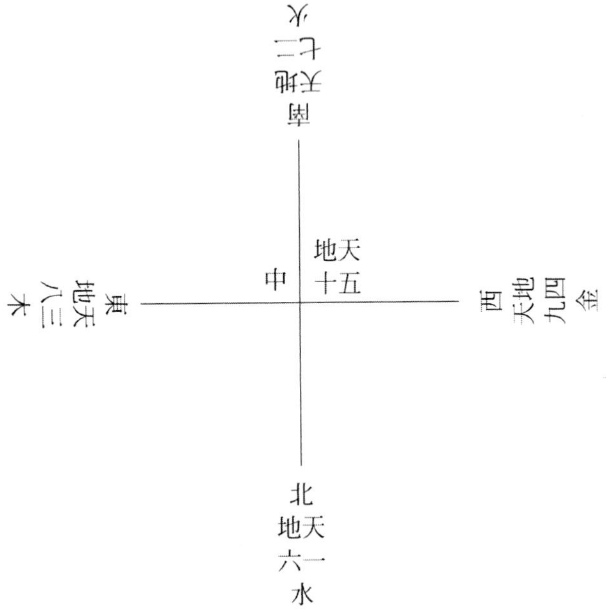

觀其所運五行：水生木生火生土生金，則「天一生水，地二生火，天三生木，地四生金，天五生土」，而六七八九十各得相配以成天地之數，故言一二三四五爲生數，六七八九十爲成數也，此劉百閔所謂「生數」、「成數」之因也。而數止於十者，十爲數之終，數至十爲全，此中國人成數之觀也，五爲小成，十爲大成，故言「十全」。天地之數，起於一，止於十，便可包括無窮無盡之數於內也。至其一六、二七、三八、四九、五十，皆間五而相配，詳見後文。

天數既爲一、三、五、七、九，其和爲二十五；地數爲二、四、六、八、十，其和爲三十，則天地合和之數凡五十有五也。《乾鑿度》所謂「一」、「二」、「二十五」、「三十」，其由來可知矣。至如「九」、「六」者，一則可直以其本質言之，然緯文不舉他數，而專舉「九」、「六」，則當是標著六十四卦三百八十四爻之倚數也。〈說卦傳〉云：「昔者，聖人之作易也，幽贊於神明而生蓍，參天兩地而倚數。」《正義》引馬融、王肅諸儒易解依〈繫辭〉曰：「五位相合，以陰從陽。天得三合，謂一、三與五也。地得二合，謂二與四也。」張栻《南軒易說》亦曰：「一三五七九，皆陽數也，獨以一三五參之而用九，此倚其陽數也。二四六八十，皆陰數也，獨以二四兩之而用六者，此倚其陰數也。特取九、六，而不用夫七、八者，乃參天兩地而倚其數也。」〔註 3〕乃妙用「參、兩」之義得解。又屈萬里先生亦有新解，其〈易卦源於龜卜考〉一文以爲龜腹甲爲骨質，較剛硬，其上有紋，分腹甲爲九塊，故陽稱九；腹甲反面爲盾板，爲膠質，較柔軟，其上有紋，分盾板爲六排十二塊，故陰稱六。〔註 4〕而傳統易學家則多以〈繫辭傳・上〉「大衍之數」一章所得「六、七、八、九」之數，定九爲老陽，六爲老陰，老陰老陽之數皆「及老而變」，《周易》以變者爲占，故陽爻稱九，陰爻稱六，乾坤二卦有「用九」、「用六」二爻可爲證。此「九」、「六」二數繫於此之用意也。

至「三萬九千七百五十五」天數之極，與「八萬六千四百二十」地數之極，與〈繫辭傳・上〉所言乾坤策數不成倍數，歷來注家亦未詳其計數之法，姑置之，以待來茲。另緯文有「天地合策數五十五」一目，言：

所用法古四十九，六而不用，驅之六虛。

乃言「大衍之數，其用四十有九」之由，可參下節「大衍之數」條。

因後世時言天地之數五十五即指河圖，故於此附論之。〔註 5〕相傳宋代華山道士陳摶推闡易理，衍爲諸圖，造有白黑之點，九十之數，方圓之體，乃出現今所傳河圖洛書之圖象。其圖實因〈繫辭傳・上〉所言「河出圖，洛出書，聖人則之」之文，又取天地之數作五十五點之圖，以當「河圖」；取「太一行九宮法」造四十五點之圖，以當洛書，因陰陽奇偶，一一與《易》相應，傳者遂神其說，直以爲伏羲之世已有此圖象矣。清人毛奇齡、黃宗羲、胡渭諸儒已辨其詳，茲不贅敘。〈繫辭傳〉僅語及天地之數、大衍之數、萬物之數三者，戰國晚年，五行方位說滲入，乃相合而成今河圖之模型。《管子・幼官》、《呂氏春秋・十二紀》、《禮記・月令》、《淮南子・天文訓》等皆可見五行與四時、數字及方位相合之記載，即東方木數八，於時爲春；南方

〔註 3〕張栻《南軒易說》之文，見《大易集義粹言》引。

〔註 4〕屈萬里〈易卦源於龜卜考〉一文，見《中研院史語所集刊》第二十七本。

〔註 5〕河圖、洛書二種，名實又有紛爭，如劉牧之徒托名爲華山道士所傳，主張數九爲河圖，數十爲洛書。後爲蔡元定加以駁正。朱熹亦採之，以五十五爲河圖，四十五爲洛書，今載於《易本義》，且爲世所贊同。

火數七，於時為夏；西方金數九，於時為秋；北方水數六，於時為冬；中央土數五，於時為四季。至《易緯》則見與天地十數相配。《易緯河圖數》云：「一與六共宗，二與七同道，三與八為朋，四與九為友，五與十同途。東方、南方，生長之方，故七為少陽，八為少陰；西方、北方，成熟之方，故九為老陽，六為老陰。」揚雄《太玄經‧玄圖篇》云：「一六為水，二七為火，三八為木，四九為金，五十為土。一與六共宗，二與七為朋，三與八成友，四與九同道，五與五相守。」二文所載相同，皆有文而無圖，惟揚雄之除五不配十外，直是河圖耳。故知先秦漢世已發現此一排列方式，至宋代，以黑白點數代之，即今河圖也。

由以上所言，可知《易緯》言「天地之數」，實為河圖之源也。

貳、卦爻之數

緯文另有「卦爻之數」一節，頗為新奇。《乾坤鑿度‧乾鑿度》云：

　　卦數

三千八百四，又位大二十二萬八千二十四卦數

　　爻數

三百八十四，通二萬二千八百二十四

緯文既標「卦數」、「爻數」，當與「八卦」、「六十四卦」，或「六爻」、「三百八十四爻」之數有關，然此四數僅「三百八十四」合爻數，其餘則未明所以，二者間亦不成倍數，故亦置之不論。

參、大衍之數

大衍之數即揲蓍之數也。〈繫辭傳‧上〉第九章云：「大衍之數五十，其用四十有九，分而為二以象兩，掛一以象三，揲之以四以象四時，歸奇於扐以象閏，五歲再閏，故再扐而後掛。」乃言揲蓍求卦之法，亦筮術占卦以斷吉凶之法也。先聖設計此一繁複筮術，其用心即「以神道設教」，掌握人心對鬼神之崇敬，藉由筮術之推行，以教化人民依從易道行事，順之則吉，違之則凶。蓍策之數可當萬物之數，引申觸類，則天下之能事畢矣，吉凶禍福之機存乎其間，得其卦，知其數，則可決斷吉凶，解答疑惑，故其數之推演，幽深渺冥，天機難測，乃謂其「大」也。

大衍之數五十者，孔穎達《周易正義》徵引數家之說，如京房、馬融、荀爽、鄭玄、姚信、董遇等諸說：「京房云：五十者，謂十日十二辰二十八宿也，凡五十。其一不用者，天之生氣將欲以虛來實，故用四十九焉。馬季辰云：易有太極，謂北辰也，太極生兩儀，兩儀生日月，日月生四時，四時生五行，五行生十二月，十二月生二十四氣。北辰居位不動，其餘四十九，轉運而用也。荀爽云：卦各有六爻，六八四十八，加乾坤二用，凡有五十，乾初九潛龍勿用，故用四十九也。鄭康成云：天地之數五十有五，以五行氣通，凡五行減五，大衍又減一，故四十九也。姚信、董遇云：天地之數五十有五者，其六以象六畫之數，故減之而用四十九。但五十之數，義有多家，各有其說，未知孰是。」《乾坤鑿度》有「天地合策數五十五」一條，言「所用法古四十九，六而不用，驅之六虛。」六數即置之上下四方六虛也，則異於鄭玄之說。又宋人趙汝楳《筮宗》〈先傳考第三〉載「大衍之數五十」，列述《乾鑿度》等二十六家之說，較前者更爲詳備。〔註 6〕凡此諸說或據星曆、或據卦爻之數，或據河圖洛書，不一而足，大抵多附會於五十或五十五之數而作加減，然因《易傳》記錄有限，亦難全盤否定，姑存其說以較優劣。而高懷民先生《大易哲學論》一書則另有新說，其意以爲此數當自「七」之數而來，文王創設筮術時，藉天意以指導人事，仿重八卦爲六十四卦之法，重七爲四十九，蓋古有日月五星稱「七政」之說，「七」之數與天道密切相關也。加一成五十，即象徵太極之未起變化；行筮術時，去一，象太極之已動而生變化。〔註 7〕此由筮術之性質反推而得五十之數，不牽合陰陽五行，又能適切直指「四十九」數之用，雖則亦爲揣測之論，然其析理較無破綻，似爲後出轉精，頗值參研。

至如《乾鑿度》之說實京房一系者。京房曰：「五十者，謂十日十二辰二十八宿也，凡五十。其一不用者，天之生氣，將欲以虛來實，故用四十九焉。」緯文亦以音律星曆爲據，該羅天象以成數，然又結合明堂九室說，以「太一行九宮」爲其張本，即十干、十二支與二十八宿，皆從九宮中興起。九宮之數亦符五十之數，故《乾鑿度》爲二者結合之產物，其詳參見下文「九宮之數」條，此先略之。

〔註 6〕資料取自江弘遠先生《惠棟易例研究》一書，〈伏羲作易大義〉一條，頁 87～95。趙汝楳《筮宗》，收錄於無求備齋《易經集成》，冊一五四。

〔註 7〕參見高懷民《大易哲學論》，頁 99。又《先秦易學史》，頁 145、146。

《乾鑿度・上》云：

> 五音、六律、七變由此作焉。故大衍之數五十，所以成變化而行鬼神也。日十干者，五音也；辰十二者，六律也；星二十八者，七宿也，凡五十，所以大閡物而出之者也。

又《乾鑿度・下》亦云：

> 大衍之數必五十，以成變化而行鬼神也，故曰：日十者，五音也；辰十二者，六律也；星二十八者，七宿也，凡五十，所以大閡物而出之者。

《乾鑿度》卷上之「七變」，觀其上下文及卷下所記，當為「七宿」。

五音者，宮商角徵羽五聲也。於陰陽五行說盛行之際，五行可與五星、四時、五方、五色、五音、五常、五臟、十干等相配，則甲乙為木，其音為角；丙丁為火，其音為徵；戊己為土，其音為宮；庚辛為金，其音為商；壬癸為水，其音為羽。是故曰：「日十干者，五音也。」

六律者，謂十二律中陽聲之律也，與六呂相對。十二律中，陽六為律，陰六為呂，陽足以統陰，故呂亦稱律。《漢書・律歷志》曰：「律以統氣類物，一曰黃鐘，二曰太簇，三曰姑洗，四曰蕤賓，五曰夷則，六曰亡射。呂以旅陽宣氣，一曰林鐘，二曰南呂，三曰應鐘，四曰大呂，五曰夾鐘，六曰中呂。」緯文「六律」乃兼言「六呂」也。六律六呂可與十二辰、五聲相協，以圖示之（見下頁）：

此古人推歷生律，以探賾索隱，鉤深致遠，稽考古事，制律審事之所為用也。故曰：「辰十二者，六律也。」

七宿者，謂東北西南四方俱有七宿：東方蒼龍，有角亢氐房心尾箕七星；北方玄武，有室壁斗牛女虛危七星；西方白虎，有奎婁胃昂畢觜參七星；南方朱雀，有井鬼柳星張翼軫七星，此月躔二十八宿也。

十二律	月	十二支	五　聲	十二律	月	十二支	五　聲
黃　鐘	十一月	子	宮	蕤　賓	五　月	午	變徵
大　呂	十二月	丑		林　鐘	六　月	未	徵
太　簇	一　月	寅	商	夷　則	七　月	申	
夾　鐘	二　月	卯		南　呂	八　月	酉	羽
姑　洗	三　月	辰	角	亡　射	九　月	戌	
仲　呂	四　月	巳		應　鐘	十　月	亥	變宮

京房及《易緯》即以此十干、十二辰、二十八星，凡五十，定爲大衍之數，因其數又可與五音、六律、七宿相合。《漢書・律歷志》曰：「天之中數五，五爲聲……，地之中數爲六，六爲律。」故其數已閟藏天地之數，由之以成變化而行鬼神，推天地之數、觀天地之象，則人事萬理即可演繹出，此其說之著眼點，雖爲附會，亦有可稱許之處也。

「五十」之數，《乾鑿度》已推得之，然「其用四十有九」之數則未說明。《乾坤鑿度》則具體以蓍策之數言其用，其於「天地合策數五十五」一條言：「所用法古四十九，六而不用，驅之六虛。」即言蓍策之數。又云：

> 聖人設卦以用蓍，生聖人度以虛實，英草與天齊休。《萬形經》曰：蓍生地於殷，凋殞一千歲。一百歲方生四十九莖，足承天地數；五百歲形漸幹實，七百歲無枝葉也，九百歲色紫如鐵色；一千歲上有紫氣，下有靈龍神龜伏於下。《軒轅本經》曰：紫蓍之下，五龍十朋伏隱，天生靈菥，聖人採之，而用四十九，運天地之數，萬源由也。

蓍策之用，〈說卦傳〉嘗云：「昔者聖人之作易也，幽贊於神明而生蓍。」蓍草於筮術中乃化身爲神物，具有神化色彩。《說文》曰：「蓍，蒿屬，生千歲三百莖，易以爲數。」《史記・龜策列傳》亦有「蓍百莖共一根」及「聞蓍生滿百莖者，其下必有神龜守之，其上常有青雲覆之」之說，至《易緯》更爲神奇，其數恰爲「四十九」莖，正爲大衍之用也。此說之不足信可想而知，〔註8〕然可見聖人取以爲筮策，仍爲「以神道設教」，故而推崇並附以其神靈之色彩。〈繫辭傳・上〉云：「探賾索隱，鉤深致遠，以定天下之吉凶，成天下之亹亹者，莫善乎蓍龜，是故天生神物，聖人則之。」即此故也。緯文即視之爲天生神物，一如王夫之《周易稗疏》所謂之「因乎自然，不假人之修治也。」故能自然渾含天地之數，由生萬源。其說盡歸自然運數，不作加減拆合，直是清爽了當。

大衍之數，《乾鑿度》由十干十二辰二十八宿得五十，《乾坤鑿度》則由天地合數五十五言其用四十九，此二說之相異，又爲二書雜輯之一證也。

〔註8〕高先生《先秦易學史》第四章「筮術易時期」，第三節「筮術易的創建」，其第三子目「選用蓍策」一節，引王夫之《周易稗疏》之描述，推斷其因，可作參考。

肆、蓍策之數

〈繫辭傳・上〉有演蓍以當萬物之數之記載，曰：「乾之策，二百一十有六；坤之策，百四十有四，凡三百有六十，當期之日。二篇之策，萬有一千五百二十，當萬物之數也。」此數，緯文亦有之。

《乾坤鑿度・乾鑿度》云：

乾筞二百一十六

一筞三十六，筞滿六千九百一十二。

坤筞一百四十四

一筞二十四，筞滿四千六百八。

八筞

萬一千五百二十。

又《乾鑿度・下》亦載：

陽析九，陰析六，陰陽之析各百九十二。以四時乘之八而周三十二，而大周三百八十四爻，萬一千五百二十析也。

筞，策之俗字。此占筮演蓍而得蓍策之數，並以老陽老陰計乾坤六爻之策數，餘可推而知之。演蓍之法，〈繫辭傳〉所載甚是簡約，朱熹斟酌古法，參以己見，制爲〈筮儀〉，詳其程序、策數，應已得古人之實。傳言：「分而爲二以象兩，掛一以象三，揲之以四以象四時，歸奇於扐以象閏。」歷「分二」、「掛一」、「揲四」、「歸奇」四步驟，是以「四營而成易」。易，變易也，謂一變也。三變後，即有三十六、三十二、二十八、二十四可能之數，以四約之，得九、八、七、六之數，簡言之，九七爲陽，八六爲陰，陽動而進，陰動而退，故九爲老陽，八爲少陰，七爲少陽，六爲老陰，因之可定一爻。三變得一爻，十八變即可占出一卦。《乾鑿度》亦引《蓍成經》言揲蓍法：「四營十八策，多少兼云而成其位，天造聖智，垂訓神謀，及爾子孫，教授不墜者焉。」此其用意。其法後人介紹甚詳，茲不贅敘，今轉錄高懷民先生於《先秦易學史》一書所製之表，則演蓍成卦之占術，老少陰陽之配合可窺而得知。

〈演蓍數變表〉

	一變	二變	三變	易數	奇偶	陰陽老少別	備　註
過　揲	四十四	四　十	三十六	九		老陽	第一種情況
揲　餘	五	四	四		三奇		

<table>
<tr><td>過　揲</td><td>四　十</td><td>三十二</td><td>二十四</td><td>六</td><td></td><td rowspan="2">老陰</td><td rowspan="2">第二種情況</td></tr>
<tr><td>揲　餘</td><td>九</td><td>八</td><td>八</td><td></td><td>三偶</td></tr>
<tr><td>過　揲</td><td>四十四
四　十
四　十</td><td>三十六
三十六
三十二</td><td>二十八</td><td>七</td><td></td><td rowspan="4">少陽</td><td rowspan="4">第三種情況</td></tr>
<tr><td rowspan="3">揲　餘</td><td>五</td><td>八</td><td>八</td><td rowspan="3"></td><td rowspan="3">一奇
二偶</td></tr>
<tr><td>九</td><td>四</td><td>八</td></tr>
<tr><td>九</td><td>八</td><td>四</td></tr>
<tr><td rowspan="3">過揲</td><td>四　十</td><td>三十六</td><td rowspan="3">三十二</td><td rowspan="3">八</td><td rowspan="3"></td><td rowspan="6">少陰</td><td rowspan="6">第四種情況</td></tr>
<tr><td>四十四</td><td>三十六</td></tr>
<tr><td>四十四</td><td>四　十</td></tr>
<tr><td rowspan="3">揲餘</td><td>九</td><td>四</td><td>四</td><td rowspan="3"></td><td rowspan="3">一偶
二奇</td></tr>
<tr><td>五</td><td>八</td><td>四</td></tr>
<tr><td>五</td><td>四</td><td>八</td></tr>
</table>

（四、五各含一個四數，故爲奇；八、九各含兩個四數，故爲偶。三變之揲餘數，如爲三奇即老陽；如爲三偶，即爲老陰；如爲一奇二偶，即少陽；如爲一偶二奇，即少陰。）〔註9〕

乾策用老陽之數，一策之數三十六，一卦有六爻，故乾之策爲二百一十有六；坤策用老陰之數，一策之數二十四，一卦有六爻，故坤之策爲一百四十四。兩者相加得三百六十，當一年日數。至於傳用老陽老陰之數，朱子《周易本義》曰：「少陰退而未極乎虛，少陽進而未極乎盈，故此獨以老陽老陰計乾坤六爻之策數。」殆此之故也。上下經共六十四卦，三百八十四爻，陰陽爻各半，是以陽爻一百九十二，乘以老陽之數三十六，爲六千九百一十二策；陰爻一百九十二，乘以老陰之數二十四，爲四千六百零八策，合計得一萬一千五百二十策，可當萬物之數。《乾鑿度》即準此而立數，惟「萬一千五百二十」列於「八筞」下，「八筞」不知何據？注曰：「古人合筞同萬物，春生夏長秋裒冬藏，四時也各配四方。」或此「八」之取義，以「八筞」言「八卦用事」，言「八卦而小成」，則宇宙人生之變化乃可大成也。又或即《乾鑿度》「以四時乘之，八而周」之謂也。《乾鑿度》所言乃進一步以應律歷之數，張

〔註 9〕「數變表」，引自高懷民先生《先秦易學史》，頁 142、143。又見《大易哲學論》，頁 101、102。

惠言《易緯略義》標其目爲「六十四卦主歲」，蓋以「卦當歲，爻當月，析當日」合卦爻蓍策之數。析，亦古策字也。其以「天道左旋，地道右遷，二卦十二爻而期一歲」，六十四卦則三十二歲期而周也。然「八而周」仍未明其故，注文以爲與上文律辭不相理，自是脫誤，故置之不論。

伍、軌折之數

《易傳》有占筮之法，而得蓍策之數；《易緯》則導入以求卦主歲術，乃得軌析之數。《乾鑿度・下》云：「陽析九，陰析六，陰陽之析各百九十二，以四時乘之八而周三十二，而大周三百八十四爻，萬一千五百二十析也，故卦當歲，爻當月，析當日。」卦當歲者，即以乾坤始數，二卦值一歲，三十二歲而周六十四卦也。爻當月者，以一爻當一月，六十四卦三百八十四爻配三十二年三百八十四月也，即所謂貞辰法。析當日者，一析當一日，六十四卦析數總爲萬有一千五百二十，當三十二年萬有一千五百二十日也。其法均可詳見第五章〈易術考〉，蓋爲「歷以紀時，律以候氣」之所用，即《乾鑿度》所謂「易一大周，律歷相得焉」，其數術之綰合精妙，誠爲緯學之醇者，軌析之數即其產物也。

《稽覽圖・下》載有「六十四卦流轉注十二之辰」表（見第五章），據表所示，有「世、初、折、軌」四要項。世者，出於京房「宮世說」；初者，如張惠言《易緯略義》所謂：「此圖陽卦以子寅辰午申戌爲次，陰卦以未巳卯丑亥酉爲次。」異於《乾鑿度》之「貞辰法」。此二項無關易數，故置於第五章，此節則論「軌析之數」。先言折之數。

折者，《乾鑿度》作「析」。按《說文》曰：「析，破木，一日折也，从木从斤。」義即分也。又「折，斷也，从斤斷草。」段注曰：「以斤破木，以斤斷艸，其義一也。」故「析」字可作「折」。《說文》又釋「策」曰：「馬箠也，从竹朿聲。」段注云：「策猶籌，籌猶筭，筭所以計曆數。……故曰筭、曰籌、曰策，一也。」此言其用同也，故析、折、策三字可互相爲用。

由前述大衍之數、蓍策之數而下，知揲餘之策爲三十六者，其數九，爲老陽；餘三十二策者，其數八，爲少陰；餘二十八策者，其數七，爲少陽；餘二十四策者，其數六，爲老陰。而周易以變者爲占，故陽用九，陰用六，《稽覽圖》亦曰：「六十四卦策術曰：陽爻九，陰爻六。」則陽爻之折數爲三十六，陰爻之折數爲二十四，以此計六十四卦之折數則分明可得。如〈乾卦〉六爻皆陽，六爻之積則爲二百一十六策；〈坤卦〉六爻皆陰，六爻之積爲一百四十四策，〈乾〉〈坤〉之策其和爲三百六十，故《稽覽圖》載云：

二合折三百六十　　分各乾二百一十六　　坤一百四十四

次如〈屯〉〈蒙〉二卦，均爲陽爻有二，陰爻有四，故三十六乘二，加二十四乘四，折數均爲一百六十八，而二卦之和爲三百三十六。故《稽覽圖》曰：

二合折三百三十六　　分各屯一百六十八　　蒙一百六十八

再如〈需〉〈訟〉二卦，均爲陽爻有四，陰爻有二，故三十六乘四，加二十四乘二，折數均爲一百九十二，而二卦之和爲三百八十四，故圖云：

二合折三百八十四　　分各需一百九十二　　訟一百九十二

餘例可類而推之也。

六十四卦因兩兩爲耦，非覆即變，除〈乾〉〈坤〉〈頤〉〈大過〉〈坎〉〈離〉〈中孚〉〈小過〉八卦外，餘五十六卦二十八耦皆覆卦，故其折數必爲同數，合折之數必其倍數也。而卦爻相錯之八卦折數則相出入，〈乾〉〈坤〉已見上說，餘六卦則爲：

二合折三百六十　　分各頤一百六十八　　大過一百九十二

二合折三百六十　　分各坎一百六十八　　離一百九十二

二合折三百六十　　分各中孚一百九十二　小過一百六十八〔註10〕

依折數之計數法，可歸納六十四卦三十二耦之折數如下：

1. 〈乾〉〈坤〉爲純卦，其折數分各二百一十六、一百四十四，六十四卦僅此一見也，其和爲三百六十。
2. 一陽五陰之卦，折數分爲一百五十六，其和爲三百一十二，如〈師〉〈比〉、〈謙〉〈豫〉、〈剝〉〈復〉三組六卦。
3. 一陰五陽之卦，折數分爲二百零四，其和爲四百零八，如〈小畜〉〈履〉、〈同人〉〈大有〉、〈夬〉〈姤〉三組六卦。
4. 二陽四陰之卦，折數分爲一百六十八，其和爲三百三十六，如〈屯〉〈蒙〉、〈臨〉〈觀〉、〈晉〉〈明夷〉、〈蹇〉〈解〉、〈萃〉〈升〉、〈震〉〈艮〉六組十二卦。
5. 二陰四陽之卦，折數分爲一百九十二，其和爲三百八十四，如〈需〉〈訟〉、〈无妄〉〈大畜〉、〈遯〉〈大壯〉、〈家人〉〈睽〉、〈革〉〈鼎〉、〈巽〉

〔註10〕原作「中孚一百八十　小過一百八十」，今依折術改正。

〈兌〉六組十二卦。

6. 三陽三陰之卦，折數分爲一百八十，其和爲三百六十，如〈泰〉〈否〉、〈隨〉〈蠱〉、〈噬嗑〉〈賁〉、〈咸〉〈恆〉、〈損〉〈益〉、〈困〉〈井〉、〈漸〉〈歸妹〉、〈豐〉〈旅〉、〈渙〉〈節〉、〈既濟〉〈未濟〉十組二十卦。

7. 〈頤〉〈大過〉、〈坎〉〈離〉、〈中孚〉〈小過〉三組六卦，皆爲二陽二陰卦之組合，折數各不相同。其和則皆三百六十也。

折數之詳已如上說，其下繼言軌數。《稽覽圖》載軌術曰：

陽爻九七，陰爻八六。假令乾六位，老陽爻九，以三十六乘六爻，得二百一十六；少陽爻七，以二十八乘之六爻，得一百六十八，已上二數，合得三百八十四，因而倍之，有七百六十八。假令坤六位，老陰爻六，以二十四乘六爻，得一百四十四；少陰爻，以三十二乘之六爻，得一百九十二，已上二數，合得三百三十六，因而倍之，有六百七十二。乾坤二軌數合有一千四百四十。凡陽爻用六十四爲法，乘得倍之；凡陰爻用五十六爲法，乘得數倍之。

其文所述，蓋有二法，皆以〈乾〉〈坤〉爲例：

其一，〈乾〉六爻皆陽，陽爻九七，九爲老陽，七爲少陽。若以策術言，「陽爻九，陰爻六」，以軌術言，則全用也。老陽爻九，策數爲三十六，乘六爻得二百一十六；少陽爻七，策數爲二十八，乘之六爻得一百六十八，以上二數合得三百八十四，因而倍之，得七百六十八，即〈乾〉之軌數也。〈坤〉六爻皆陰，陰爻八六，八爲少陰，六爲老陰。老陰爻六，策數爲二十四，乘六爻得一百四十四；少陰爻八，策數爲三十二，乘之六爻得一百九十二，以上二數合得三百三十六，因而倍之，得六百七十二，即〈坤〉之軌數也。而〈乾〉〈坤〉二軌數合爲一千四百四十也。

其二，「凡陽爻用六十四爲法，乘得倍之；凡陰爻用五十六爲法，乘得倍之。」如〈乾〉六爻皆陽爻，六十四乘六爻而倍之，得七百六十八也；〈坤〉六爻皆陰爻，五十六乘六爻而倍之，得六百七十二，〈乾〉〈坤〉二軌合得一千四百四十也。此六十四、五十六爲法者，如鄭注皆以「各以四時乘之」釋之，蓋鄭玄以蓍法「揲之以四，以象四時」爲本也。陽爻九七，九四三十六加七四二十八，得六十四也；陰爻八六，八四三十二加六四二十四，得五十六也。實則以數學言，此爲前法之結合律也。

以上二法，爲便說明故，演算如下：

算式（一）乾軌數：

36×6＝216　28×6＝168　（216＋168）×2＝768

即〔（36×6＋28×6）×2＝768〕

坤軌數：

24×6＝144　32×6＝192　（144＋192）×2＝672

即〔（24×6＋32×6）×2＝672〕

乾坤二軌合 768＋672＝1440

算式（二）乾軌數：

（64×6）×2＝768

坤軌數：

（56×6）×2＝672

乾坤二軌合：

768＋672＝1440

易言之，即前法之結合也

（36×6＋28×6）×2＝〔（36＋28）×6〕×2＝（64×6）×2

（24×6＋32×6）×2＝〔（24＋32）×6〕×2＝（56×6）×2

故《稽覽圖》表載：

二軌合一千四百四十　分各乾七百六十八　坤六百七十二〔註 11〕

第二法較爲簡易，可據以計算各卦軌。如〈屯〉〈蒙〉二卦皆陽爻有二，陰爻有四，故軌數爲六十四乘二陽爻而倍之，得二百五十六，五十六乘四陰爻而倍之，得四百四十八，二數合爲七百零四。而二軌合即一千四百零八也，故圖云：

二軌合一千四百八　分各乾七百四　坤七百四

餘例可類推之。其法因與陰陽爻數有關，故如折數所列，亦可歸納六十四卦三十二耦之軌數如下：

1. 〈乾〉〈坤〉爲純卦，其軌數分各七百六十八、六百七十二，六十四卦僅此一見也，其和爲一千四百四十。
2. 一陽五陰之卦，軌數分爲六百八十八，其和爲一千三百七十六。
3. 一陰五陽之卦，軌數分爲七百五十二，其和爲一千五百零四。

〔註 11〕原作「六百六十二」，據軌術之法改正。

4. 二陽四陰之卦，軌數分爲七百零四，其和爲一千四百零八。
5. 二陰四陽之卦，軌數分爲七百三十六，其和爲一千四百七十二。
6. 三陽三陰之卦，軌數分爲七百二十，其和爲一千四百四十。
7. 〈頤〉〈大過〉、〈坎〉〈離〉、〈中孚〉〈小過〉三組六卦，皆爲二陽二陰卦之組合，軌數各不相同，其和則皆一千四百四十也。

綜上所列軌折之數，三十二耦總折數爲萬一千五百二十析，《易傳》引以當萬物之數，《易緯》則用以當三十二年萬一千五百二十日（平均以一年三百六十日計），而總軌數爲四萬六千零八十，則一年軌數爲一千四百四十軌（總軌數除三十二年），一月軌數爲一百二十軌，一日軌數爲四軌，此平均值也，其三十二歲積年軌數之實際值，則可依《稽覽圖》所載「推軌當日術」、「推折當日術」演算，歷三十二年，軌折算盡，盡如其數也。緯文所載軌折之數，看似牽合易卦，以近乎三百六十規律之數計歲，與曆以三百六十五日四分度之一爲一歲，則相參差，本不可強配，然就軌折之術推其歲律，易一大周則律曆相得，雖未能精驗之於近期（閏分餘氣皆盡，驗之於二十九萬一千八百四十年），終則可期，陰陽曆數尚須以置閏以求相應，況以爻折之數應律曆哉？此孟喜、京房卦以直日說外之另一說，其以易數說曆數，爲漢易一貫之傳統，蓋曆起於數，數者自然之用也，其用無窮，而無所不通，故盛爲曆法昌明之漢代爭相聯繫，故於軌折之數不可不明也。

陸、九宮之數

前言「河圖」「洛書」實宋人所造之圖象，然其圖書之名與圖數，漢代均已有之：天地之數與方位相配乃「河圖」之源，而《乾鑿度》「太一行九宮」之說，則見「洛書」之端。前者上文已作論述，此則續言「九宮之數」。清胡渭《易圖明辨・九宮》於此已有詳論，本文多從其說。

《乾鑿度・下》云：

> 陽動而進，陰動而退，故陽以七，陰以八爲象。易一陰一陽合而爲十五之謂道。陽變七之九，陰變八之六，亦合於十五，則象變之數若一。陽動而進，變七之九，象其氣之息也；陰動而退，變八之六，象其氣之消也，故太一取其數，以行九宮，四正四維，皆合於十五，五音、六律、七宿由此作焉。

九宮之說實有所本，蓋肇端於「明堂制度」也，今出土之龜甲卜辭雖亦有「三三方陣式」之圖數，然僅可視作九宮數之雛形。〔註 12〕《管子・幼官》、《呂氏春秋・十二紀》、《禮記・月令》均以爲天子於一年四季依序居於九室，天子所居之處，即稱明堂。〔註 13〕明堂分爲九室。依〈月令〉所記：天子春居東方青陽三室，夏居南方明堂三室，秋居西方總章三室，冬居北方玄堂三室。朱子意以爲如井田之制，四隅之處，乃一室，如孟春所居爲青陽左个，即季冬所居之玄堂右个，其區別在於出入之門戶，但隨其時之方位開門耳。春天此室開東門，冬天則開北門，故凡有九室，其中即太廟太室也，每季十八日，天子居之也。其圖制，參圖 2-1。《禮記・月令》等書尚未配以數字，配數之始，見於《大戴禮記・明堂》：「明堂者，古有之也，凡九室，二九四，七五三，六一八。」此篇乃漢初作品，其配以九數，殆受漢初《九章算術》縱橫圖之影響。〔註 14〕以圖示之，如圖 2-2。〔註 15〕

〔註 12〕參見饒宗頤先生〈由卜兆記數推究殷人對于數的觀念〉一文「三三方陣式與洛書九宮」一節，收於《慶祝董作賓先生六十五歲論文集》(《史語所外編第四種》)。

〔註 13〕明堂者，明政教之堂也。清人考證者備矣，汪中《述學》有〈明堂通釋〉一文，謂明堂有六：一宗周，二東都，三路寢，四方岳之下，五太學，六魯大廟。如《逸周書・明堂》及《禮記・明堂位》記載周公朝諸侯於明堂之位，此宗周明堂之位，乃明諸侯之尊卑也。餘者皆仿明堂制作，其制古經已有記載，總之曰，凡有五室。而《呂氏春秋》所載天子依時居於九室，汪氏雖贊其書曰：「本周書時訓之舊，兼逸禮明堂之篇，參以新意，用垂典章，其中先王之制，豈無一二賴以傳者。」然於此明堂九室，則以爲與周制違異。其曰：「而明堂制度，最誕妄不經，深可忿疾。……夷考其文，實爲太一下行九宮之學，故〈盛德篇〉(今《大戴禮記》〈明堂篇〉，許愼《五經異義》引作〈盛德篇〉) 之二九四、七五三、六一八，即其制作之義。」此漢制與周制不同之故也。其說考論明堂古制甚詳，指陳九宮之謬，亦斑斑可考，證據確鑿。又孔廣森《禮學卮言》(卷六九二，見《皇清經解・三禮》) 亦以爲周制五室，漢制九室也。周制明堂有「四阿重屋」，漢制則法天地象，上圓下方。然明堂九室說，自馬融入之《禮記》，鄭玄爲之作注，後世遂尊之爲經而引爲定論，故本文仍從傳統舊說也。

〔註 14〕胡渭《易圖明辨》論古九宮之數，引魏(《四庫》本作「晉」) 劉徽《九章算術・序》曰：「包犧氏始畫八卦，作九九之術，以合六八之變，黃帝引而伸之。」即取九九算術所設乘除之位，以定明堂九數之數也。《九章算術》，世多稱爲漢初之作，《四庫提要》則考書內有長安、上林之名，故定爲西漢中葉之後。然以古書之散佚湮晦，增刪訂補，恐難有先後之定論，而況同一時代之學術風貌，時有輔附契合，相互影響者，此謂之共相也。漢代之象數圖說尤見此風，徵引牽合，緯書依託經典，經解援引緯說，經緯雜融，難辨其源。明堂

圖 2-1　呂氏春秋明堂圖

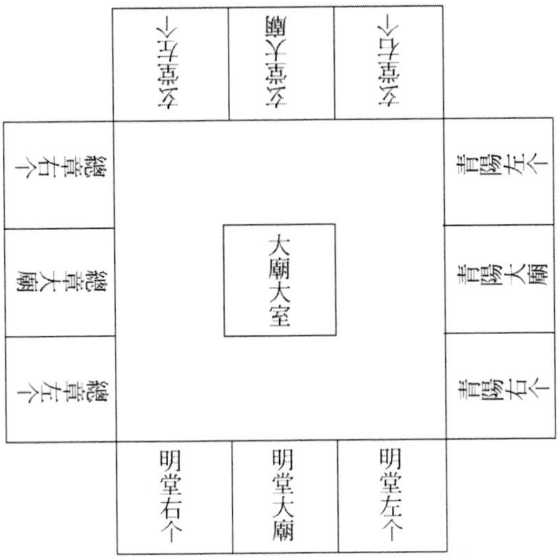

圖 2-2　明堂九室圖

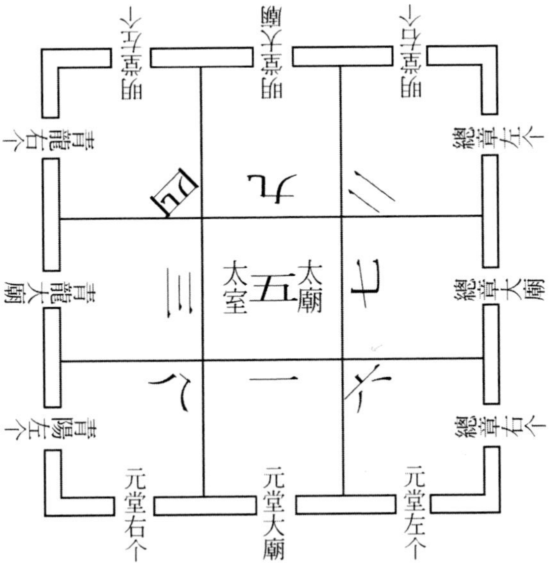

九室與九九算術之相關，亦有此難題也。朱伯崑《易學哲學史》，即推測九宮受《九章算術》影響也，其說詳見頁 165。今考北周甄鸞注《數術記遺》九宮算云：「九宮者，即二四爲肩，六八爲足，左三右七，戴九履一，五居中央。」隋蕭吉《五行大義》卷一論九宮數，引《黃帝九宮經》云：「戴九履一，左三右七，二四爲肩，六八爲足，五居中央，總御得失。」亦均相類也。

〔註 15〕圖 2-1，引自汪中〈明堂通釋〉。圖 2-2，引自胡渭《易圖明辨》「明堂九室圖」，私以爲配以八卦乃後起之說，故去之。

明堂分為九室，乃效法天分九野，地分九州。《白虎通・辟雍・明堂》曰：「九宮法九州」即此。〔註 16〕《管子・幼官》、《禮記・月令》乃戰國時代陰陽五行家作品，陰陽五行家之師祖鄒衍有大九州之說，故明堂九室乃鄒衍一派學說之產物，唯其說並未配以八卦，始成者，《乾鑿度》已見其端倪。

《乾鑿度》之九宮說，乃資取明堂九室，以為八卦卦氣說之張本。觀其文可分三層次：前半即以陰陽二氣之消長，言陰陽老少易數變動之軌跡；繼則以「太一行九宮」搆合八卦方位與數之變化；終則言九宮之數亦有行大衍變化之數據，可行節氣變化也，此為大衍之數又添一新說也。其說曲盡數變之妙，乃為後世圖書學派廣為吸收。

「陽動而進，陰動而退」，此固孟京以來一貫之卦氣說也，故其後又曰：「陽動而進，象其氣之息也；陰動而退，象其氣之消也。」陽氣主生息，陰氣主消退，又可以易數況之：「陽以七，陰以八為彖」。彖者，鄭注謂「爻之不變動者」，前已言由筮占得六七八九四數，六為老陰，八為少陰，七為少陽，九為老陽，七八之數與少陰少陽之象，乃不變之爻，故稱之為彖；六九之數與老陰老陽之象，為可變之爻，故稱之為變。陽七動而進止於九，陰八動而退止於六，易主變易，故《周易》以九六之數代表陰陽二爻也。而就陰陽之數言，陽七陰八為不變爻之數，其合為十五；陽九陰六為可變爻之數，其合亦為十五，則「彖變之數若一」也。〈繫辭傳〉曰：「一陰一陽之謂道」，緯文即以「合而為十五」之數釋此「道」，雖局限此「道」於數之一隅，然亦具體呈現「易道多方」，象數即易道之一方也。鄭玄則扣緊傳義曰：「五，象天數，奇也；十，象地之數，偶也，合天地之數，乃謂之道。」若此，則十五非純然數也，由此數可見天地之道也。

其下言「太一取其數以行九宮」，太一者，鄭注謂「北辰之神名也，居其所曰太一，常行於八卦日辰之間，曰天一，或曰太一。」按此，即北極星神也，居其所而眾星拱之，故向為天文學家奉為天神，主宰一年四季之節氣變化。《史記・封禪書》即曰：「天神貴者太一」。緯書更為推崇，太一已為神化，可「含元出氣，流精生物」。〔註 17〕《易緯》即以九宮運行變化體現太一天神

〔註 16〕見《白虎通》卷六〈辟雍〉「論靈臺明堂」一文。

〔註 17〕《春秋緯文耀鉤》曰：「中宮大帝，其精北極星，含元出氣，流精生物也。」又云：「中宮大帝，其北極星下一明者，為太一之光，含元氣以斗布常。」即言北極星可決定四時變化。《乾鑿度》所言「太一行於九宮」，表示一年氣候之變化，即本於此。說詳《易學哲學史》，頁 165。

之意志也，太極元氣與八卦卦氣即由此出焉。鄭注以爲太一取陰陽之數即一至九之序，運行於九宮之中，九宮有四正四維，其數相加，亦皆十五。四正者，坎離震兌也；四維者，乾坤巽艮也。《乾坤鑿度・乾鑿度》有云：「庖犧氏畫四象，立四隅，以定群物發生門，而後立四正。」四隅即四維，四門也，可見鄭玄非徒然妄說也。四正四維以八卦神所居，故亦名之曰宮。鄭玄曰：「天一下行，猶天子出巡狩省方岳之事，每率（當爲「卒」）則復。太一下行八卦之宮，每四乃還於中央，中央者，北神（當爲「辰」）之所居，故因謂之九宮。天數大分，以陽出，以陰入。陽起於子，陰起於午，是以太一下九宮，從坎宮始。」而後「終於離宮」，即謂太一先之坎爲一，次之坤爲二，次之震爲三，次之巽爲四，四而後還息於中央五也，既而之乾爲六，次之兌爲七，次之艮爲八，終於離爲九也，如此，行則周矣。按鄭玄注，雖未以數言，然其下九宮之行程，則分明自然序數也。九宮之數與八卦方位，圖示如下：〔註 18〕

圖 2-3　太一下行九宮圖

巽四	陰根於午　離九　行周上反紫宫	坤二
震三	行半還息中央　中五	兌七
艮八	陽根於子　坎一	乾六

〔註 18〕圖 2-3，引自胡渭《易圖明辨》，〈太一下行九宮圖〉，頁 102。圖 2-4，引自高懷民先生《大易哲學史》，頁 110。

圖 2-4

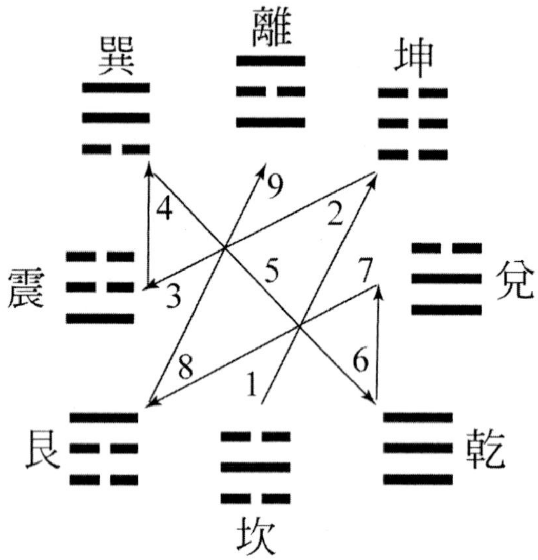

四正四維之數定，則此圖縱、橫、斜之數相加，皆爲十五，故曰：「太一取其數以行九宮，四正四維皆合於十五」。朱伯崑另引宋朱震《漢上易卦圖》，謂「取其數」乃「取七九六八之數」。朱震曰：「一與八爲九，一與六爲七，三與四爲七，七與二爲九。陽變七爲九，陰變八之六，七與八爲十五，九與六爲十五，故曰四正四維皆合於十五。」前半四組湊成七、九之數，何以不及他數，未作說明，其選樣不知何據也。鄭玄博通《九章算術》，故將九宮說與卦氣說聯繫起，蓋有本也。其太一飛九宮之法，「戴九履一」等，極類奇門遁甲之術，及《黃帝九宮經》與蕭吉《五行大義》紫白九星之術，雖未經見，然其術或已世傳矣。《乾鑿度》九宮之數即爲漢易卦氣演進下之產物，而後廣爲星術占歷者所用，以爲占術入門之基。東漢張衡曾上疏曰：「臣聞聖人明審律曆，以定吉凶，重之以卜筮，雜之以九宮。」又曰：「且律曆卦候，九宮風角，數有徵效，世莫肯學。」張衡以開科學研究風氣之先者身分猶發此語，兩言九宮，上與律歷卜筮並稱，下與卦候風角相埒，非圖緯妖妄不經者，純以律曆算術言，《易緯》之數算仍值肯定。

《乾鑿度》第三層次，由九宮縱橫皆合十五之數，下貫言大衍之數五十亦符合九宮之數。五十者，五音配十干，六律配十二支，七宿配二十八宿，凡五十也，此說乃出於京氏易。十五如何符合五十之數，《易緯》並未說明，朱伯崑先生曰：「鄭注認爲，五爲天之數，十爲地之數，十五代表天地之數，大衍之數即天地之數。還有一種解釋，十五，其順序倒過來，即五十。此是表面的解釋。其基本觀點是，就揲蓍求卦說，七八九六之數，來於大衍之數，故將七八或九六之合視爲大衍之數。」〔註19〕其說足可參也。

朱先生於文末並探究九宮說之特點曰：「一是以陰陽之數，九宮之數以及大衍之數說明八卦所主的節氣的變化具有數的規定性；一是提出太一即北極神，作爲四時變化的主宰者，就後一點說，《易緯》進一步將卦氣說神祕化了。同其他緯書對太一的解釋聯繫起來看，《易緯》的作者最終認爲：元氣和卦氣是從中宮大帝即北辰天神口中吐出來的。……《春秋緯說題解》說：『群陽精也，合爲太乙，分爲殊名』。『合爲太乙』，指太極元氣混而未分，稱其爲『太乙』即太一，又意味著太極元氣乃太一神的化身。緯書將《周易》的太極同漢人崇拜的太一神即北極星神視爲一體，正是漢代官方倡導的神祕主義在易學中的表現。」並言緯書此種太極觀，影響東漢經師之解《易》，如馬融注「太衍之數」即是。〔註20〕

九宮之圖數，如《大戴禮》所載，或謂即今即謂「洛書」也。相傳「天與禹，洛出書，神龜負文而出，列於背，有數至於九，遂因而第之，以成九類。」（孔安國《尚書・洪範傳》）漢人亦持「河龍圖發，洛龜書成」（《春秋緯》文）之說，胡渭以爲「歷代有道之君皆受圖書，非獨羲禹時出也。河圖，象也，故則之以畫卦；洛書，文字也，故則之以繫辭。河圖非必八卦，洛書不盡九疇也。」此釋〈繫辭傳〉「河出圖，洛出書，聖人則之」，頗合實理，然則先時圖象與文字無別，圖即是書，書即是圖，戴君仁先生亦推研河圖洛書之本質爲符瑞，〔註21〕先秦經典多準此，《易緯乾鑿度》有「入戊午部二十九年，……（西伯）受錄應河圖」之說，亦屬符瑞範圍。至宋初始昧是理，造爲圖說，專名「河圖」「洛書」，非古「河洛圖書」之內容也，其間差異，今當明之。邵子「戴九履一，左三右七，二四爲肩，六八爲足，五在其中」之圖，即《易緯》「太一行九宮」之圖也，明乎此，即知九宮之數乃洛書之源也。

〔註19〕參見朱先生《易學哲學史》，頁167。下文並見一六八。

〔註20〕馬融注「太極」曰：「易有太極，謂北辰也。太極生兩儀，兩儀生日月，日月生四時，四時生五行，五行生十二月，十二月生二十四氣。北辰居位不動，其餘四十九，轉運而用也。」見《周易正義》引，即以北極星解釋太極

〔註21〕參看戴君仁先生〈河圖洛書的本質及其原來的功用〉一文，見《文史哲學報》第十五期，頁163～180。

「九宮圖」，或泛稱「洛書」，西方人稱之爲「魔方陣」或「三三圖」（即「三三方陣」），其變化與運用統括今日之理則數學與物理數學，施於建築則有「迷宮」之設，數術家則融合雜學創立「奇門」，並可實際運用於戰役擺佈迷陣，配以八卦，則可戰術運用，迷惑敵軍。〔註 22〕世傳諸葛武侯善擺八卦陣，嘗鬥陣而辱退司馬懿，《三國演義》摹寫此陣「但見愁雲漠漠，慘霧濛濛」，仲達雖識破陣之法，待奇遁變化，即陣腳大亂，慘遭大敗。此雖小說家言，然魔方陣之變化確有如此妙用。由「太一行九宮」即可窺知漢代數學研究之發達，亦見八卦亦可成就數理之精微也。

柒、總釋二十九卦數例

《易緯》另有「惣釋二十九卦數例」者。

《乾坤鑿度・乾鑿度》云：

> 屯，十年乃字。需，三人。訟，户三百。師，三錫。比，三驅。同人，三歲高陵。蠱，三日甲。臨，八月。復，七日，又十年。剝。頤，十年。坎，簋二，三歲。晉，三接。明夷，三日不食。睽，二女，一車。解，三狐。損，二簋，三人，一人，十朋。益，十朋。夬，五剛。萃，一握。困，三歲。革，三就。震，遂七日。漸，三歲。豐，三歲。旅，一矢。巽，三日，三品。既濟，三年。未濟，三年。

惣，與摠、總同。緯文舉《周易》六十四卦中凡涉數字者，皆列爲其數例，計二十九卦，此段承上文推天地之數，卦爻之數，蓍筴之數而下，推其意，或以此二十九卦之數例皆有深意，乃天機神謀之數，幽贊於神明而得，非隨手拈來，故特以歸納數例，標其名目，示其玄機也，然緯文未盡其「釋」義，實不切題旨。注文則總云：「其間有數無數、假象假物」，其下分項除「訟，戶三百」注云：「不言二百、一百、象中有數。」餘者大抵均假設問題，如「屯，十年乃字」，注云：「何不以七年與五年？」「師，三錫」注云：「何不言九錫？」其意自是凸顯「十年」、「三錫」等數字其來有自，然不作點破，徒弄虛文，倍增困擾，讀之頓如墜入五里霧中，茫然不能曉悟；甚者，有引人作牽合數字析文之嫌。觀此段緯文，頗類今之「索隱」、「引得」，析出各卦之數詞，依

〔註 22〕參陳炳元先生《易鑰》第五章〈河圖和洛書〉，頁 191～203。另有關易數及河洛圖數之精蘊，可參黎凱旋先生《易數淺說》及《中華易學月刊》各期大作。

卦序排列，形式同其上之「古文略」，疑其作用乃備參考，注家則用力於推求數字之所得，隨文而注，未知其人是不得其解而反詰思索？抑或了然於胸而故作玄虛？限於資料不足，未得詳其因由。

又此數例，盡取「一、二、三、五、七、八、十」數字，不見「四、六、九」三數。若僅以「數字及計數單位」之原則，又取自卦爻辭及〈彖傳〉爲考量方向，則分明有所脫漏，今補之如下（不取〈象傳〉）：

1.〈乾〉：六位、六龍（〈彖傳〉），六爻（〈文言傳〉），四德（〈文言傳〉）、四時（九五〈文言傳〉）。
2.〈坤〉：四支（六五〈文言傳〉）。
3.〈豫〉：四時（〈彖傳〉）。
4.〈咸〉：二氣（〈彖傳〉）。
5.〈恆〉：四時（〈彖傳〉）。
6.〈革〉：二女、四時（〈彖傳〉）。
7.〈震〉：九陵（六二爻辭）。
8.〈節〉：四時（〈彖傳〉）。
9.〈既濟〉：七日（六二爻辭）。

本節或因不取〈文言傳〉，又「二氣」（陰陽二氣）、「四支（四肢）」、「四時」乃理之當然，「六位」、「六爻」實卦本六爻，「九陵」當言其高，故皆去之不取，然〈乾〉之「六龍」、〈革〉之「二女」、〈既濟〉之「七日」則明顯有所疏漏也，尤以後二辭，數例既已有之，當補入。而〈乾〉卦純陽，乾元剛健，爲萬物全終復始之根據，人類稟承天命轉而「時乘六龍」以弘揚天道、駕御天道。「六龍」以見乾元變化如神龍般，或潛、或見、或惕、或慮、或飛、或悔，故此「六龍」實爲象數理密合之最高表徵，易理賴以顯現，淋漓盡致，鄙棄象數者亦不得非之，故《乾坤鑿度》若以數例有其深意，更當列入例中。

設若《乾坤鑿度》舉此數例確有考量，今試以最寬廣義界代其「釋」義，尋求易書卦爻用數之故，並舉尋常之解比而觀之，不作評價，其優劣得失則自在人心。

1.〈屯〉：「十年乃字」。

〈屯〉六二：「屯如邅如，乘馬班如，匪寇，婚媾。女子貞不字，十年乃字。」

〈屯〉䷂，六二、六三、六四互成〈坤卦〉，坤數十，坤爲地，五行爲土，依緯文天地數配五行言（即河圖），「天五地十」，其位在中央，屬土，故坤數十，故云十年。虞翻即以坤數釋十年。

孔穎達《周易正義》曰：「十者數之極，數極則復，故云十年。」則代表一般說法，不以象數論也。

2. 〈需〉：「三人」。

〈需〉上六：「入于穴，有不速之客三人來，敬之終吉。」

〈需〉☵☰，「三人」即謂下之三陽，乾之三陽非在下之物，故待時上進也，上六與九三相應，乾三陽同體，故有三人來之象。此易學家之通識，則「三人」當與卦象有關聯也。

3. 〈訟〉：「戶三百」、「三褫」。

（1）〈訟〉九二：「不克訟，歸而逋，其邑人三百戶，无眚。」

緯文注曰：「不言二百、一百，象中有數。」蓋《乾鑿度》曰：「二爲大夫」，姚配中《周易姚氏學》引鄭康成曰：「小國之下大夫，采地方一成，其定稅三百家，故三百戶也。」又鄭注《禮記・雜記》曰：「諸侯之大夫，邑有三百戶之制。」九二爲大夫，故邑人有三百戶也。此從象數論。

王弼、孔穎達、程頤、朱熹則以三百戶爲邑之至小者論，無關象數也。

（2）〈訟〉上九：「或錫之鞶帶，終朝三褫之。」

〈訟〉☰☵，下卦坎，坎爲盜，褫奪之象也。又本爻居卦之終，所應在六三，三爻體坎，是以有「三褫」之象。雖然，注家多以爲三喻多也，非定指三次，乃見錫與鞶帶之不可長久，見奪之速也。

4. 〈師〉：「三錫」。

〈師〉九二：「在師中，吉，无咎，王三錫命。」

〈師〉☷☵，九二、六三、六四互震，震爲長子，九二又爲帥師之主，剛中而得六五之君爲正應，故得錫寵命。震，東方木也，天三生木，木數爲三，故言「三錫命」。不以象數論者，則曰：凡事至于三者，極也，言王寵信之深。鄭玄《禮記・曲禮》注曰：「凡仕者，一命受爵，再命受服，三命受車馬。」《周禮・春官・大宗伯》亦曰：「以九儀之命，正邦國之位。壹命受職，再命受服，三命受位。」均「三錫命」之具體內容也。

5. 〈比〉：「三驅」。

〈比〉：九五：「顯比，王用三驅，失前禽，邑人不誡，吉。」

〈比〉䷇，九五有王者之象，王用三驅，以象數言，或以初六、六三、六四三陰爲王者所驅，至於六二，與九五相應，所以不必驅；或以驅下六二、六三、六四三陰，不及於初，因初已變爲震，震爲鹿，爲驚走，乃失前禽，此虞翻言。

以義理言，三驅爲仁政之禮，乃天子不合圍也。孔氏《正義》引褚氏（仲都）諸儒云：「三面著人驅禽」，正所謂網開一面也，成湯祝網即其義也。又《周禮・大司馬》有三度驅禽而射之，意主教戰，不在獲禽，則與綜卦〈師〉九五：「田有禽」義略相合，說亦可通。

6. 〈同人〉：「三歲高陵」。

〈同人〉九三：「伏戎于莽，升其高陵，三歲不興。」

〈同人〉䷌，九三以陽居下卦之上位，有過剛之忌，與上又皆陽，無應爲敵，是以伏戎于莽，不敢顯亢。升其高陵，量斯勢也，自三至上歷三爻，故曰三歲不能興者也。另以義言，九三與上皆陽，無應爲敵。而比於六二，然二以中正應於九五，故五爲三所忌。是以伏戎于莽，乘間奪之。然理不直、義不勝，故時而登陵以顧望，如此至於三歲之久，終不敢興也。三歲者，約略數也，喻時之久。

7. 〈蠱〉：「三日甲」。

〈蠱〉：「元亨，利涉大川。先甲三日，後甲三日。」〈彖〉曰：「先甲三日，後甲三日，終則有始，天行也。」

古以干支計日，甲者，數之首，事之始也。先甲三日爲辛日，後甲三日爲丁日，前後歷七日，如《子夏易傳》以爲「先甲三日者，辛壬癸也；後甲三日者，乙丙丁也。」天道之運行始於一而復於七，終則又始，往復循環，觀乎天象陰陽二氣消長，皆歷七月而復；以爻數言，亦歷六爻，數至七而復原爻，故以爻數象歷天道也。

亦可言，辛日取更新之義，丁日取丁寧之義，如《正義》引鄭玄云：「甲者，造作新令之日。甲前三日，取改過自新，故用辛也；甲後三日，取丁寧之義，故用丁也。」言王者齋戒必自新，臨事必自丁寧。漢世即有郊用辛丁之法。

8. 〈臨〉：「八月」。

〈臨〉:「元亨、利貞。至于八月有凶。」〈彖〉曰:「至于八月有凶,消不久也。」依十二辟卦言之,〈復卦〉䷗一陽復生,爲子月(十一月),即周正月;〈臨卦〉䷒二陽漸長,爲丑月(十二月),即周二月;依此類推,至八月成〈遯卦〉䷠,爲二陰之月,爲未月(六月),即周八月,與〈臨卦〉相較,六爻皆變,故有凶。此以夏周之曆比對而言。一有全以夏曆言者,至八月爲〈觀卦〉䷓,其勢與〈臨卦〉相反,四陰逼甚,故有凶。又或以易之作者殆殷末周初人,所用殆爲殷曆言之,則臨當夏之十二月,於殷爲正月,至于殷之八月,則夏之七月,於卦爲〈否卦〉,天地不交,乾坤顚倒,故言八月有凶。此涉夏商周三曆之換算,爭訟至今,未成定論,然陽氣漸消,不能長久,將有凶也,此卦有方盛慮衰之涵義則無可否認。

9. 〈復〉:「七日」、又「十年」。

(1)〈復〉:「亨。出入无疾,朋來无咎,反復其道,七日來復,利有攸往。」〈彖〉曰:「反復其道,七日來復,天行也。」

易道終而復始,循環往復之理,驗之天道人事,無理不達,儒學家並能下貫人事,從中發揮道德心性義蘊,然「七日來復」於義理上無由作更深入之疏解,故先儒大抵從象數一途下工夫。以易數言,「七日」一解,與〈蠱〉之「先甲三日,後甲三日」及〈巽〉之「先庚三日、後庚三日」諸條,同爲易學家致力釐清之問題,故眾說紛陳,可詳參王引之《經義述聞》、于省吾先生《易經新證》、杭辛齋先生《學易筆談》等書。比列之,洋洋大觀,有如下諸說:(一)卦氣冬至至復歷時七日。此以「甲子卦氣起中孚」言,如《京氏易傳》持此說。(二)指陽道由剝經坤而返復,自剝上九,歷坤之六陰,終成〈復卦〉初九,共經六爻,一爻爲一日,凡需七日。鄭玄《周易注》並以「六日七分」舉其成數言之。孔穎達《周易正義》亦宗之。(三)自姤初六消乾,歷遯、否、觀、剝、坤,至復初陽復生,其變凡七,故云七日來復。虞翻、程頤、來知德等皆主之。(四)「七日」作「七月」解。李鼎祚《周易集解》引侯果之注,及孔氏《正義》引褚氏、莊氏之說,又惠棟《周易述》疏語,均舉《詩經・豳風・七月》一詩爲證而言天象歷七月來復也。(五)七爲少陽之數,日亦代表陽物。王夫之《船山易學》即以爲數極於六,不可復減,必上生至於七,而陽復萌也。(六)合二五爲七。焦循《易通釋》以「爻之」、「相錯」之法鉤貫卦與卦間之脈絡,言「姤二之復五」,合二五爲七也。(七)日之數十,過半則稱七。王引之《經義述聞》以爲古人占筮得此者，言人事之遲速，非卦氣之遲速也，高亨先生亦持此說。（八）又有數術家說，本之《京房易積算法》及《火珠林》等，依爻辰計算得七日。以上諸說，既有自創新說，亦有辯其非者，雜然紛陳，令人莫衷一是。以卦之爻數有六，依次數之，數至第七，則復於原爻，不亦爲「七日來復」之一解？象數論之可「觀玩」，一至於是，故貽後人斥之爲「牽合」、「支離」也。然其引人觸發聯想，並能周圓其說，亦未可全盤否定也。

（2）〈復〉上六：「迷復，凶，有災眚。用行師，終有大敗，以其國君，凶。至于十年，不克征。」

〈復〉䷗，上卦爲坤，坤爲地，五行爲土，故地之成數十，此十年之象也。程頤則謂：「十年者，數之終，至於十年不克征，謂終不能行。」乃就義理言，故至迷復之凶也。

10.〈剝〉。

其下無引文，〈剝卦〉亦無一語語及數字，何以列爲數例，亦可怪也。

11.〈頤〉：「十年」。

〈頤〉六三：「拂頤，貞凶，十年勿用，无攸利。」

〈頤〉䷚，六二、六三、六四互爲坤卦，坤地之成數爲十，此十年之象也。六三居下卦之上位，不中又不正，處互坤中，坤爲空爲虛，無養之象，故拂頤而勿用。

《伊川易傳》仍以「十，數之終，謂終不可用。」釋之，言其凶之至。

12.〈坎〉：「簋二」、「三歲」。

（1）〈坎〉六四：「樽酒、簋貳，用缶，納約自牖，終无咎。」

貳者，虞翻以爲副也，蓋《周禮・天官・酒正》曰：「大祭三貳、中祭再貳，小祭一貳。」鄭注云：「貳，副益之也。」即以爲禮有副尊，故副尊用缶也。高亨則疑貳爲「資」形似而誤，資借爲粢，米飯也。又王夫之《船山易學》釋貳爲閒，謂「陳樽酒而又設簋食，合而相閒」。餘者多以〈損卦〉「二簋可用享」比而觀之，則貳同二也。樽酒簋貳，謂一樽之酒，二簋之食，復以瓦缶爲器，質之至也。此「二」之數，未知何由觀之，或以重坎之中爻有貳之故也。此數未見前人釋之，姑置之不論。

（2）〈坎〉上六：「係用徽纆，寘于叢棘，三歲不得，凶。」

〈坎〉䷜，《來氏易》以坎錯爲離，先天卦序爲三，此「三」之象也。虞翻則以乾爲歲，九五乃從乾入坤，六三非其應，故三歲不得。伊川則言：「三歲之久而不得免焉，終凶之辭也。」三歲亦約辭也。

13.〈晉〉：「三接」。

〈晉〉：「康侯用錫馬蕃庶，晝日三接。」

自顧頡剛作〈周易卦爻辭中的故事〉一文，考證出康侯即康叔，周武王之弟後，學者均從其說。屈萬里先生並以六二爻：「受茲介福，于其王母。」言康侯甚爲其王母所寵愛，而其見寵於時王可知也。康侯善牧馬，以王錫之馬蕃息眾多，晝日之中，至於三接親禮，言寵遇之至也。〈晉〉䷢，離上坤下，日出地上，爲晝日所以取象，下坤三陰相連，以象三接。又鄭玄等以捷言接，云勝也，言康侯有一日三捷之功，說亦可通。

14.〈明夷〉：「三日不食」。

〈明夷〉初九：「明夷于飛，垂其翼，君子于行。三日不食，有攸往，主人有言。」

〈明夷〉䷣，初九陽剛，上應六四，張惠言《虞氏義疏》以初至四有三爻，故曰三日，李道平《周易集解纂疏》亦如之。又下離爲大腹，中空，有「不食」之象也。

程頤不從象數說，其言：「三日不食，言困窮之極也。」困窮而三日不得食，雖曾往投人家，而主人有言，故君子恥而義不食也。此類《禮記．檀弓下》所載「不食嗟來食」之事，唯此飢者行之過矣，未必合義。

15.〈睽〉：「二女」、「一車」。

（1）〈睽．彖〉：「睽，火動而上，澤動而下；二女同居，其志不同行。」

〈睽〉之二女，易學家多以象數言之，蓋〈睽〉䷥，兌下離上，兌爲澤，爲少女；離爲火，爲中女。其象火炎上，水澤下，喻人之相乖離，如二女同居，其志未得交感而乖睽不同行也。

（2）〈睽〉上九：「睽孤，見豕負塗，載鬼一車。先張之弧，後說之弧。匪寇婚媾，往遇雨則吉。」

上九居卦之終、睽之極，剛之至也，下雖有六三之應，奈何六三居二陽之間，一時未得相應，故上九睽孤也。又處離之極，以剛、明之資，居極、窮之地，不能無疑也，是以「見豕負塗、載鬼一車」也。虞翻曰：「坤爲鬼，坎爲車，變在坎上，故載鬼一車也。」六三、九四、六五互坎，坎爲輿，爲隱伏，有車載之象。俞樾《周易互體徵》曰：「以乾坤言，則乾神而坤鬼；以坎離言，則坎神而離鬼。睽上體離，自二至四又互離，而互體之坎，正當其中，故有載鬼一車之象。」此皆象數說。以義言，此「鬼」即言求婚媾者，蓋因背負泥塗，汙穢如豕而見疑於上九睽孤也，乃視之如鬼。

16.〈解〉:「三狐」。

〈解〉九二：「田獲三狐，得黃矢，貞吉。」

〈解〉䷧，二爲田，蓋〈乾卦〉九二曰：「見龍在田」也。九二、六三、九四互離，離爲戈兵，所以獲也，又以先天卦位言，離數爲三。下卦坎，荀爽《九家易注》稱坎爲狐，而虞翻則以二爻「變之正，艮爲狐」。又「坎爲弓、離爲黃矢，矢貫狐體，二之五歷三爻，故田獲三狐」也。程頤以狐者邪媚之獸，三狐即指卦之三陰，時之小人，朱熹引或曰：「卦凡四陰，除六五君位，餘三陰即三狐之象也。」此皆以爻中有象爲說。孔穎達謂「三爲成數，舉三言之搜獲備盡。」則三亦言其多也。

17.〈損〉:「二簋」、「三人、一人」、「十朋」。

（1）〈損〉:「有孚，元吉，无咎，可貞，利有攸往。曷之用？二簋可用享。」

〈損〉者，損下益上，損盈益虛也。以其卦象言，兌下艮上，山高澤深，下深則上益高；又澤氣上通，潤及草木百物，是皆損下益上之義也。譬如爲政，國庫不豐則需庶民納賦稅，出力役，此雖損下，然復有所益於上也，則國本固矣，故損益乃相對爲言，循環無端。行損之道則須存乎誠信，若有孚信則二簋可用享也，故程子云「厚本損末之謂也。」二簋之用，儉約誠敬而已矣，可參見〈坎〉六四爻辭。毛奇齡《仲氏易》以爲初、二皆陽，此「二」所以取象也。

（2）〈損〉六三：「三人行則損一人；一人行則得其友。」

〈繫辭傳・下〉第五章嘗有釋此爻義者：「天地絪縕，萬物化醇，男女構精，萬物化生。易曰……言致一也。」蓋言天地、男女等各以相偶相應爲宜，此理之然，三則破壞均衡狀態而成損益也，此從義理說。

以象數言，虞翻以卦變釋之，〈損〉☶☱，自泰☷☰來，泰下乾三爻皆陽，乃象三人；損之九二、六三、六四互震，震爲動，故「三人行」也。損者，損乾初九之坤上，乾三陽損其一，故「損一人」也。此初九上行居上九，則下與六三爲應，是「一人行則得其友」。程朱亦從此說，唯皆言「損九三以益上」，卦變異於虞翻。孔穎達申釋王弼之說，以爲「三人謂自六三已上三陰，上一人謂上九也，下一人謂六三也。」彼從〈繫辭傳〉言相應之理。此爻易家多從象中求其數也。

(3)〈損〉六五：「或益之十朋之龜，弗克違，元吉。」據王國維《觀堂集林・釋朋》所論「古貝五枚爲系，二系爲朋。」十貝爲朋，十朋則百貝也。又龜者，決疑之物也，龜值十朋，其物則寶，其卜則靈矣。王弼曰：「獲益而得十朋之龜，足以盡天人之助也。」天人並助則元吉也。十朋之象也，六五於損之時，以柔居尊，虛中以應九二陽剛，則得下賢用事也。

〈損卦〉六三、六四、六五互坤，坤之數爲十。虞翻謂「二五已變成益，故益之。」又謂「兌爲朋」，蓋兌以朋友講習也。再者，九二至上九全體似離，〈說卦〉云：「離爲龜」，則爻辭之象數具備矣。

18.〈益〉：「十朋」。

〈益〉：六二：「或益之十朋之龜，弗克違，永貞吉，王用享于帝，吉。」〈益〉☴☳，與〈損〉爲綜卦，損爲損下益上，益則爲損上益下也。損六五反綜爲益六二，故同有「益之十朋之龜」之象。六二體柔居中得正，上應九五，益自上來，是故吉而得十朋之龜也。

19.〈夬〉：「五剛」。

〈夬・彖〉：「夬，決也，剛決柔也。健而說，決而和，揚于王庭，柔乘五剛也。」

〈夬〉☱☰，五陽決去一陰也。今五陽盛長於下，君子道長之時，小人道雖消弱，然據於五剛之上，陵逼王庭，五剛乃同德，體健而用和，則小人之志不得逞也。五剛即卦之五陽爻也。

20.〈萃〉：「一握」。

〈萃〉初六：「有孚不終，乃亂乃萃；若號，一握爲笑；勿恤，往无咎。」〈萃〉☱☷，初與九四正應，然居下卦又失位，三陰同體，欲萃乎九四則爲群陰所笑，故有孚而不得終，若能勿恤而從陽剛之正應則无過咎也。一握者，陸德明《經典釋文》引鄭康成曰：「握當讀爲夫三爲屋之屋。」張惠言《虞氏易言》曰：「古者賦兵，夫三爲屋，屋三爲井，井十爲通，通十爲成。百井三百家，而用者三十人，是爲屋法。」下坤三陰，象乎三夫，初爻爲一，故言一屋。雖不必以賦兵屋法言之，然讀爲「屋」當是也，今帛書本《周易》亦作「一屋」，則可證之，言一屋之人也。

21.〈困〉：「**三歲**」。

〈困〉初六：「臀困于株木，入于幽谷，三歲不覿。」

〈困〉䷮，下卦爲坎，坎窞也，有幽谷之象。初六居最卑下之地，又失位，則入于幽谷之象也。初六陰柔，其應在九四，然初九爲九二所隔，九四爲六三所阻，是以「不覿」也。自初六至九四歷三爻，故言「三歲不覿」。至其出下「坎」，則能解困而終得之見也。

22.〈革〉：「**二女**」、「**三就**」。

（1）〈革・彖〉：「革，水火相息，二女同居，其志不相得，曰革。」

「二女」，緯文缺漏，今補之。〈革〉䷰，其象與〈睽〉䷥上下卦反，故亦曰「二女」。離爲中女，兌爲少女，二女同居，其志不相得也，情勢必至革變，各擇婚配。長女志慮純熟，能正家室，故語不及焉。

（2）〈革〉九三：「征凶，貞厲。革言三就，有孚。」

「革言三就」，先儒所解有異，王弼以「上卦三爻雖體水性，皆從革者也，自四至上，從命而變，不敢自違，故曰革言三就。」謂上三爻亦從而宣言變革也。程頤則謂就者成也、合也，「當革之言至於三」，稽之眾論至於三就則可以革矣。另有言其義爲「有罪更改供辭，三次審問，而後行罰。」再有以革爲生皮，三就爲「韋革所繪之三采三帀」（見錢世明《易象通說》），不勝枚舉。「三」數之由，則以本爻居下離之上，火勢炎上，且上與上六相應，乘其勢，歷三爻而就之，故得之。

23.〈震〉：「**遂七日**」。

〈震〉六二：「震來厲，億喪貝，躋于九陵，勿逐，七日得。」

緯文「遂七日」，黃奭本作「逐」，核之經文，當是。「勿逐，七日得」，又見於〈既濟〉六二，於義均有「物喪而復得」之現象，故取象同〈復卦〉之「七日來復」也。其法參見前項，蓋一卦六爻，歷經七位而來復本爻。

高亨《周易古經今注》云：「古人常占問行人返期，筮遇此卦，七日可返。」即恢復周易占筮本質爲言。其言承王引之「日之數十，過半則稱七」說也，然「七」字於象數無著落，則可以前說補之。至於「日」者，用以占失物行人疾病等，其時最相宜，時辰失之過短，月年失之過長，既勉之「勿逐」，稍安勿躁，則七日後可復得也。

24.〈漸〉：「三歲」。

〈漸〉九五：「鴻漸于陵，婦三歲不孕，終莫之勝，吉。」

〈漸〉䷴，九三、六四、九五互離，離爲中女，「婦」之象也。離中虛，「不孕」之象也。又離之先天卦序爲三，故曰「三歲」。或曰九五當與六二相應，然隔於三、四，不得與應，五至二歷三爻也，故「三歲不孕」。

鴻之漸進於高陵，去其澤遠將不得飲食，如婦三歲不孕，有見逐夫家之可能，然其得正居中，終得遂其所懷，故終莫有能勝之者也。此以義理說。

25.〈豐〉：「三歲」。

〈豐〉：上六：「豐其屋，蔀其家；闚其戶，闃其无人，三歲不覿，凶。」

〈豐〉䷶，上六下應九三，九三居下離之上，離爲目。上卦震，震綜爲艮，艮爲門；又震爲動，反震則靜。離居綜艮之下，乃有「闚其戶、闃其无人」之象。上卦震，震爲木，木數三，故三歲至于凶災也。

26.〈旅〉：「一矢」。

〈旅〉六五：「射雉一矢亡，終以譽命。」

〈旅〉䷷，上卦離，離爲雉。又離爲矢，所以射也。九三、九四、六五互兌，兌爲毀折，「亡」之象也。羈旅不可以處盛位、終不可保，六五居尊無應，於旅譬如射雉，惟有一矢而復亡之，終不可得雉；然以其居文明之位，有文明之德，故動必中文明之道，是以終以譽命也。

27.〈巽〉：「三日」、「三品」。

（1）〈巽〉六四：「悔亡，田獲三品。」

〈巽〉䷸，六四陰柔无應而乘剛，宜有悔也，幸其以陰居陰，得巽之正，在上體之下而能巽順，是以悔亡。九三、六四、九五互離，離爲戈兵，此「田」所以取象。《穀梁傳》桓公四年傳曰：「春獵曰田」，即田獵也。「三品」者，前人多曰：「一爲乾豆，二爲賓客，三爲充君之庖。」李鼎祚《周易集解》引翟元則以爲三種獵物也。巽之下三爻，初體互巽，巽爲雞；二至四爻互兌，兌爲羊；三至五爻互離，離爲雉，此說甚有趣。

(2)「巽」九五：「貞吉，悔亡，无不利；无初有終。先庚三日，後庚三日，吉。」

此可與〈蠱〉之「先甲三日，後甲三日」合觀。先庚三日，丁戊己也；後庚三日，辛壬癸也。俞樾《群經平議》曰：「古人行以先後三日爲節」，言申命之道，三令五申以盡其詳也。巽錯爲震，震納庚，此「庚」字之由來。程頤以爲「庚」即「更」也，有變更之意。甲者，事之端也；庚者，變更之始也。朱熹進而曰：「先庚三日，丁也；後庚三日，癸也。丁所以丁寧於其變之前，癸所以揆度於其變之後。」此諧音雙關之觸發也，乃扣緊「无初有終」而言，其始未善，則終更之使善也。

28.〈既濟〉:「七日」、「三年」。

(1)〈既濟〉六二：「婦喪其茀，勿逐，七日得。」

此數例緯文缺漏，今補之。又其詳可合參〈復〉「七日來復」及〈震〉六二「勿逐，七日得」。〈既濟〉䷾，下卦離，離爲中女，婦之象也。茀者，王弼、孔穎達皆以爲婦人之首飾也。離本乾體，乾爲首、爲金、爲玉，此首飾之取象。二至四爻互坎，坎爲盜，故喪之。程頤曰：「卦有六位，七則變矣，七日得謂時變也。」亦以歷七爻而來復爲說也。

(2)〈既濟〉九三：「高宗伐鬼方，三年克之，小人勿用。」

其義理可參《乾鑿度》所引此段，以美高宗之德業也。此當爲史實，言戰爭得勝之不易，伐鬼方至三年之久，費力頗多，費時頗久。王弼言其「處既濟之時，居文明之終，履得其位，是居衰末而能濟者。」故終能克之。九三居下卦離，離爲戈兵，有「伐」之象；本爻居下封第三爻，卦曰既濟，故有「三年克之」之象也。

29.〈未濟〉:「三年」。

〈未濟〉九四：「貞吉，悔亡，震用伐鬼方，三年有賞于大國。」

〈未濟〉䷿爲〈既濟〉䷾之反綜，故九四亦有相類爻辭。九四已出下坎，未濟已過，有可濟之道也。王弼曰：「伐鬼方者，興衰之征也，故每至興衰而取義焉。」處文明之初，始出於難，其德未盛，故至三年之久也。震，動之極，然有以震爲人名者，如朱駿聲《六十四卦經解》云：「震，執伯名。」言殷之世族也，高亨亦以爲人名。以《易》之辭例觀之，除「利用」、「勿用」外，另有〈隨〉上六：「王用亨于西山」，〈益〉六二：「王用享于帝」，〈升〉六四：「王用亨于岐山」，〈比〉九五：「王用三驅」，則其說亦可通，四爲諸侯位，本爻以陽居之，此世族執伯「震」之所以取象也。二至四爻互離，上卦亦爲離，本爻居之，離數三，此三年之取象也。

以上廿九數例，補入〈革・彖〉之「二女」及〈既濟〉六二之「七日」，而〈剝卦〉不見其數，故實爲二十八卦，標題未詳其實而誤也。

總上之所述，乃爲彌縫其「數」之由來而說，說釋多酌《十三經注疏》本、《易程傳》、《易本義》、《周易集解纂疏》；又今人研易之著作多已旁徵博引、羅列眾說，故多直取爲用，如黃師慶萱先生《周易讀本》、朱維煥先生《周易經傳象義闡釋》、高亨先生《周易古經今注》等，特此識之。觀此二十八卦數例，部分之數確與象合，以卦象觀之，歷歷可數、分明可采，且舍象則其義乏善可陳，如〈需〉之「三人」，〈睽〉、〈革〉之「二女」，〈夬〉之「五剛」等，餘則頗須曲折以說，此象數家致力之功課也。周折愈多，愈見功力之深，然去樸素本質愈遠。且象之引申觸發愈擴散，則各卦幾無分際也。以卦爻辭中最多見之「三」爲例，〈乾〉〈坤〉以三陽三陰故，其數可取三。〈震〉爲木，五行數爲三也。〈巽〉亦爲木，其數爲三；又「巽爲利市三倍」，亦爲三之取數。〈坎〉爲「堅多心之木」，其數亦可爲三。〈離〉爲「科上槁」，亦爲木屬，其數爲三；又先天八卦卦序爲三，亦其數所得之由。〈艮〉爲「堅多節」之木，亦可爲三。〈兌〉爲毀折，木亦易毀折，則亦可取三之數也。先儒即因之以卦變、互體、飛伏、爻辰等推求其數，不免令人疑惑。

顧頡剛於其〈周易卦爻辭中的故事〉則盡去之，以爲卦爻之數字皆非確實之數，乃約舉之辭，作卦爻辭者常以「三」爲較多之數，「十」爲甚多之數。此即朱熹所謂：「凡言三年、十年、三歲，皆是有箇象。方說若三歲，猶是有箇期限；到十年，便是無說了。」（《朱子語類》）其「象」爲事理之象，非「數」之象也。如此，卦爻象中顯而易見，可以數說者即采之；隱而未明，則直以事之難易，時之短長，舉成數釋之也，是則既不落入數字之迷障，亦合語言之常理也。

第三章　易緯釋易象考

夫象者，對象之模擬再現也，故傳曰：「象也者，象此者也。」宇宙浩瀚無際，萬象森然羅列，難以畢現眼前，兼且書不盡言，言難盡意，故聖人乃立卦象以傳遞意念。故傳又曰：「聖人有以見天下之賾，而擬諸其形容，象其物宜，是故謂之象。」則《周易》一書無往而非「象」也，乃以「卦爻之象」見「自然之象」也。王弼得意而忘象，涉乎玄虛；宋儒舍象而言理，非易之本，皆未得聖人設卦觀象之旨。故讀《易》者，當能「居則觀其象而玩其辭」，善體卦中之象，象外之意也。《易緯》即準八卦大象，上定八卦古文字說，以其文字乃象形、象事（指事）也；下則推廣八卦之象，以立四正四維。於義亦能闡發聖人設卦觀象之旨；於術則定十二消息卦，推演卦氣說，故其釋易象，既尊古訓，又啓新說，以釋象而論，較孟京易學更見周密也。以下分述其詳，以茲參證。

壹、古文八卦

自來易家於八圭之起源，向持觀象說或取數說，《乾坤鑿度》則別立古文字說，細研之，則仍爲觀象之引申也。其首曰：

上古變文爲字，變氣爲易，畫卦爲象，象成設位。

即謂變古代之文爲八卦之名，變陰陽二氣爲八卦之象，以稱自然界八種現象也。字乃文之變，文乃倚象而畫，則觀其文，象亦存焉，此「聖人設卦觀象」之本意也，是卦象與物象合一，觀卦得象，亦得事理之然也。其象理之密合，則可推測：伏羲之觀象而畫成八卦，當以其初象——天、地、雷、風、水、火、山、澤名之也（至如乾、坤等八字，乃後起之名），易言之，八卦之形即上古之文字也，而文字之立亦由觀象而來。以下條釋《乾坤鑿度・乾鑿度》所列之「古文八卦」，以知其梗概也。

1 ☰，古文天字。今爲乾卦。重聖人重三而成立位，得上下，人倫王道備矣。亦川字，覆萬物。

緯文釋「乾鑿度」之名義即云：「乾者，天也，川也。」聖人頤乾道浩大，乃以天門爲名也。其始，上聖鑿破虛無，混沌之元氣遂充塞寰宇，而後陰陽分澄，輕清者上爲天，重濁者下爲地，此斷氣爲二；元氣既澄，陰氣得正，大易流行，萬物化生，此緣物成三，故聖人重三而成立位，天地人三極之雛型備矣。天行健壯，陽剛不息，故以「☰」爲天，以包三才之道。又釋乾爲川者，蓋倚豎天者也，天川浩蕩，澤潤下土，覆育萬物，此即〈乾・文言〉：「雲行雨施，品物流形。」言乾天之大用也。此《乾鑿度》以「☰」爲古「天」字而得卦，依其詮解，則「☰」字亦由模擬天象及乾道而得其形，故文字說實亦取象說之引申，可得而證也，下列餘卦大抵如之。

2 ☷，古㘸地字。䡂於乾，古聖人以爲坤卦。此文本於坤鑿度錄，後人益之，對乾位也。

「古㘸地字，䡂於乾。」參本書所附〈古文略〉，可知「㘸」者，古「地」字；「䡂」者，輔也。則「☷」字乃對乾位「☰」字而造，其理同「☰」，以其純陰及天地定位之理，又以地質中虛可俱生萬物，乃作「☷」也。乾陽剛健進升，坤陰則反歸地下，〈坤鑿度〉頗見義理闡微。

3 ☴，古風字。今巽卦。風散萬物，天地氣脉不通，由風行之，逐形入也，風無所不入。

☴，古風字。其字二陽一陰，陰順陽，順體入也。萬物之生成，源於陰陽二氣交通，其動力由風成之乃得蕃庶。又風之發洩，由地出處，故其造字下位爲 ⚋，以象風從地升也；上二陽則象風力之原動力，乃可無所不入，無遠弗屆。

4 ☶，古山字。外陽內陰，聖人以山含元氣，積陽之氣，成石可感天，雨降石潤，然山澤通元氣。

☶，古山字。其字外陽內陰，下二陰象山含元氣，亦以陰虛象腹藏萬千。上陽則如積陽之氣，使地土之餘積陽而成體，如土石之覆山也。石既地土之餘，兼為積陽而成體，則亦可如天地二氣交通，感天則雨降石潤，萬彙齊生矣！

> 5 ☵，古坎字。水情內剛外柔，性上不下，恆附於氣也，大理在天潢篇。

☵，古坎字。直立則「水」字也。水情內剛外柔，性下不上，恆附於氣，此「☵」得字之由。其理見《天潢篇》，此書當亦讖緯之一也。

> 6 ☲，古火字，為離。內弱外剛，外威內暗，性上不下，聖人知炎光，不入於地。

☲，古火字。火情內弱外剛，外威內暗，性上不下，豎其字即「火」字也。炎光外射，光源內聚，造字取象如此。

> 7 ☳，古雷字。今為震。雷之聲形能鼓萬物，息者起之，閉者啓之。

☳，古雷字。地中潛畜動能，能鼓動萬物，乍現生機，息者起之，閉者啓之。天象有此能耐者，雷也，氣流之陽剛者，震天奮地，端賴此陽能，故象數家言「帝出乎震」，取義於此。

> 8 ☱，古澤字，今之兑。兑澤萬物不有拒，上虛下實，理之澤萬物，象斷流曰澤。

☱，古澤字。前言水情內剛外柔，☱字上虛下實，象水波微興，澤潤萬物；亦象坎水斷流，惟成湖澤也。

此新義並於後人頗有啓發，宋楊萬里《誠齋易傳》卷一〈乾卦〉云：「☰、☷，古之天、地字也。曷由知之？由坎、離知之。偃之為☵、☲，立之為水、火；若雷風山澤之字亦然。故《漢書》坤字作巛。八字立而聲畫不可勝窮矣！豈特鳥跡哉？後世草書天字作元，即☰也。」〔註1〕即以八卦之圖象及卦名，起自古文字。此說始於《易緯》，非楊氏之創見，彼藉之「假象以顯義」，形天下無形之理也。其理可參見朱伯崑先生《易學哲學史》中冊〈楊萬里易傳〉一節。又清黃宗炎作《周易象辭》，亦以文字說之。如〈乾卦〉即云：「伏羲仰觀俯察，遠物近身，悉備於中，遂欲以文字之道垂教於天下後世然。」又云：「奇之三畫，蒼頡本之以制  天字。稍穹其體，无有增損。下一畫，凡人以上皆天也；中一畫，日月星辰所繫之天也；上一畫，寥廓而不可極之天

〔註1〕《誠齋易傳》，收錄於無求備齋《易經集成》，冊二六、二七。

也。」言〈坤〉亦云：「倉頡觀乎卦畫，取其文而縱之，以制巛地字，遂覺有曲折高卑之勢。」〔註2〕餘例皆仿之。近人劉師培於〈論小學與社會學之關係三十三則〉〔註3〕中，考「☰、☷、☵、☲」四字，亦持此說，主伏羲畫卦，乾坤坎離之卦象，即天地水火之字形，遂曰：「蓋中國象形文字固權輿于伏羲也。」〔註4〕說亦可參。

八卦卦名之由來，至今仍是懸而未決之難題，《乾坤鑿度》取文字說以釋其本義，並由此言其初象乃聖人觀自然之象而來，為八卦與卦象作一合理溝通。觀此三畫卦，依由陰氣二性之多寡與變動不休而顯天、地、雷、風、水、火、山、澤之特性，甚是精確貼切，令人嘆服，若是，則我國文字之發明，不始於倉頡，實源於伏羲之時。此古文八卦即非文字，亦為圖文之初形，必非全然無關文字也。《乾坤鑿度》於此假設作一推求，不失為一珍貴資料。

貳、八卦大象

前文已言八卦之形皆古文字，文字初立多依象形或指事，自然現象難以描摹，故以奇偶陰陽之畫重三組合以象天地自然，吾人觀象則「視而可識，察而見義」也。八卦初象皆自然現象，乃宇宙之初形，宇宙相續衍生，萬象紛陳，物界、人事界日益紛雜，難以自然現象概括，故有種種衍生之象，再不濟，乃「兼三才而兩之，六畫而成卦。」兩兩相疊為六十四卦以賅萬象。《乾坤鑿度》曰：「昔者庖犧聖人見萬象弗分，卦象位尠，益之以三倍，得內有形而外有物；內為體，外為事。八八推蕩，運造縱橫，求索覓源，尋頤究性而然後成。」闡釋六十四卦之能賅萬物眾理，尋其本，則當窮究八卦之本義初象也。八象備則萬象生，識其義，明其象，方能運造縱橫，無理不達也。

八卦大象，《周易》散見於〈彖〉、〈象〉、〈繫辭〉、〈說卦〉等傳，大抵定之曰：乾天、坤地、震雷、巽風、坎水、離火、艮山、兌澤，《乾坤鑿度》亦作歸納，所得有三：

其一，卷上〈乾鑿度〉立「古文八卦」一目，八卦之象同傳統說法也，詳見前文。

〔註2〕《周易象辭》收錄於武英殿《四庫全書》，第四十冊。〈乾〉見於頁156、157。〈坤〉見於頁189。

〔註3〕參見《劉申叔先生遺書》《左盦外集》卷六。

〔註4〕同註3，見《小學發微補》。

其二，卷下〈坤鑿度〉有「聖人象卦」一例，仿〈說卦傳〉之言八卦相摩相盪，以行變化、成萬物，其取象亦如是也，唯其文僅取艮山、巽風、震雷、坎水、離火五卦云爾：

庖犧氏曰：上山增艮，定風封信，立雷作威，水火成濟。

緯之釋義，皆可由傳文得之。「上山增艮」者，「兼山艮」（〈艮・象〉）也，以成崇高之勢。「定風封信」者，「重巽以申命」（〈巽・彖〉），申命必取信於民也。「立雷作威」者，「震驚百里，驚遠而懼邇」（〈震・彖〉），以振懼威。「水火成濟」者，「水火相逮」（〈說卦〉），以成既濟，而濟用群品。緯文釋義，象即在其中矣。

其三，卷上〈乾鑿度〉又立一「八卦大象」云：

天，乾。地，坤。日，離。月，坎。風，巽。雷，震。山，艮。澤，兑。

本文所列大象八者，除〈坎〉〈離〉二象外，餘皆見於前說，是《周易》經傳取象皆然。而「日離、月坎」，則唯見於〈繫辭〉與〈說卦〉，故知爲後起之象。

初始，離爲日，亦爲月，〈彖傳〉已見其跡。〈離・彖〉曰：「日月麗乎天」（雖爻辭多指「日」而言），又〈晉・象〉曰：「明出地上」，〈明夷・象〉曰：「明入地中」，具體言之，「明」即「日、月」也。至〈繫辭〉，則見分化，如首章之「鼓之以雷霆，潤之以風雨，日月運行，一寒一暑，乾道成男，坤道成女。」推其義，日月當指〈離〉〈坎〉二卦也。其要義則用以揭示如下之日月法象：「懸象著明莫大乎日月」（上傳第十一章），「日月之道，貞明者也」（下傳第一章），「日月相推而明生焉」（下傳第五章）。至〈說卦〉，其分裂之況益加明朗。離之象，由「火」而「日」，在地爲火，在天爲日，其理之必然自可推求，至《淮南子・天文訓》則言火氣之精爲日，至如水氣之精則爲月也。坎之由「水」而「月」，一者因坎離相對錯畫，則日月並舉也；二者，水之潮汐漲落，繫之月之朔望，漢世易學家，自京房起，即習稱：「乾坤者，陰陽之根本；坎離者，陰陽之性命。」《易緯》襲其說，並言：「日月爲易」，日月之說，至魏伯陽《參同契》鉛汞水火煉丹之術而臻極境。《乾坤鑿度》記錄坎離之大象，即可見自〈說卦傳〉之廣象章以來轉化之痕跡，此漢易與先秦易象之分別，漢易以水火月日之多方應用，遂開萬象紛綸之象數易學一途。

參、四正四維

《乾坤鑿度》有「立乾坤巽艮四門」及「立坎離震兌四正」二目。「四正四維」即易學之方位說，其內容大要見諸〈說卦傳〉「帝出乎震」一章，其時未有「四門」或「四正四維」之名，然以此方位之定立，名目因之確立，影響所及，百代之下均引爲準的，至宋邵雍更稱之爲「文王後天八卦」。八卦之與方位、四時相繫，〈說卦傳〉當爲首創先例者，且隱然據五行思想安排而成，則爲陰陽家齊學興起後之作品也。四時與方位之聯繫，推其源，於《尙書・堯典》已見端倪，其書記載帝堯命羲仲、羲叔、和仲、和叔，於東南西北四方觀察天象，以定春夏秋冬四時節令。至如《尙書・洪範》則有「五行」之說，然此「五行」一如《左傳》之「天生五材，民並用之。」及《國語》之「地之五行，所以生殖也。」乃民生五大生活要素，非陰陽家之「五行」說。迨至鄒衍，創「五德轉移」說，制定「五行相勝」以爲改正朔、易服色等政治之利器，五行說乃大爲興盛，兼與四時、方位、干支等結合，蔚爲時風。其後《呂氏春秋》依四時分列〈十二紀〉，記述天地萬物之變化，並配合方位及五色、五味等，以爲天子之法用。《禮記》依此定爲《月令篇》，《淮南子》據此而有〈時則篇〉，可知萬物變化與四時、四方、五行相關，乃秦漢之際一致之看法。

〈說卦傳〉則正式引入易學，至此，象數易與陰陽五行思想結合乃必然之事。〈說卦傳〉作者以爲「動萬物者莫疾乎雷」，雷乃〈震卦〉之象，「震以動之」，春雷一響萬物出，春配東方，因之〈震〉爲東方之卦，而「燥萬物者莫熯乎火」，又萬物仰賴「日以烜之」，〈離〉象爲日爲火，其象夏季最烈，夏配南方，則〈離〉屬南方之卦。「說萬物者莫說乎澤」，〈兌〉之卦象爲澤，秋季乃萬物收成悅樂之時，秋配西方，故〈兌〉屬西方之卦。「潤萬物者莫潤乎水」，〈坎〉爲水爲雨，「雨以潤之」，既能潤澤萬物，即「萬物之所歸也」。冬季萬物歸藏，冬配北方，是以〈坎〉屬北方之卦。震離兌坎四卦，其位得四時之正，故漢人稱之爲「四正卦」。四正既定，餘四卦即可繫於四隅之地而稱「四維卦」。〈巽〉因風可吹拂萬物，使之潔齊，故繼〈震〉而列於東南。〈坤〉因地藏豐厚，萬物皆得致養，乃繼〈離〉而列於西南。〈乾〉因「陰陽相薄」以示天道，是以繼〈兌〉而列於西北。〈艮〉因山可供養萬物成終成始，因之繼〈坎〉而列於東北。〔註 5〕以圖示之，見圖 3-1。

〔註 5〕「帝出乎震」一節，說本戴師璉璋先生《易傳之形成及其思想》，頁 173。

圖 3-1

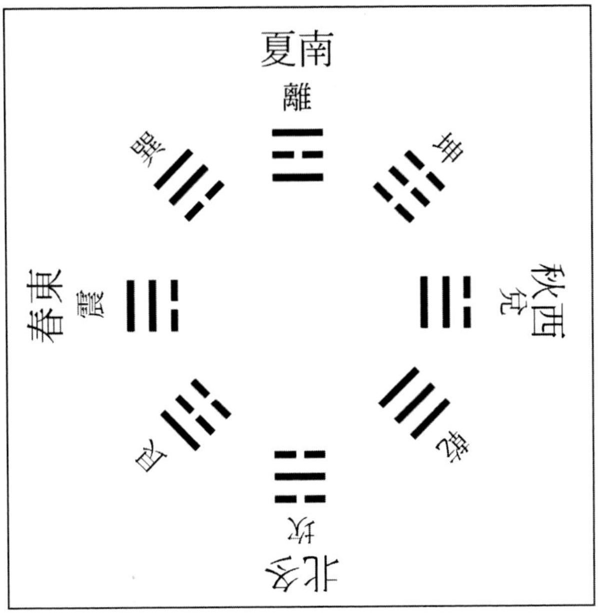

圖 3-2

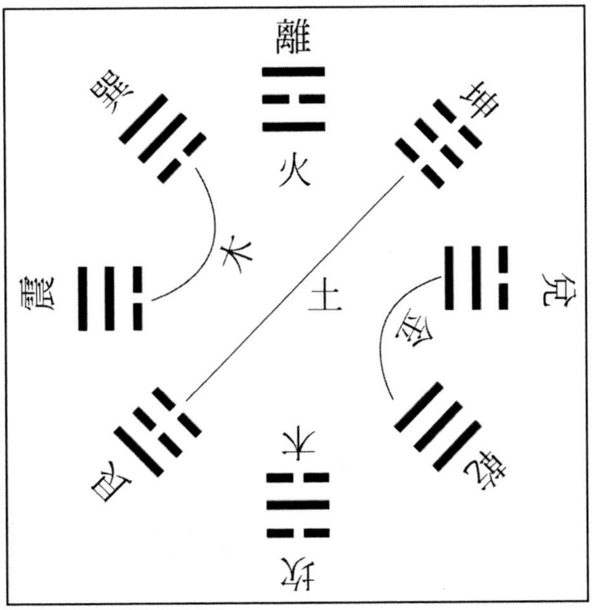

木生火
火生土
土生金
金生水
水生木

〈說卦傳〉之序列，四正之位，其象理均稱合宜，然四維之卦說解則頗須轉折，高懷民以爲此卦圖實依「五行相生」之序排列，爲易學史上革命性之創制。〔註6〕彼既與「天地定位」，天在上，地在下之理不相容，亦難以「太極生兩儀」及孔子〈彖傳〉之哲學思想體系說解，則此章必成於孔子之後，當爲戰國五行學說興起後之產物也。〈震〉卦居東方，於時爲春，草木逢春而生，東方於五行爲木，故〈震〉爲木。〈巽〉亦爲木，說見〈說卦傳〉第十一章。〈坎〉爲水，〈離〉爲火，無庸置疑。〈兌〉居西方，秋氣肅殺，於五行爲金；〈乾〉性剛健，於物爲金，〈說卦傳〉亦有之。〈坤〉爲地，〈艮〉爲山，其屬均爲土。五行既明，卦位安排即依木火土金水相生之序定之，木火金水之配春夏秋冬四時，震、離、兌、坎四正卦以當四時，巽配震於東南，乾配兌於西北，於理均安，唯坤艮二卦之「土行」，不得比鄰，似覺不妥，幸而〈坤卦〉卦辭有云：「西南得朋，東北喪朋」，〈蹇卦〉卦辭亦云：「利西南，不利東北」，故以坤當西南方，艮配東北方，反而饒有深味。高氏以其迥異於鄒衍之「五德轉移」說，卻與《呂氏春秋》十二紀五行生次同，乃推測爲戰國時非鄒衍學派而相信五行說之易家所爲。以圖示之，見前頁圖 3-2。

此卦圖雖已脫離先秦易學之哲學義涵，然而〈說卦傳〉卻賦予八卦「圓道循環」之深義，則「圓道循環」不止爲〈序卦傳〉之次第及各卦六爻之專利也。再者，震巽與乾兌間畫一直線，則八卦分而爲二，正所謂陰卦陽卦之分野，「陽卦多陰，陰卦多陽」，「乾坤生六子」，及〈坤〉、〈蹇〉之卦辭解，均有著落也。三者，以其成終成始之周流義，即可配以干支，干支均藉自然界草木生發現象以顯示「圓道循環」之理則，〔註7〕既象一日之日升月落、時辰更次；亦可象一歲之寒往暑來，歲時節令，八卦因之各有其用事，漢代象數易說由此發皇，並推而引申得卦氣說，可謂影響深遠。

《乾坤鑿度》於此引諸緯文爲〈說卦傳〉作解，其內容以陰陽爲大宗，上天入地，事涉人鬼，仍屬氣化宇宙之範疇，以凸顯事物對偶感應之關聯。以〈繫辭〉言：「一陰一陽之謂道」、「陰陽不測之謂神」，《易緯》即如同時先後之作品，由渾淪元氣剖分爲陰陽二氣而化生萬物之層次，言此自然宇宙間相繫牽連之態勢，萬物既由天地化生，其形體則必隨氣之流轉而生生滅滅，相繫而不離，德配天地亦準此而言，此氣化哲學天人相應之大要也。緯文辭意玄闊，多不可曉，強作淺述如下：

〔註 6〕五行與方位相配，詳見高懷民《先秦易學史》，頁 263～267。又《兩漢易學史》，頁 71～77。

〔註 7〕「圓道循環」論，參《兩漢易學史》，頁 78～89。

一、立乾坤巽艮四門

1 乾爲天門。聖人畫乾爲天門，萬靈朝會眾生成，其勢高遠。重三三而九，九爲陽德之數，亦爲天德。天德兼坤，數之成也，成而後有九。萬形經曰：天門闢元氣，易始於乾也。

〈易緯〉以四隅地爲四維，又爲四門。乾元下貫始生萬物，有大生之德。以氣言，上聖鑿破虛無，斷氣爲二，則元氣澄，陰陽正，易乃大行，萬彙化生。乾以純陽剛健，具始生之功；坤則以純陰柔順，資生而順從天，故總而曰：易始於乾也，而天德兼坤。既爲萬物所從出，故以「天門」擬之，爲萬靈朝會之所。「重三三而九」者，殆指「易變而爲一，一變而爲七，七變而爲九」易數之變，經始、壯、究之歷程，故三畫而成乾。九者，氣變之究，爲陽德之數，乾卦爲陽德之數之極致，故宜其以天門擬之，以象其勢高遠，其德崇高也。

2 坤爲人門，畫坤爲人門。萬物蠢然俱受蔭育，象以準此。坤能德厚迷遠，含和萬靈，資育人倫，人之法用，萬門起於地利，故曰人門。其德廣厚，迷體無首，故名無疆。數生而六，六者純陰，懷剛殺，德配在天。坤形無德，下從其上，故曰順承者也。

緯文多據〈坤・彖〉爲說。坤元至順，順承天施，萬物乃能成其形體而廣生蘊育。坤地以其深厚廣大，能藏載萬物，含容蓄有，品物乃能順其天理地形，資育亨通。人爲萬靈之長，反身效法坤德，觀象法用，莫不取資地利，人倫大德，亦起於坤道，故日人門也。坤爻純陰，陰數爲六，故坤卦陰極，剛冷肅殺，純任陰行，則易迷錯陷溺，幸其德配在天，順天而行，雖迷而以乾爲首，故能德合無疆也。唯是《乾坤鑿度》何不直以〈坤〉爲「地門」？其或因坤爲母，人之所從出，故以坤爲人門；而巽爲風爲入，則歸屬地戶。復次，以卦圖索驥，乾巽位居兩極，則天地相對；坤艮亦居兩端，則人鬼晝分，果其然耶？此亦緯文矛盾附會，致人鄙賤之因由也。

3 巽爲風門，亦爲地户。聖人曰：乾坤成，氣風行，天地運動，由風氣成也。上陽下陰，順體入也。能入萬物、成萬物、扶天地，生散萬物。風以性者，聖人居天地之間，性稟陰陽之道。風爲性體因風正，聖人性焉。萬形經曰：二陽一陰，無形道也。風之發泄，由地出處，故曰地户。户者牖户，通天地之元氣，天地不通，萬物不蓄。

地戶，地之出入口，爲天門之對。《河圖括地象》曰：「天不足西北，地不足東南。西北爲天門，東南爲地戶」，東南即指巽位。巽爲風爲入，風之發洩，由地出處，故日地戶。自元氣剖分，陰陽二氣因清濁而析分爲天地，天在上，地在下，唯賴風行氣動，乃可天地交而萬物通。天地萬物，莫不性稟陰陽之道，〈巽卦〉之象，二陽一陰，上陽下陰，陽主動，輔天地運動之大功；陰則主順，隨體而入，以成眾物之性。此陰爻爲巽卦之主爻，其性能巽順以入，以陰從陽，聖人體此，乃得陰陽眾正之道也。

> 4 艮爲鬼冥門。上聖曰：一陽二陰，物之生於冥昧，氣之起於幽蔽。地形經曰：山者艮也。地土之餘，積陽成體，石亦通氣，萬靈所止，起於冥門，言鬼，其歸也。眾物歸於艮，艮者止也，止宿諸物，大齊而出，出後至於呂申。艮靜如冥暗，不顯其路，故曰鬼門。

艮者止也，故爲萬物止息之處。《說文》:「鬼，人所歸爲鬼。」則人死魂魄所歸也。其處幽蔽冥暗，萬物歸息。然物本生於冥昧，氣本起於幽蔽，是以艮地爲成終成始之處也。艮之象，一陽二陰，其陽爻即示終而始生之動能也。萬物歸藏於艮地，陽氣未失，積陽成體，則可待時而出矣！「呂申」一詞，未詳其義。

以上四門，乃陰陽家語，彼謂西北閒（乾）天門，東南閒（巽）地門，西南閒（坤）人門，東北閒（艮）鬼門。四門之說源自何處，尙待考訂，《易緯》則顯見引此方位納入八卦，後世時見引用者，如《隋書・蕭吉傳》云:「迴風從艮地鬼門來。」陰陽五行家、堪輿家，更列爲常識也，此又可見緯書影響之鉅。

四門既立，緯文繼曰:「庖犧氏畫四象、立四隅，以定群物，發生門而後立四正。四正者，定氣一，日月出沒二，陰陽交爭三，天地德正四。」四門以言出入生滅之所，四維正紀則經緯仲序度畢矣。經者，坎離也；緯者，震兌也，立四正，即可定時序氣候、定日月出沒，定陰陽交爭，定天地德正，氣行和順，則易道大行矣！

二、立坎離震兌四正

> 1 月，坎也，水魄。聖人畫之，二陰一陽，內剛外弱。坎者水，天地脈，周流無息。坎不平月，水滿而圓，水傾而是，坎之缺也，月者闕。水道，聖人究得源脉，浰涉淪漣，上下無息，在上曰漢，在下曰脈，潮爲澮，隨氣曰濡。陰陽礴礉爲雨也。月，陰精。水爲天

地信，順氣而潮，潮者，水氣來往，行險而不失其信者也。

坎爲月，主水精，前已言之。其卦二陰一陽，水情內剛外柔，「洌涉淪漣，上下無息」，在天爲漢津，在地爲河脈，隨月消長，水氣往來，乃成潮汐。順潮爲溝澮，隨氣則潤漬，陰陽二氣礴礉激爲雨也，水性雖萬化，然以水流盈科而後進，行險而不失其信，故於五常主信。水之與月，其情同也，水滿而圓，水傾而是，月亦有盈虧圓缺之變化，聖人仰觀月象，參透水理，始信自然氣象周流無息之理則也。

2 日，離，火宮。正中而明，二陽一陰，虛內實外，明天地之目。萬形經曰：太陽順四方之氣。古聖曰：燭龍行東時肅清，行西時嘔噢，行南時大暾，行北時嚴殺。順太陽實元，煖熯萬物，形以鳥離，燭龍四方，萬物嚮明承惠煦德，實而遲重，聖人則象，月即輕疾，日則凝重，天地之理然也。

離爲日，爲火精。虛中而明，直如天地之目也。坎爲太陰水精，離則爲太陽火精，太陽一出則順四方之氣。燭龍〔註 8〕行東於時爲春，則天地肅清；行南於時爲夏，天日暾明；行西於時爲秋，日轉嘔噢；行北於時爲冬，氣寒嚴殺，皆順太陽運行，以煖熯萬物也。形似鳥離，赤焰麗空，燭照四方，萬物嚮明承惠。日以二陽一陰故，麗乎天以化成天下，其德厚實，其行遲重，古人即以此定月行輕疾，日行凝重，爲天地之理則也。

3 雷木震，日月出入門。日出震，月入於震，震爲四正德形，皷萬物不息。聖人畫二陰一陽，不見其體，假自然之氣，順風而行，成勢作烈，盡時而息。天氣不和，震能龢息；萬物不長，震能皷養。

〔註 8〕《山海經》〈海外北經〉云：「鍾山之神，名曰燭陰，視爲晝，瞑爲夜，吹爲冬，呼爲夏。不飲、不食、不息。息爲風，身長千里。在無䏿之東。其爲物，人面蛇身，赤色，居鍾山下。」〈大荒北經〉亦有類似記載：「有神，人面蛇身而赤，直目正乘。其瞑乃晦，其視乃明，不食、不寢、不息，風雨是謁，是燭九陰，是謂燭龍。」《山海經》記載海內外山川神祇異物，傳爲大禹治水時命伯益記錄而成，未可信，然由來甚古，多爲後人用典取譬。《淮南子·墬形訓》亦載：「燭龍在雁門北，蔽於委羽之山，不見日。其神人面龍身而無足。」《詩緯含神霧》亦云：「天不足西北，無有陰陽消息，故有龍銜燭以往照天門中。」大抵相似，而因傳說流行，略有變化。又近人多以燭龍即祝融，《古史辨》有辯論諸文可參，另見聞一多先生《神話與詩》〈龍鳳〉一節，頁 71。而今人則有「燭龍爲最早之北極光」之論，甚是奇絕，可參張明華先生《學林漫錄》八集，及民國八十年三月七日《中央日報》〈長河〉版，蔡哲茂先生〈中國最早的北極光記錄〉一文。

萬形經曰：雷，天地之性情也，性情之理自然，萬形經論。

文末「萬形經論」，校家疑爲衍文。震五行位屬木，震位東，故爲日月出入之門。以八卦配時支言，震爲卯，日出乎卯，入於酉；月則反之，故曰：日出震，月入於震。震爲雷，雷不見其體，然其勢能威猛，故畫二陰一陽，陽伏陰下，以象無形之動能。雷鼓萬物而不息，假自然之氣，順風而行，雷聲虓虓，大地回春，萬物化育，天氣和諧，故立震位之正，可見天帝神妙萬物之大功。

4 澤金水兑，日月往來門。月出澤，日入於澤，四正之體，氣正元體。聖人畫之，二陽一陰重，上虛下實。萬物燥，澤可及；天地怒，澤能悦；萬形惡，澤能美。應天順人，承順天者不違拒，應人者澤滋萬業，以帝王法之，故曰：澤潤天地之和氣然也。

兌爲澤，故爲水。兌位西，時序爲秋，秋氣肅冷如金，五行故屬金也。以時支言，兌居酉位，日入之時，日入則月出也，故曰：月出澤，入於澤。兌卦二陽一陰，上虛下實，上虛則易悅進也，下實則其源無窮也。萬物熯燥，澤可潤濡；天地旱怒，澤能滋益；萬形燥惡，澤能豐潤，上順天理，下應人心，萬物之所說也，則天地一片和氣。

緯立四正，溝通陰陽，頗能應於自然之理，四正之象，亦本於所列大象：日離、月坎、雷震、澤兌，雖未盡合於經傳之旨，然其思想本質切合時代背景，故當與漢代學術一體觀之。

肆、聖人索象畫卦

伏羲氏始作八卦，乃用以通神明之德、類萬物之情；然萬物繁衍萬端，類聚群分，八卦不足以賅之，遂而重爲六十四卦，以擬諸其形容，象其物宜。卦之取象，精義入理，其微妙乃至不可思議，由孔子繫之《十翼》可知矣！《乾坤鑿度》亦有一大目爲「聖人索象畫卦」，用字精簡，卻能曲盡立卦之意，且卦象、卦名、卦義三位一體，非鑿空立說，無的放矢也。「其配身取象」，論同〈說卦〉之「近取諸身」也；其「取物制度」之說，直如〈繫辭傳〉之「十二蓋取說」也；而釋卦之名義，則〈彖〉〈象〉〈說卦〉〈序卦〉〈雜卦〉諸傳以下，又一新義也。其說耐人咀爵，精采處亦不下於《易傳》也。左下仿其細目，分爲六條闡述其義。

《乾坤鑿度・乾鑿度》云：

配身一、取象二、裁形三、取物四、法天地宜五、分上下屬。〔註 9〕

一、配　身

乾爲頭首，坤爲胃腹，兑口，離目，艮手，震足。

八卦之取象，有取法天地者，已如上言；有近取諸身者，即此是也；遠取諸物則散見於六十四卦之成卦。〈說卦傳〉第九章云：「乾爲首，坤爲腹，震爲足，巽爲股，坎爲耳，離爲目，艮爲手，兌爲口。」八物俱足，本文取象皆同，然缺巽、坎二象，或散佚亡缺也，推其內容，當可以「巽股、坎耳」補全。此八品當〈說卦〉以來，易家一致之看法。《乾鑿度》引孔子曰：「八卦之序成立，則五氣變形，故人生而應八卦之體，得五氣以爲五常。」天尊地卑，乾坤定矣。天尊而在上，於人體即爲首也；坤爲地，且坤陰中虛能包藏含容，故爲腹。兌爲澤，澤吞吐河流如口吞吐飲食，故爲口。〔註 10〕離爲火，爲日，爲明，目之明能視物，故離爲目。艮爲止，手亦能止持其物，故爲手也。〔註 11〕震爲動，足能動用，故震爲足。所缺巽、坎二卦，巽爲順，股順隨於足，故巽爲股；坎爲陷，窪坑也，耳爲頭部之窪坑，故坎爲耳。又《淮南子．精神訓》曰：「耳目者，日月也。」離日坎月，則離爲目，坎爲耳也。此八卦之近取諸身，象理頗能相切，吟味再三，取象者之神靈妙思盡現矣！

二、取象法用

養身法頤，匹配法咸。造器設益，聚民以萃。

八卦既立，象在其中，文王重卦，乃因其卦之相疊成象，制而用之，以成大業。〈繫辭傳〉云易有聖人之道四焉，「以制器者尚其象」，即言「取象法用」之要務。《乾坤鑿度》略舉四例，亦可見聖人「以通神明之隱，以類萬物之情」之用心。

（一）養身法頤

〈頤卦〉䷚，震下艮上。其卦二陽含四陰，外實內虛，口唇之象也；又

〔註 9〕「聖人索象畫卦」既列此目，其下當以「六」字繫之。

〔註 10〕兑爲澤爲口，説詳高亨先生《周易大傳今注》卷六，頁 620。

〔註 11〕高氏云：「艮爲山，山有峰，手之掌與指似山峰，故艮爲手。」（參見註 2），說亦可採。《西遊記》美猴王駕觔斗雲，縱騰十萬八千里，亦難逃如來佛掌。吳承恩之構設「五指山」，豈非以艮爲山爲手？眞眞古今所見略同！

震爲動，艮爲止，上止下動，亦口頤之象。口食物以自養，故爲養義。其卦辭曰：「觀頤，自求口實。」〈彖傳〉衍釋其義曰：「觀頤，觀其所養也；自求口實，觀其自養也。天地養萬物，聖人養賢以及萬民，頤之時大矣哉！」頤養之道，所養得正則有吉也，一者養身得正，愼言語、節飲食，則自養德盛，方得堪任君民之大務；二者養賢人使治眾，眾皆獲安，此聖人裁成天地之道，輔相天地之宜，以養天下之義也。是故〈頤卦〉取人頤頷之象，深蘊頤養之道，大至天地養育萬物，聖人養賢以及萬民，小至個人之養生、養形、養德、養人，皆其要義，因之，觀其卦、取其象，即得養身之大用也，故曰：「養身法頤。」於此可見緯文取目之切理。

（二）匹配法咸

〈咸卦〉䷞，艮剛在下，兌柔在上，二氣感應以相授與。又艮爲止，爲少男；兌爲悅，爲少女。少男篤誠於下，少女心悅相應，相感之道如是，和之至也，亦夫婦人倫之始。人道之興，必由夫婦，所以奉承祖宗，爲天地主也，故爲下篇之首。〈咸・彖〉曰：「天地感而萬物化生，聖人感人心而天下和平，觀其所感，而天地萬物之情可見矣。」此天地交感化生之理均由男女相感之義所推極，故人倫之始、夫婦之義，須達此匹配感通之理，是以曰：「匹配法咸」也。

（三）造器設益

〈益卦〉䷩，震下巽上。〈說卦〉云：「雷以動之，風以散之。」今震於下主動，巽於上主散，必雷動於前，風散於後，然後萬物皆益，得欣欣向榮也。古以農立國，風雷交作，方有益於農作，故知天地之益道，即鼓之以雷霆，潤之以風雨，天施地生，化育萬物，各正性命，其益無窮也。益者乃益民生日用也，聖人見益之象，乃制器利用以益民生也。益之象可法用者二：一者，上巽爲木，爲風；下震爲動，有木舟乘風而行之象，故〈益・彖〉曰：「利涉大川，木道乃行。」然舟楫之象，不若「風水渙」卦之「風行水上，利涉大川，乘木有功也」更形相切，是以另以他說爲佳。〈繫辭傳・下〉第二章「十二蓋取」，爲孔門譬喻教學之方便說。〔註 12〕本章首言佃漁之利蓋

〔註 12〕「十二蓋取」爲孔門「譬喻教學」，顧頡剛氏即主此說，見《古史辨》第三冊。高懷民亦以爲無關史實，乃儒門學者講授易學時，舉古聖之偉大創制比附卦象，藉以闡釋卦義也。參《先秦易學史》頁 41 及頁 114。

取諸離，次言益之法用云：「斲木爲耜，揉木爲耒，耒耨之利以教天下，蓋取諸益。」〔註 13〕益者上巽爲木、爲入；下震爲動，木動而入，象耒耜入土而耕耘也。此說頗符合上古文化歷史之演進，由漁獵而農業；「耒耨之利」亦「風雷爲益」之大用也。故文物制作、造器利用，皆屬開物成務之要項，制器尚象，易象所示之原理誠爲厚生利用之準繩，「造器設益」僅其中一環耳。

（四）聚民以萃

〈萃卦〉䷬，坤下兌上。萃者，聚也；兌澤上於坤地則水潦聚也，故爲萃。又坤順兌說，九五剛陽居上卦之中，王者之象，得六二應之，是剛中有應而聚也。〈說卦〉曰：「坤爲眾」，則亦可曰：王主剛而履中，得下位民眾順服而說從，故得亨通也。〈乾・文言〉釋九五云：「同聲相應，同氣相求。水流濕、火就燥；雲從龍，風從虎，聖人作而萬物覩。本乎天者親上，本乎地者親下，則各從其類也。」亦可迻之言〈萃卦〉九五之象。方以類聚，物以群分，情同而後乃聚，氣合而後乃群，故而觀萃之理即可見天地萬物之情也。聚民之義，不離此情，故曰：「聚民以萃」。

以上四例僅舉之以言「取象法用」之要義，餘例可類推，可知六十四卦非徒具圖象，乃可象事知器，見賾法用也。此四例：養身、匹配、造器、聚民，乃儒家修己安人之要務，修身而齊家，厚生而治國，則王天下不遠矣！其標目與〈彖傳〉奧義密相切合。

三、裁形變文

順天文爲賁，設人文夬，參鳥文離，象獸文革。

《說文》云：「文，錯畫也。」錯者，交錯也，交錯得畫，乃成文也。〈繫辭〉曰：「物相雜，故曰文。」乃言陰陽柔剛之爻相雜以成易卦之文，乃象陰陽二類事物相雜以成自然之文或社會之文。天有懸象而成文章，故稱天文；地有山川原隰，各有條理，故稱地理。人居其中，法天地宜，質而益文，文質彬彬，止於文明，此進於文明之倫常教化、典章制度，即謂之人文也。《乾坤鑿度》四例，蓋取諸〈賁・彖〉：「觀乎天文以察時變，觀乎人文以化成天

〔註 13〕〈繫辭傳〉本文，依其文意，「耨」當作「耜」，或轉寫之誤，高亨舉《漢書・食貨志》引「耨」作「耜」爲證。參《周易大傳今注》卷五，頁 560。

下。」及〈繫辭傳．下〉之「古者包犧氏之王天下」章，其制器尚象除觀天法地外，又觀鳥獸之文也。四文典出此。

（一）順天文為賁

〈賁卦〉䷕，離下艮上。賁者，文飾也，「爲卦山下有火，山者草木百物所聚也，下有火則照見其上，草木品彙皆被其光彩，有賁飾之象，故爲賁也。」（《易程傳》）〈賁卦〉六爻，陽爻三，陰爻三，陰陽錯落，其〈彖〉云：「柔來而文剛」、「分剛上而文柔」，易家紛由卦變言之，〔註14〕均得陰陽相賁，剛柔相文，而致其盛之義。故其下繼曰：「剛柔交錯，天文也；文明以止，人文也。」〔註15〕天文，謂日月星辰之錯列，寒暑陰陽之代變，凡此皆經緯於天，以成其文。黃師慶萱〈賁卦釋義〉分析賁卦云：「離下爲日，二三四互坎爲月，三四五互震爲雷，艮上爲石爲星，日、月、雷、星，構成天上之景觀。」〔註16〕觀其運行，則可察覺四時之遷改，王者順天時之遷變，即可與民休養生息，厚實民生。民生安定，乃可進而以求「文明以止」，內有文明而各得其分，修成人格，蔚成風俗，典章制度，文彩煥然。人文乃法天文而得化成，故曰：「順天文爲賁」。

（二）設人文夬

〈夬卦〉䷪，乾下兌上。夬者，決也，剛決柔也。夬澤在乾天之上，其水必決；又陽氣上升，一陰殘存，必將決而去之也。〈雜卦傳〉明「決」之勢曰：「君子道長，小人道憂也。」〈夬卦〉五陽晉升，一陰困蹇，消長之勢立判，於此五陽盛長，君子得位享祿之際，當盡速設立典章制度、禮樂教化，開張人文光彩。其卦象，兌爲小木，〔註17〕爲毀折；乾爲金，則夬之象爲以刀刻于木竹簡上以爲書契以記事也。〈繫辭傳．下〉曰：「上古結繩而治，後世聖人易之以

〔註14〕如朱熹《易本義》以爲卦自〈損〉來者，柔自三來而文二，剛自二上而文上。李鼎祚《周易集解》引荀爽曰：「此本〈泰卦〉。」即二上兩爻互易而成，上六來文下剛，九二往文上柔。又來知德則以爲：「〈噬嗑〉上卦之柔，來文〈賁〉之剛也。」蓋賁䷕與噬嗑䷔上下相綜也。於義理言，似以泰之卦變較勝一籌。地天交泰則陰陽感，剛柔錯，象乎日月之代明，晝夜之交替，寒暑之迭運，四時之更序，凡此皆經緯於天，以成其文，故曰天文也。

〔註15〕今文無「剛柔交錯」四字，馬國翰《玉函山房輯佚書》輯徐鄖《周易新義正》作「剛柔交錯，天文也。」茲從之。資料引自朱維煥《周易經傳象義闡釋》，頁167。

〔註16〕黃師之文，見〈周易噬嗑賁卦釋義〉，《孔孟學報》第四十七期，頁99。

〔註17〕高亨以爲古代當有「兌爲小木，爲竹」之說，因〈繫辭〉曰：「弦木爲弧，剡木爲矢，蓋取諸睽。」同此。見《周易大傳今注》卷五，頁567。

書契，百官以治，萬民以察，蓋取諸夬。」書契以見人文化成之痕跡也。〈夬卦〉之體，乾健兌說，君子能體健以施祿，用和以及下，其勢則如澤之決堤以潤物，必臻人文薈萃之境，以迎純乾之降臨，故曰：「設人文夬」。

（三）參鳥文離

〈離卦〉䷝，離者，明也，〈彖傳〉屢見。又〈說卦〉言八卦之取象云：「離爲雉」，雉有鮮明之文章，燃然可見，故離雉之象乃參雉鳥毛羽之文采而得也。

（四）象獸文革

〈革卦〉䷰，離下兌上。革也者，依〈彖傳〉，其義爲革變；另於爻辭如初九：「鞏用黃牛之革。」則其本義也。《說文》云：「獸皮治去其毛曰革。」他如上六爻辭：「君子豹變，小人革面。」又取革變之義。革之卦象，離明兌說。順天應人，革而信之，則文明而悅從，四時成序，聖王在位。大人虎變，其文炳也；君子豹變，其文蔚也，皆取獸毛斑文裴然，以象君子之文采蕃盛也，故曰：「象獸文革」。

〈賁〉順天文，〈夬〉設人文，〈離〉參鳥文，〈革〉象獸文，皆裁度其象，變化其文而擬設諸卦，以明聖人索象畫卦之另一啓發也。

四、取物制度

親疏噬嗑，御難設豫，服牛馬隨，物敗以剝。

取物制度之例，〈繫辭傳・下〉「十二蓋取」有其三，取義則或合或否。

（一）親疏噬嗑

〈噬嗑卦〉䷔，下卦震爲雷，上卦離爲電，雷作電閃，則聲光相合也。又其卦乃頤中有物之象，頤爲口食，故噬嗑者，齧食而合之也，以其有四爻剛陽間隔之也。四以陽居陰而失位，在口則爲有物隔而不得合，在天下則爲有強梗或讒邪間隔於其間，故天下之事不得合也。有間隔即須加以和合，九四失位，無由導引勸善，故須利用獄刑，乃取電雷交合之象，以明政教當剛柔共濟，威明並施，親疎之道乃得亨通也。此與〈繫辭傳〉以日中爲市之「市合」取諸〈噬嗑〉，以呈現商業社會之交易形態，取義有別。

（二）御難設豫

「御難設豫」者，註曰：「防備豫知也。」即預作防備之意也。〈豫卦〉䷏，坤下震上，坤為地為順；震為動，順性而動，通暢喜樂之象。又雷震有建侯之象，坤眾為行師之象，順時行動，故利建侯行師也。〈豫・彖〉云：「豫順以動，故天地如之，而況建侯行師乎！天地以順動，故日月不過而四時不忒；聖人以順動，則刑罰清而民服。豫之時義大矣哉！」此就豫樂正面而說。然豫樂過度則災患恐將臨身，故當豫作防患。〈繫辭傳・下〉即自豫樂反面設防：「重門擊柝，以待暴客，蓋取諸豫。」韓康伯注曰：「豫，取其豫備。」柝者，即今更梆也；暴客則指盜賊。〈豫卦〉若取廣象而釋，別有意味。朱維煥分析如下：六二、六三、九四三爻互為艮卦，艮為門；上卦為震，震綜亦為艮門，故曰「重門」也。又艮為手，所以擊也。上震錯為巽，巽為木，有木柝之象。六三、九四、六五互坎，坎為盜，暴客之象也。〔註 18〕說釋雖嫌紆曲，然幾無一字無來歷，絲絲入扣，此象數家觀察入微、聯想豐富所以致也，如此〈豫卦〉之形象則呼之欲出也。

（三）服牛馬隨

〈隨卦〉䷐，震下兌上，震動而兌說，此有所動，彼無不悅，正為物來相隨之義。又震為陽卦，為剛，為長男；兌為陰卦，為柔、為少女，今震下兌上，有男下女之義，推而廣之，或君王下禮於臣民也，則民皆悅而隨於下也。又境隨時遷，君子當從宜適變，知機能權，方能為民謀大利，故曰：隨時之義大矣哉！〈繫辭傳・下〉則非自「隨時」入手，乃陳隨宜之大利。彼曰：「服牛乘馬，引重致遠以利天下，蓋取諸隨。」韓康伯注曰：「隨，隨宜也；服牛乘馬，隨物所之，各得其宜也。」震為馬，為大塗，高亨先生又以之為車，兌為牲畜，〈隨卦〉上兌下震，即前兌後震，則牛馬引車行於大塗之象也。〔註 19〕有牛馬引車代步，則可行地無疆，以興民之大利也。

（四）物敗以剝

「物敗以剝」者，其注曰：「物老剝盡」。〈剝卦〉䷖，坤下為地，艮上為山，有山上土石崩坍剝落於地之象；其卦陰自下往向侵陽，陽爻一一為陰所剝，碩果僅存上九一爻。以天象言，陰氣盛極，陽氣衰微，隆冬將至；以人事言，則小人道長，世風晦暗之時，君子於是時，當順而止之，觀察此客觀

〔註 18〕朱先生之說，見《周易經傳象義闡釋》，頁 497。

〔註 19〕高氏以為古代當有「兌為畜牲」之說，因兌為澤，澤處於最卑下之地位，畜牲為卑下之物，故兌為畜牲。又古代有震為車之說，《國語・晉語》：「震，車也」是其證。說見《周易大傳今注》卷五，頁 563。

形勢，存心消息盈虛之理，順之則吉，逆之則亡。蓋天地事物皆有消長盈虛，月盈則虧，物極必反，其勢循環而有常，如物老則剝，物不可終剝，其上九之碩果必落於土中以待復生，此即剝極必復，萬象則更新矣！

以上四例乃聖人取其物象、制其法度也。〈噬嗑〉言明罰敕法，〈豫卦〉言巡邏防禦，〈隨卦〉言利用行遠，〈剝卦〉言汰舊革新，在在與人事相應，其用大矣哉！

五、法天地宜

> 鼎象以器，苑閣法觀，天市噬嗑、文昌六局夬，羽林法師，法漸地利，室法家人，法定主屯。

「法天地宜」下有注文曰：「聖人遠取仰觀天象，以法其形畫卦，又頤地道之宜也、動植也。」則舉列八例可知均法天地宜而得。

（一）鼎象以器

《說文》云：「鼎，三足兩耳，和五味之寶器也。」〈鼎卦〉䷱，直取鼎象而畫成，朱子《周易本義》曰：「鼎，烹飪之器，爲卦下陰爲足，二、三、四陽爲腹，五陰爲耳，上陽爲鉉，有鼎之象。」又其下卦巽爲木，爲入；上卦離爲火，以木入火，所以烹飪也，此言其用。聖人用鼎上以祭享上帝，下以飴養聖賢。烹飪則轉成新物，故〈雜卦傳〉曰：「鼎，取新也。」鼎之爲器，其形端正，其體安重，君子體乎鼎道，居位持正，以成天命也。是故鼎器亦有天命所與，民意所歸之意，可爲神器以傳國也。

（二）苑閣法觀

〈觀卦〉之音義有二：凡觀視於物則爲觀（平聲），爲觀於下則爲觀（去聲）。人君上觀天道，下觀民俗，音義爲前者；修德行政，爲民瞻仰，則取後者，如樓觀謂之觀者，爲觀於下也。「苑閣法觀」，其義當取後者。〈觀卦〉䷓，上巽下坤，外遜內順，足爲民表率；又二陽在上，九五中正，爲一卦之尊，爲其下四陰所仰視。再者，〈觀卦〉全卦之形像極門觀也，下卦坤爲地，上卦巽爲木，地上植木以建築，三至五爻互艮爲門闕。宮觀雙闕可懸示法令教條，使民觀視知所適從也。觀之義取樓觀，則宗廟、苑閣均可取法〈觀卦〉設立也。

（三）天市噬嗑

前文已言「親疏噬嗑」，此則與〈繫辭傳・下〉之蓋取同義也。傳曰：「日中爲市，致天下之民，聚天下之貨，交易而退，各得其所，蓋取諸噬嗑。」〈噬嗑〉䷔，上離爲日，下震爲動，爲大塗，則有日中爲市之象。朱熹注曰：「又借噬爲市，嗑爲合也。」眾人在日下聚合爲市，交易往來，故天市法噬嗑也。

（四）文昌六局夬

前文已言「設人文夬」，〈繫辭傳・下〉亦言書契法夬，夬者決也，書契所以決斷萬事也。文昌六局者，未詳其究，或即《史記・天官書》、《漢書・天文志》等所載：「斗魁戴筐六星曰文昌宮。」《孝經援神契》釋曰：「文者精所聚，昌者揚天紀，輔拂並居，以成天象，故曰文昌宮。」俗則以文昌星爲斗魁六星之一，主文學。相傳梓潼帝君掌文昌府事，司人間祿籍，世稱文昌帝君。故書契圖籍、文章制度皆可歸屬文昌治事。緯文乃曰：「文昌六局夬」。

（五）羽林法師

《漢書・百官公卿表》顏師古注曰：「羽林，亦宿衛之官，言其如羽之疾，如林之多也。一說，羽所以爲王者羽翼也。」後則泛稱軍隊之屬。〈師卦〉䷆，下卦坎爲水，上卦坤爲地，地中有水，乃有容畜者眾之象。眾水匯流，蓄積地中，猶如民眾應徵入伍以成軍旅，故師有「眾」及「軍旅」之義。又坤爲順，坎爲險，行險而順乃師出之原則。全卦六爻，九二爲主爻。朱熹《周易本義》曰：「卦惟九二一陽居下卦之中，爲將之象；上下五陰順而從之，爲眾之象。九二以剛居下而用事；六五以柔居上而任之，爲人君命將出師之象。」九二剛中有應，行險而順，故能大順天時與民心。師旅之設，能正天下之不正，則爲王民之羽翼也。故羽林法師也。

（六）法漸地利

土地生長動植，各得其宜，謂之地利，如林木之於山中，乃成參天大木。其勢所由來者漸矣，非一朝一夕之故也。漸卦即兼此二義也。〈漸卦〉䷴，艮下爲山，巽上爲木，山上之木，居其本家，乃得地利之便；其勢漸長，乃成材質之美，可觀可用。漸者，進也，進得其位，如九五剛中得位，往則有功也。反之則否，如鴻雁以時至，而其飛有序，得漸之義，然鴻漸之非其地，則去澤愈遠，其遇愈危。漸之卦象又爲艮止而巽遜，不躁不驕，則其動皆合乎正道，自有利而不困窮矣！君子自居其賢德，以移風易俗，是亦發揮漸道地利之大用，故曰：「法漸地利」。

（七）室法家人

〈家人卦〉䷤，上卦巽爲風，下卦離爲火，風自火出之象。火熾則風生自火，自內而出也，家人之道，明於內而巽於外，有諸身而施於家，推而行之，則正家而天下定矣！且風火相益而生，象家人之相凝和諧也。其卦六二以柔居下卦中正之位，象「女正位乎內」；九五則以剛居上卦中正之位，象「男正位乎外」，男女正位而相應，即夫婦正也。《中庸》云：「君子之道，造端乎夫婦；及其至也，察乎天地。」故卦辭曰：「男女正，天地之大義也。」夫婦正位，人倫肇始，父慈，子孝，兄友、弟恭，夫義，婦順，各得其道，則家治矣。故室家內理即法〈家人卦〉也。

（八）法定主屯

其法如注言「建王立侯」事也。〈屯卦〉䷂，屯者，始也，難也，聚也，盈也，其義分見〈彖傳〉與〈序卦傳〉，互可引申相通。其卦震下爲雷，坎上爲雲（〈需卦〉䷄，乾下坎上，〈象〉曰：「雲上於天」，是坎爲雲之證），雲蓄而雨未降、屯之始難也。又震爲動，坎爲險，故動乎險中。以「屯」之構字言，象艸木之初生，屯然而難，然以其不避險而能動，生命力充盈，終能破土而出也。則雲氣亦有賴雷動，化而成雨，屯象解矣。以國朝初立言，政令粗略，百廢待興，豈獨力所能爲？則宜眾建諸侯，以期安寧也。〈屯卦〉之象，九五剛中，居尊位，惜爲群陰所蔽，身陷險中，故宜立下卦震之初陽爲侯以相輔也，〈震卦〉有侯之象，則法定制興，解難呈祥矣。

六、分上下屬

> 聖人畫卦，制度則象，取物配形，合天地宜，索三女三男。六十四象以上下分之，陽三陰四，法上下分位。

「聖人畫卦，制度則象，取物配形，合天地宜。」總言上列五目。其下又言「索三女三男」者，亦承「合天地宜」而得。〈說卦傳〉第十章有云：「乾，天也，故稱乎父；坤，地也，故稱乎母。震一索而得男，故謂之長男；巽一索而得女，故謂之長女。坎再索而得男，故謂之中男；離再索而得女，故謂之中女。艮三索而得男，故謂之少男；兌三索而得女，故謂之少女。」後世多稱之「乾坤生六子」也。八卦取象既可遠取諸物，近取諸身，亦可以家庭倫理規範之，以爲社會之縮影也。《易》象之例：「陽卦多陰，陰卦多陽。」

震、坎、艮皆一陽二陰，故爲陽卦，象男；巽、離、兌皆一陰二陽，故爲陰卦，象女。乾坤二卦各爲純陽、純陰之卦，則象父母也。索者，求也，謂揲蓍以求爻也。陽卦三者各以其陽爻得乾之一陽，分別爲長男、中男、少男；陰卦三者各以其陰爻得坤之一陰，分別爲長女、中女、少女也。「乾坤生六子」之象，含陰陽之大法，男女之分際，盡可闡明父子、夫婦、長幼之人倫大義，以其象條疏卦爻辭之義，亦能達其詁訓，上舉諸例即可略見梗概矣。

至如「六十四象以上下分之，陽三陰四，法上下分位。」乃以「三十卦象陽用，三十四卦象陰用」而上下分也。其「陽三陰四」之義，「經分上下」之則，參見第四章「經分上下」條，此不贅述。

以上爲「聖人索象畫卦」之大要也，此外，〈坤鑿度〉列有「聖人法物」一目，通釋五卦，亦索象畫卦一類者，故一併言之。其文曰：

> 爭而後訟，和而後解，不通而否，大通而泰，乖而後睽。

其釋法類如〈序卦傳〉以「相繼衍生」〔註20〕之勢說之，句式一例用「……而後」，且相對爲言，爭則訟，和則解；不通則否，大通則泰，足見前因後果乃勢之所趨。明乎勢之所由，乃存乎一心、洞察變化之初機，則吉凶禍福之權，操之在己，此聖人取象法物之善教也，吾人豈可輕忽哉！

伍、十二消息卦

消息者，陰陽相對進退變化之謂也。〈剝．象〉雖言：「君子尚消息盈虛」，其義即〈豐．彖〉所謂「日盈則昃，月盈則食，天地盈虛，與時消息。」喻君子持盈守戒也。象數易家則取以言陰陽二氣消長作用，陽息爲盈，陰消爲虛，遂成專名。以卦言，〈乾卦〉純陽，〈坤卦〉純陰，則「陽息坤謂之息，陰消乾謂之消。」屈萬里先生謂：「陽息坤則由復而臨、而泰、而大壯、而夬，以至於乾。陰消乾則由姤而遯、而否、而觀、而剝，以至於坤。故消息之卦，凡十有二。」〔註21〕此「消息卦」之名，則始見於西漢時也。京房上封事，有「少陰倍力而乘消息」之語，以復姤等十二卦爲消息。《易緯乾鑿度》亦言：「文王（聖人）因陰陽起消息」，更明舉其名曰：「消息卦，純者爲帝，不純

〔註20〕「相繼衍生」之說，見戴師璉璋先生《易傳之形成及其思想》〈序卦傳〉一節，此處僅摘取其標目，名實則未必相符，蓋性質相異故也。

〔註21〕屈萬里先生所論「十二消息卦」，見《漢魏易例述評》，頁78、79。

者爲王。」純者即乾坤二卦也，不純者即復姤等十卦。然以消息卦配十二月，早見其端。《新唐書・歷志》一行卦議肯定曰：「十二月卦，出於孟氏章句。」故知消息卦，其始本曰十二月卦，又名十二辟卦，辟者君也。此十二月卦依次用事以値辟位，爲孟喜卦氣術之一環，以卦象配合四時、十二月、二十四氣、七十二候，乃用於推說災異，與傳統儒家易學遂有隔矣。然若明其象數易興起之時代背景，則其說亦無可厚非；況十二月卦可見四時推移、寒暑周流、循環往復、化育生生之天理流行，引之「以通神明之德，以類萬物之情」，亦不相悖，故於象數易中最入人心，影響至深，今人言「一元復始」、「三陽開泰」，即從十二月卦來也。

《易緯》舉「消息卦」之名，可知西漢末葉，此名已極盛行，並已入機祥，配律歷運期、五音瑞應，與正統易學更形違異。如《乾鑿度・下》即舉「不純」之消息卦十卦，參以論人形象・其文曰：

> 孔子曰：復表日角；臨表龍顏；泰表載干；大壯表握訴，龍角大辰；夬表升骨履文；姤表耳參漏，足履王知多權；遯表日角連理；否表二好文；觀表出準虎；剝表重童明歷元。此皆律歷運期，相一匡之神也。

此條張惠言《易緯略義》納入「圖書」一例，其上又引《坤靈圖》語以相繫，蓋言瑞應之徵。其文曰：「聖人受命，瑞應先見於河。瑞應之至，聖人殺龍，龍不可得而殺者，皆盛氣也。君子得眾人之助，瑞應先見於陸，瑞應之至，君子法地，蛇不如龍，陸不如河。」然今《坤靈圖》不載此文，而見於馬驌《繹史》引文也。而《乾鑿度》本文前亦有文曰：「帝王始起，河洛龍馬，皆察其首，……此天地神靈佐助之期，吉凶之應。」比合緯文而觀，本文即以龍表與消息卦相繫爲瑞應也。雖曰龍表，實如注文所言：「表者，人形體之章識也。」〔註 22〕蓋龍爲四靈之一，古人向視爲瑞應，多引龍表爲聖人帝王之表徵。推溯其源，則始於秦漢間符應之說也。〔註 23〕鄒衍之「五德終始說」倡之於前，海上燕齊方士述之於後，厥後曼衍爲讖緯之說，復爲在位者引爲政治權謀之利器也。五德終始，或相生、或相剋，皆自成歷史體系，在位者欲定其五行於一尊，自必推其世統，誇飾其祖先，故由伏羲而下，皆

〔註 22〕「識」文本作「誠」，張惠言《易緯略義》以爲「當爲識」。

〔註 23〕「符應」之說，參見陳槃先生〈秦漢間之所謂「符應」論略〉一文，載於《中研院史語所集刊》第十六集。又據《左傳》〈昭公二十九年〉所載，劉氏之祖先劉累以「擾龍」起家，故漢人多以龍徵爲帝王之形容也。

附以龍虎之相，龍顏虎口，奇毛異骨，既人間之所無，是天精感生而起，故宜爲天之驕子而王天下也。帝王之龍徵，多見於讖緯之書，如：

《春秋元命苞》云：黃帝龍顏，顓頊駢幹、帝嚳戴干、堯眉八彩、舜重童子、后稷岐頤、湯臂三肘、文王四孔、文王龍顏柔肩、武王斷齒。

《春秋合誠圖》云：伏羲龍身、牛首、渠肩、達掖、山準、日角、奯目、珠衡、駿毫、翁鬣、龍唇、龜齒，長九尺有一寸。

另《春秋演孔圖》、《孝經援神契》、《雒書靈准聽》等亦有記載，凡伏羲、神農、黃帝、蒼帝、赤帝、白帝、黑帝、堯、舜、禹、湯、文王、武王等皆歷歷可數也。而下至高祖，《河圖握矩記》亦云：「帝劉季日角戴勝、斗胸、龜背、龍眼，長七尺八寸。」《史記・高祖本紀》載高祖之相爲：「隆準而龍顏，美須髯，左股有七十二黑子。」〔註24〕此或後人據緯書而羼入也。〔註25〕以高祖之起自微賤，父曰「太公」，母曰「劉媼」，其上世蓋無可紀者，故須神化高祖，以爲帝德所繫也，此漢世「王命論」之傳統也。〔註26〕

《乾鑿度》既以十二消息卦，純者爲帝，不純者爲王，則亦可繫以帝王之徵。此別出心裁之論，雖僅爲神其術，以掌律歷運期，然於易象之擴展，又啓新途，辟卦之名既已爲世所認定，則思予以具體形象，而龍又爲帝王瑞徵，故取其象以入辟卦，此自然之理也。唯是某卦當配某一瑞徵，則難以尋其軌跡，鄭玄以爻辰、世應注之，雖有拆字爲解之嫌，然能體例一貫，又無他說可參，則鄭注亦可聊備一格，或可稍解緯文之意。《乾鑿度》所載，若以今日相書如《神相全編》所論印證，當更顯豁。如：

「日角」，蓋額上之骨，隆起如日者，古以爲帝王之相，劉峻《辨命論》云：「龍犀日角，帝王之表；河目龜文，公侯之相。」可證，「日角」即額角也。〔註27〕

〔註24〕以上諸緯文，皆引自《古微書》，集於《墨海金壺》中。又《史記正義》引《春秋合誠圖》云：「赤帝體爲朱鳥，其表龍顏，多黑子。」則高祖七十二黑子者，應赤帝火德之徵也。

〔註25〕《史記》有後人附益之說，自南宋周密《齊東野語》卷十，〈史記多誤條〉以下，多有論之者，資料參考陳槃之文，參見附錄三，頁20。

〔註26〕同注3，頁20。

〔註27〕日角、鄭玄以爲「中庭骨起，狀如日」，見《後漢書・光武紀》，李賢注引鄭玄《尚書中候》注。此與相書之日角略異也。說詳祝平一先生《漢代的相人術》，頁115。

龍顏，相術上亦指眉骨突起也。如前言高祖爲人：「隆準而龍顏」，顏，亦有曰顙額者，總之，額眉間骨隆起者也。

載干者，疑「載」或爲「戴」字之形誤。如前引帝嚳之相，即言「戴干」；又《河圖握矩記》亦曰：「帝嚳方頤，龐顛珠庭、仳齒戴干。」是可證也。然「戴干」者何？未明也，僅知言其相之特異也。鄭注干爲楯，恐非也。

「握訴龍角大辰」者，未明其故，鄭注以握訴爲手，辰爲脣，然則，豈有象多物者哉？「升骨履文」，亦未明也。

耳參漏者，《禮緯含文嘉》有「禹耳三漏，是謂大通，興利除害，決河疏江。」其源同也。然三漏之相如何？未可知也。

日角連理，《孝經援神契》曰：「伏羲大目，山準，日角而連珠衡。」宋均注云：「表取象日所出，房所立有星也。珠衡，衡中有骨，表如連珠，象玉衡星。」蓋亦如日角，而骨隆如連珠狀也。

二好文，或指二法令文，未知然否。

準虎者，山準虎脣，或指鼻口也。

重童者，緯書皆曰：「舜重瞳子」，《史記・項羽本紀》太史公曰：「吾聞舜有重瞳子是也」，即目有雙仁，異相也。

觀《乾鑿度》所載，多可於其他緯書尋其端倪，亦與上古聖人之瑞徵相參差也，《白虎通・聖人》有「論異表」一節，比列而觀，更見《乾鑿度》有意以消息卦一一與伏羲、黃帝諸聖相繫。卦象與人相形體是否密合無間，資料所限，未足與議也，而緯書所列「帝王之相」，竟爲日後相書論相之淵源，《乾鑿度》更參以卦象，足見卦象之包容廣大也。明孫穀即曰：「自古論形相，未有參以卦象者，此道精眇矣，故述其大端若斯。」〔註28〕此其肯定之說也。

消息卦除附合以龍顏帝王之徵，更有附以律呂而得有姓名者。

《乾元序制記》有云：

> 復姓角名宮，赤黃色，長八尺一寸，三十六世。
>
> 臨姓商名宮，黃白色，長八尺三寸一分，七十二世。
>
> 泰姓商名宮，黃白色，長七尺六寸，三十六世。〔註29〕

〔註28〕孫穀所論，見《古微書》《雒書靈准聽》引貴居子語。

〔註29〕《隋書・王劭傳》引《坤靈圖》作「黃色，長八尺，六十世」。今《坤靈圖》未見也。

大壯姓商名角，蒼白色，長七尺三寸九分，百三十一世。

姤姓角名商，蒼白色，長六尺三寸，二十八世。

遯姓宮名商，黃白色，長五尺九寸八分，五十六世。

否姓宮名商，黃白色，長五尺六寸一分，七十二世。

觀姓宮名角，蒼白，色長五尺三寸二分，百三十世。

剝姓商名宮，黃白色，長五尺九寸九分，百二十世。

乾姓商名商，白色，享國百二十。

坤姓宮名宮，黃色，享國百二十。〔註30〕

震姓角名角，蒼色，享國七十二。〔註31〕

巽姓角名角，蒼色，享國六十四。

離姓徵名徵，赤色，享國六十四。

兑姓商名商，白色，享國六十四。

坎姓羽名羽，黑色，享國七十二。

艮姓宮名宮，黃色，享國七十二。〔註32〕

本文引消息卦與八純卦入五聲也。五聲者，宮商角徵羽也，協之五行，則如《禮記・月令》所謂：「盛德在木，其音角；盛德在火，其音徵；盛德在金，其音商；盛德在水，其音羽；盛德在土，其音宮。」若配以「帝出乎震」系列之後天八卦卦序，及五色，則可表列如下，見表3-1。

《乾元序制記》後半之八卦之徵，當如是也，唯其以重卦論之，故〈乾〉姓商名商，白色；〈坤〉姓宮名宮，黃色。至其享國數則未明其故。而前半之九消息卦（缺〈夬卦〉），乃據上表八卦而製也。如「復姓角名宮」，蓋〈復〉䷗爲「地雷復」，卦象由下而上觀之，震爲角，坤爲宮，故「復姓角名宮」也，其下依此推。以表示之如下，見表3-2。

依表核校緯文，略有出入，疑緯文或傳寫有誤也。又其鐘律之長短及世軌之數，未知何據，不敢妄加論述。此僅摘錄緯文，以見消息卦已廣爲援引運用，除值月用事外，並主律歷運期，推算享國年數也。此於傳統易象外，

〔註30〕本作「姓商名宮」，依五行例，疑當作「姓宮名宮」。

〔註31〕「名」下脱一字，今補入「角」字。

〔註32〕「艮」字下脱去二字，今補入「姓宮」二字。

繼「四正四維」之象後，又一新象也，雖乏哲理，亦足爲玩象之資也。

表 3-1

八　卦	五　聲	五　行	五　色	八卦	五　聲	五　行	五　色
震 ☳	角	木	蒼	兌 ☱	商	金	白
巽 ☴	角	木	蒼	乾 ☰	商	金	白
離 ☲	徵	火	赤	坎 ☵	羽	水	黑
坤 ☷	宮	土	黃	艮 ☶	宮	土	黃

表 3-2

卦名	名	姓	顏色	附　註（緯文原作）	卦名	名	姓	顏色	附　註（緯文原作）
復 ䷗	宮	角	黃蒼	赤黃	姤 ䷫	商	角	白蒼	
臨 ䷒	宮	商	黃白		遯 ䷠	商	宮	白黃	
泰 ䷊	宮	商	黃白		否 ䷋	商	宮	白黃	
大壯 ䷡	角	商	黃白		觀 ䷓	角	宮	蒼黃	蒼白色
夬 ䷪	商	商	白白	緯文缺漏	剝 ䷖	宮	宮	蒼黃	姓商名宮、黃白色

第四章　易緯釋易義考

《易緯》之以「緯書」自命，其意即在「翼經」也，故其價值以「翼經」爲最高也。《易緯》之所記，天地之道，庶物之理，而以徵夫人事者，與經之「推天道以明人事」，其旨相同；而其內容亦多能與經義相發明，雖雜以時學，要皆歸本於儒家易學之傳統，並兼治道家易學以求通貫天人。其於易學精蘊之體認，性命道德之實踐，與「形上之道、形下之器」之闡發，或傳承舊說，或開創新義，皆有祖述，不離道統也。惜其多爲條列記載，未有系統結構，又因叢輯成書而純駁雜糅，故難與《易經》之博大精深、秩然成體相比擬。

以下提煉緯文，擷其大要，茲列十四條目，廣演其義，以見其輔經釋義之價值。

壹、易歷三聖

《易》之爲書，有八卦、重卦、卦辭、爻辭及《十翼》等部分，爲叢輯之書，非一人一時之作也，即如傳有七種，今以文獻學之知識亦可確定作者各異，然兩漢時代則多以爲「易歷三聖」也。畫卦及繫辭時有先後，作者各有其人；《十翼》晚出，翼贊卦爻，乃使《易》由卜筮之書一躍而爲哲理之書，由是，《易》之成書，《漢書．藝文志》曰：「易道深矣！人更三聖，世歷三古。」三聖者，伏羲、文王、孔子；三古者，伏羲爲上古，文王爲中古，孔子爲下古，〔註 1〕其說乃本諸〈繫辭傳．下〉、《史記》、《漢書》等書，誠非虛言。〈繫

〔註 1〕高懷民依時代思想之演進，而探索此一進步歷程爲「天道思想→神道思想→人道思想」，亦合三古之畫分，參見《大易哲學史》，第四論「首出庶物，建

辭傳・下〉曰：「古者包犧氏之王天下也，……始作八卦」（第二章），「易之興也，其於中古乎？作易者，其有憂患乎？」（第七章），「易之興也，其當殷之末世，周之盛德邪？當文王與紂之事邪？」（第十一章）已暗示成書之時代，而《史》《漢》之所載，即言《十翼》爲孔聖所作。《易緯》亦有三聖之說，則知班氏以前並如此說也。然細審三聖之制作，諸家說法互有參差。

按伏羲畫八卦，古無異議，近世考古疑古之風盛行，遂有疑而不信者。高懷民先生於《先秦易學史》一書，以史學立場出發，舉列二項假設、一項事實，以爲易學源頭仍當屬之伏羲，駁斥疑古學家「截根斷流」之異論，〔註2〕甚是痛快淋漓。然晚近大陸學者依出土之甲骨金文上所列之奇字，經研究斷爲古筮法之數字卦記錄，已獲致學術界之相當肯定，則畫卦起源可推至新石器時代，〔註3〕此事實不容忽視，故〈繫辭傳〉所謂「伏羲觀象畫八卦」之說已不符事實矣。八卦雖非觀象而得，作者亦難考訂，然則，八卦哲學爲我國學術文化中最博大精深、義蘊深刻之創作，頗須覓一源頭，則舍伏羲而誰可當之？故知伏羲觀天法地，始作八卦云云，殆後儒託古之辭也。〈繫辭傳〉如是說，《易緯》亦如之，本文亦從傳統說也。而「伏羲」之名，古籍記載不一，即如《易緯》亦有「伏羲」、「庖犧」、「蒼牙」、「虙戲」之異稱，緯書之雜纂可見一斑。

至重卦之說，則頗有異辭。前言數字卦者，有三數之卦，類如單卦；亦有六數之卦，類如重卦。而依卦例言，六字卦最早，也最普遍，三字卦出現於殷周時期，數量較少，則卦之發展，未必由單卦而重卦，其或由重卦偶因簡化而成單卦也，然資料不足，未可論定。先儒之說，班固以爲「文王重易六爻，作上下篇。」乃承史遷而言。《史記・周本紀》云：「西伯蓋即位五十年，其囚羑里，蓋益易之八卦爲六十四卦。」自史公言「文王重卦」，至東漢初期諸儒多無異議，迄及鄭玄、王弼出，說始參差，凡有四說，詳見孔穎達

立人道」，頁230～269。

〔註2〕見高先生《先秦易學史》，頁36～38。

〔註3〕此問題由唐蘭〈在甲骨金文中所見的一種已經遺失的中國古代文字〉一文率先提出，見《考古學報》，1957年第二期。而後張政烺揭穿謎底，定爲數字卦，其說分見〈試釋周初青銅器銘文中的易卦〉（《考古學報》，1980年第四期）、〈帛書六十四卦跋〉（《文物》，1984年第三期）、〈殷虛甲骨文中所見的一種筮卦〉（《文史》，二十四輯，1985年）等。另外徐錫台、樓宇棟合作有〈西周卦畫試說〉（《中國哲學》第三輯，1980年）。張亞初、劉雨撰成〈從商周八卦數字符號談筮法的幾個問題〉（《考古學報》，1981年，第二期），皆可資佐證。

《周易正義》〈第二論重卦之人〉。孔氏依王弼之說，以伏羲既畫八卦，即自重爲六十四卦，並引《乾鑿度》「垂皇策者犧」爲證。緯文全文云：

垂皇策者犧，卦道演德者文，成命者孔。

又見於《周易正義》〈第四論卦辭爻辭誰作〉引。然《乾鑿度》本文不見，而見於《埤雅》卷十六、《續博物志》卷十、《路史・後紀》卷一，〔註 4〕未知孔氏所據者何？後人又多援引《正義》所言，未加查證，遂成公案。或唐以前，《乾鑿度》確有此文，唐後遺佚，幸賴孔氏及上三書錄存之也。

依孔氏之意，「昔者聖人之作易也，幽贊於神明而生蓍。」（〈說卦〉首章）則幽贊用蓍謂伏羲也；又〈繫辭傳・上〉論用蓍云：「四營而成易，十又八變而成卦」，伏羲用蓍，即伏羲已重卦矣，因之，「垂皇策者犧」已寓此義。然尋之《乾鑿度》本文，上下卷各有一段言「太易三始」者，下卷明言：「文王因陰陽，定消息……故三畫而成乾，乾坤相並俱生，物有陰陽，因而重之，故六畫而成卦。」其意則文王重卦也，則又同於班氏之說，豈孔穎達之錯解乎？

又《乾坤鑿度・乾鑿度》及《通卦驗》、《辨終備》並有相類之文可資參看。

《乾坤鑿度・乾鑿度》云：

蒼牙靈，昌有成，孔演明經。

注曰：「蒼牙，有熊氏庖犧，得易，源入萬業作用；爾後，昌成。昌成者，滋蔓昌溢。孔甚，其引明經緯，大行於後世。」蒼牙即謂伏羲也。〔註 5〕

又《通卦驗》云：

蒼牙通靈，昌有成，孔演命，明道經。

注曰：「蒼精牙肩之人，能通神靈之意，謂虙羲將作易也。昌，文王名也，又將成之，謂觀象而繫辭也。」

《辨終備》亦曰：

至哉易！三聖謀。

〔註 4〕資料取自日人《重修緯書集成》，及呂凱《鄭玄之讖緯學》二書之〈易緯乾鑿度〉補遺。

〔註 5〕《路史・禪通紀》云：「太昊伏羲氏，方牙，一曰蒼牙。風姓，是爲春皇，包羲亦號天皇人帝皇雄氏，蒼精之君也。」又《禮記・月令》「其帝太昊，其神句芒」一句，注云：「此蒼精之君，木官之臣，自古以來，著德立功者也。太昊宓戲氏，句芒少昊之子，曰重，爲木官。」蓋伏羲之名，古籍記載不一也。

緯文語意模糊，難下斷言，「演」字又可釋為「演三百八十四爻」或「為辭演說」，致生爭論，然《乾坤鑿度・乾鑿度》嘗言：「昔者庖犧聖人見萬象弗分，卦象位尠，益之以三倍，得內有形而外有物。內為體，外為事，八八推蕩，運造縱橫，求索覓源，尋頤究性，而然後成。」其意又同王弼、孔穎達之以伏羲重卦也。由此亦見《易緯》八種作者各異，彼等於《易》之理解亦有分歧，僅以「重卦之人」一點，以其近古即有紛爭，遑論後世之夾纏不清。伏羲重卦或文王重卦，持其說者均例證充分，言之鑿鑿，實皆推測之言，今亦推擬試作一調停語，即伏羲重卦，文王繫以卦名也。〈繫辭傳・下〉雖言包犧氏始作八卦，然十二蓋取實皆取象重卦，則伏羲當已重卦；又所以能「通神明之德、類萬物之情」者，如八卦足以語此，則無所事於重卦矣，傳言八卦，或可概括六十四卦。以伏羲之聖，既能自作八卦，因而重之，何難之有？八卦本義為八種自然現象，進而可近取諸身、遠取諸物，然六十四卦之圖式，僅為蓍數排列，至文王之時，則牽合人事，因卦立象，依象取名，賦予六十四卦豐富內涵，甚而繫上卦爻辭，藉神道設教以因應萬象變化也。以上僅個人擬測之言，不作斷論，幸求免於籠統滑頭之譏！

關於卦爻辭之作者，大抵有文王作卦爻辭，及文王作卦辭周公作爻辭，乃及孔子作卦爻辭三說，其論可參孔疏、皮錫瑞《經學通論・易經》等書，其中以第一說最廣為先儒所接受。今人多能掌握《易》為卜筮之書之本質，設其成書於周初之下限，參酌古史，並藉由出土甲骨卜辭推擬商周卜筮之傳統，考訂周易古經蓋非作於一人，亦非著於一時，當為筮人或史官記錄其所筮之事要，與其占筮時之論斷與其事之結果，此說以高亨先生《周易古經今注》為代表，洵為合理之論，今從其說。緯文則大抵以為文王作卦爻辭，此傳統見解，今雖為人所駁斥，先儒則多支持，且廣為援引。

至如《易傳》之作，其內容有〈彖傳〉上下、〈象傳〉上下、〈繫辭傳〉上下、〈文言傳〉、〈說卦傳〉、〈序卦傳〉、〈雜卦傳〉等十篇。《史記・孔子世家》云：「孔子晚而喜易，序彖、繫、象、說卦、文言。」《漢書・藝文志》云：「孔氏為之彖、象、繫辭、文言、序卦之屬十篇。」二書均未言「十翼」，「十翼」之名始見於《易緯》。

《乾坤鑿度・坤鑿度》云：

> 仲尼魯人，生不知易本；偶筮其命，得旅。……五十究易，作十翼明也，明易幾教。若曰：終日而作，思之於古聖，頤師於姬昌、法旦。

「十翼」〔註 6〕二字雖出自緯書，然言簡義當，與孔子「贊易」之義合，故爲後世所通用。自漢以降，易學家皆以「十翼」作者爲孔子，至宋歐陽修〈易童子問〉質疑起，後學議論紛紛，多從思想、語法上詳加討論而證成《易傳》非出於孔子之手，其詳可參見戴師璉璋先生《易傳之形成及其思想》一書「作者的考察」一節。《易傳》十篇雖非孔子所作，然其思想除〈說卦〉數章受五行思想影響外，均爲純粹之儒家思想，作者並非一人，時代亦有先後，然皆頗以發揚孔子學說爲職志，今歸名於孔子者，恐以發揚孔子贊易以提升易理奧旨故也，是以言孔子作十翼，以思想言，亦無不當。

「易歷三聖」之說，今多可指陳其非，《周易》一書作者之考察，張心澂先生《僞書通考》（黃師沛榮先生《易學論著選集》〈周易通考〉並引），已博引歷來易學家之力作要論，可見此問題之惱人。前已言眾人之論證皆屬推測之語，即如《易緯》亦屬推論，其易歷「三聖」之斷語，實甚爲簡要，可議論空間極大，或是緯書作者累積前人說法，舉三聖以明易學之歷三變（高懷民先生《先秦易學史》分先秦易學爲三期：符號易、筮術易、儒門易），聖人各有其制作、演易、贊易之事功，乃歸其名下也。《史記》、《漢書》傳統之說法當亦有此用心，以聖人代《周易》成書背後諸多之無名英雄也，如此，易書之價值、地位更可依附驥尾而提升也。後人之窮理實本學術精神，然以此精神窮究古代經典之著作版權歸屬，實屬末務，因古典之價值實在其思想義理性，《易》之書也，眾理悉備，作者即非三聖，亦不影響其價值，故「易歷三聖」之說仍有其立說之基礎。

貳、易含三義

《易緯》全書於易理闡發處，最爲醇正精要者，當屬「易含三義」一旨之發明，此論一出，即盛爲後儒所稱道也。〈繫辭傳・上〉首章雖足見三義之義，然三義之名，緯書厥爲首出者。《乾鑿度・上》云：

> 孔子曰：易者，易也、變易也、不易也，管三成爲道德苞籥。易者，以言其德也。通情無門，藏神無內也。光明四通，俲易立節。天地爛

〔註 6〕「十翼」內容爲何，先儒有異說，孔穎達《周易正義》〈第六論夫子十翼〉但記其一說，即傳統說也。而〈坤鑿度〉其文下云：「作九問、十惡、七正、八嘆、上下繫辭、大道、大數、大法、大義。」其數亦十，疑即緯說「十翼」之內容。今但引其「十翼」之稱耳。

明，日月星辰布設。八卦錯序，律歷調列。五緯順軌，四時和、粟孳結。四瀆通情，優游信絜，根著浮流，氣更相實。虛無感動，清淨炤哲。移物致耀，至誠專密。不煩不撓，淡泊不失，此其易也。變易也者，其氣也。天地不變，不能通氣。五行迭終，四時更廢。君臣取象，變節相和。能消者息，必專者敗。君臣不變，不能成朝。紂行酷虐天地反，文王下呂九尾見。夫婦不變，不能成家。妲己擅寵，殷以之破；大任順季，享國七百，此其變易也。不易也者，其位也。天在上、地在下，君南面、臣北面，父坐、子伏，此其不易也。故易者，天地之道也，乾坤之德，萬物之寶。至哉！易一元以為元紀。

此說即鄭康成〈易贊及易論〉曰：「易一名而含三義：易簡一也，變易二也，不易三也。」（孔穎達《周易正義・序》引）之所本。鄭氏於第一義上特加一「簡」字，乃徵諸大傳、兼取緯說而發也。〈繫辭傳・上〉首章以乾易坤簡相對爲言，闡釋乾坤發動起用之性。「易」與「簡」各有指攝，除此章外亦見於它章：「陰陽之義配日月，易簡之善配至德。」（上傳第六章），「夫乾確然示人易矣，夫坤隤然示人簡矣。」（下傳第一章），「夫乾，天下之至健也，德行恆易以知險。夫坤，天下之至順也，德行恆簡以知阻。」（下傳第十二章）。鄭玄可謂深識大傳揭明「易與天地準，故能彌綸天地之道。」之要旨，故修正《乾鑿度》之「易」爲「易簡」，緯意愈見彰顯。鄭玄而後，易簡、變易、不易之三義說，遂成易義之定論。

然則，《乾鑿度》之「易」實已兼賅「易簡」之理矣！試觀「易者，以言其德也」一節，緊扣乾坤之德，統言天地合德淳然之境。在天則日月星辰布設，五緯（鄭注曰：五星也。即金木水火土五星）順軌；在地則四瀆通情，根著浮流（鄭注曰：根著者，草木也；浮流者，人兼鳥獸）。而下又言「故易者，乾坤之德。」亦可證之。《周易正義・序》引此段作：「易者，其德也。光明四通，簡易立節，天以爛明，日月星辰，布設張列。通精無門，藏神無穴，不煩不擾，澹泊不失，此其易也。」則分言天地之德尤爲明晰。《乾鑿度》不以「易簡」二字立說者，一以其名之故，乾德爲尚；再者，統言易道之渾備，不煩更立二德；三則下與「太易」「易」相繫以推極道始。明乎其「太易三始」之理，與道家易學之浸染，則知此「易」之義稍異於儒門鄭玄歸本於〈繫辭〉之「易簡」，而其說實可相通也，況其後又下貫人事言人倫分際，更見其溝通儒道之用心。

「太易」（詳見下節）爲寂然無物之存有，爲宇宙萬物之根源。太易由無而生有而起作用，此易道之周流化生之德亦可簡言之爲「易」也。《乾鑿度》即本此而曰：「易者，以言其德也。」易之盛德大業乃「顯諸仁，藏諸用，鼓萬物而不與聖人同憂。」（〈繫辭傳・上〉第五章）之無心而爲，故曰：「通情無門，藏神無內。」鄭玄注曰：「俲易無爲，故天下之性莫不自得也。」熊十力先生申釋曰：「情猶言心靈也。心靈徧通無礙，而不可詰其所由，故曰無門。神者精神，亦謂心靈。心靈者，無定在而無所不在，故言其通感，則若不知所由；言其藏密，亦復誰爲其內。夫無門無內者，是絕對也，是人之眞性，即萬有之本體也。」。〔註 7〕而其德「光明四通，俲易立節。」鄭注曰：「俲易者，寂然無爲之謂也。」熊十力加注曰：「余以爲立節，則無爲而無不爲矣。節者符節，所以爲信也。信者信實，光明寂然之體，无形而爲有形之本。始成萬物，是至實无妄之理之昭著也，故曰立節。」〔註 8〕放諸天地則「不爲而善始，不勞而善成。」〔註 9〕生生之德即在此「不爲」「不勞」中顯現。易道無爲，不煩不擾，淡泊不失，故天地萬物，各得以自成也，而人爲之「八卦」、「律曆」亦莫不依其至寂無爲、自然流行而立，於易道中亦能順通無違矣。井然有序，運行有規，雖虛無而確能感動，雖清淨而仍能炤明，其要乃至誠无妄，純一不雜，是以物得以自動自專也，此即《中庸》所謂「誠者，天之道也。」亦爲易之道也。《乾鑿度》既專言乾道，故特爲闡明乾道之「誠」，與〈乾・文言〉所言「閑邪存其誠」、「脩辭立其誠」亦相合也。

次言「變易」。環視周身，大地山河，萬有物類，莫不隨時遷化，變動不拘。日升月落，寒往暑來，生死消長，治亂分合，變化見矣！此皆乾陽坤陰作用起動之故也。乾坤「一闔一闢謂之變，往來不窮謂之通。」（〈繫辭傳・上〉第十一章），「易窮則變，變則通，通則久。」（〈繫辭傳・下〉第二章），孔穎達《周易正義・序》曰：「夫易者，變化之總名，改換之殊稱。」是也。而變化運行總爲陰陽二氣之變易，此緯文足發大傳之旨趣，「天地絪縕，萬物化醇，男女構精，萬物化生。」即此之謂也。故緯曰：「變易也者，其氣也。」氣化之流通即大用之流行，陽氣輕清而上浮，陰氣重濁而下凝，天地以是而

〔註 7〕見熊十力《讀經示要》卷三，頁 52。

〔註 8〕同註 7。朱伯崑以爲「立節」乃「建立四時節氣」，說亦可通。蓋亦順時調曆、清淨無爲而無不爲之舉也。

〔註 9〕見《十三經注疏》，韓康伯注語。

造分，萬物因此而交通，相摩相盪，鼓之潤之，乃能變化生生。若天地不交不變則弗能通氣通物，如〈否卦〉是也。故知四時更替乃自然之理，於此見生長收藏之道。又自然之物可析分爲木火土金水五行，相生相剋，循環變化，無有一物能守其故。天道如之，而況於人乎？君臣於此取象，變節相和，能消者息如文王，必專者敗如殷紂，是知君臣之古制非一定而不可易者，〈革‧彖〉即曰：「天地革而四時成，湯武革命，順乎天而應乎人，革之時大矣哉！」革變之道非無常也，須順天應人，一隨氣之盛衰消長而定，是所謂順變也。因之，君臣、夫婦關係均處於變易中（君臣以義合，夫婦乃姻親，此二倫皆外來，相對而立，非如父子、兄弟之絕對血親而不可易者），更須明此變易之理。如商紂因行酷虐，變於婦人而致黎民受災；文王師事呂尙，遂致九尾狐瑞也，〔註 10〕此君臣氣象變易之因也。妲己擅寵越權，殷周以之滅亡；大任順守妻德，姬周得以嬗代，此夫婦倫常變易之果也。變易之理存乎「能消者息，必專者敗」，故須隨順氣化流轉之作用，而明乎一己之分職，此即易道之第三義——不易也。《乾鑿度》之言變易，實已透顯不易之理矣。

「不易者，其位也。」緯說甚爲簡略，僅取〈繫辭傳〉所言「位」之一端耳。「天在上，地在下」是天地定位，則四時相續，八卦相錯，各有其布散用事也。君子法天順地，以立人倫之極；「君南面、臣北面；父坐、子伏。」則尊卑有序，各定其分際。《大學》有云：「爲人君，止於仁；爲人臣，止於敬；爲人子，止於孝；爲人父，止於慈；與國人交，止於信。」此尊尊親親乃不易之常道。易道雖窮通變化，賴此而自然運行不失其序，人事倫理不失其常，故能致中和，而天地位焉，萬物育焉，以「不易」之理實爲維繫宇宙人世長存之主因也。易簡與變易見諸〈繫辭傳〉之明文，唯「不易」乃《乾鑿度》據其文而標識，朱伯崑先生以爲其目的在論證封建社會之等級秩序爲不可變易者。〔註 11〕證諸緯文下引孔子之言：「易者所以經天地，理人倫而明

〔註 10〕九尾狐瑞者，郭璞《山海經‧圖讚》云：「青丘奇獸，九尾之狐，有道翔見，出則銜書，作瑞周文，以標靈符。」事見《山海經‧大荒東經》載：「青邱之國，有狐九尾。」郭璞注曰：「太平則出而爲瑞也」。《占經》引《孝經援神契》云：「德至鳥獸則狐九尾」。《昭明文選》王褒《四子講德論》云：「昔文王應九尾狐，而東夷歸周。」李善注引《春秋元命苞》曰：「天命文王以九尾狐。」《白虎通‧封禪》論符瑞之應，亦有此例，可知久已有此一說。又有傳說妲己爲九尾狐以亡殷，則九尾狐可爲瑞應，亦可爲禍符，一體兩面說也。

〔註 11〕見朱先生《易學哲學史》，頁 157。朱氏曰：「《易緯》將《周易》的『易』爲變易之義，引向『不易』，正是漢代封建社會秩序的規範化在易學哲學中的表現。」

王道。是故八卦以建，五氣以立，五常以之行，象法乾坤，順陰陽，以正君臣、父子、夫婦之義。」則陽尊陰卑乃天經地義，不可改易。此董仲舒「三綱五紀」說於易學中之反映也。後《白虎通》闡述此三綱曰：「君爲臣綱，父爲子綱，夫爲婦綱。」〔註 12〕其意以三綱之義，皆取諸陰陽之道，君、父、夫爲陽，臣、子、婦爲陰；陽得陰而成，陰得陽而序，剛柔相配，陰陽相合也，綱紀張設則人道齊整也。故《乾鑿度》之論有其時代倫理制度之考量也。

然「不易」之說，似與「變易」之例證相牴。細思之，則不然也。「位」者，即前言人倫之綱紀也，以其時大一統之帝制言，君父夫爲尊，臣子婦爲卑，是不變之至理，此僅爲社會地位之別，如依倫常言，則有其相合相配之綱紀。若君行酷虐，天地反；妻奪夫權，陰犯陽，則人理不得不變也，《周易》一書極重「位」之得失，屢言得位、失位之吉凶，《易緯》更加闡發六位三才之分際，總言之曰：「易六位正，王度見矣。」是知昔者聖人之作易，六畫成卦中即寓以天道、地道與人道，而此自然之道、人倫秩序之綱紀爲「不易」者也。易有六位，凡居其位則各守其分，各脩其德，是得「易」（易簡）之理也。本此常理，順隨大化流轉，與四時合其序，亦得「變易」之道。易道統此三者，故能成天下之道德，故緯曰：「管三成爲道德苞籥」。三義乃各就其本質、起用、表現於物之體位上而說，如其實則相繫而不離。三義之序異於〈繫辭傳〉之由天地定位而化生萬物，再由乾坤功能引出人事德業，〔註 13〕《乾鑿度》則趨向道家易，向天道上探，並與太易之論相合，既可略言太易一層爲「易」，三始一層爲「變易」，造分天地以下爲「不易」，此乃以「德、氣、位」而言，就易道言，乃渾然不可分也，故終言「易一元以爲元紀」，三

〔註 12〕董仲舒《春秋繁露・深察名號篇》云：「循三綱五紀，通八端之理」句。「三綱」又見〈基義篇〉，其意謂：凡物皆有相對，相對乃有相合，故「陰者，陽之合；妻者，夫之合；子者，父之合；臣者，君之合。物莫無合，而合各有陰陽。……君臣父子夫婦之義，皆取諸陰陽之道。君爲陽，臣爲陰；父爲陽，子爲陰；夫爲陽，妻爲陰。……是故仁義制度之數，盡取之天。天爲君而覆露之，地爲臣而持載之；陽爲夫而生之，陰爲婦而助之；春爲父而生之，夏爲子而養之。……王道之三綱，可求於天。」此即《白虎通》「君爲臣綱，父爲子綱，夫爲婦綱」之說。又《禮緯含文嘉》亦作此解。至如「五紀」，董仲舒未言，《白虎通》〈號篇〉、〈三綱六紀篇〉則稱「六紀」，謂諸父、兄弟、族人、諸舅、師長、朋友也，猶孟子所謂之五倫，以五倫六紀爲綱領，所以張理上下，整齊人道也。以上參見周紹賢先生《兩漢哲學》，頁 140。

〔註 13〕傳釋言三義之序，二者相異之點，所致之因，參見高懷民《先秦易學史》第五章第四節「易有三義」，推因甚是詳備。

者總爲一元，元者始也，爲萬物之本，鄭注曰：「天地之元，萬物所紀。」此「一元」或曰「太易」，或曰「太極」，均無妨易道之廣矣大矣！易道之精約，以三義名之，《乾鑿度》始作之功，不可忽也。

「易含三義」而外，《乾坤鑿度・乾鑿度》另有四義說者。文云：

易名有四義：本日月相銜，又易者，又易，易定。

此於三義上更立一義：日月相銜。即以日月相往來爲「易」，乃就「易」字字形而釋。許慎《說文解字》「易」字引第二義曰：「祕書說：日月爲易，象侌易也。」段玉裁注曰：「祕書謂緯書。按《參同契》曰：『日月爲易，剛柔相當。』謂上从日象陽，下从月象陰，緯書說字，多言形而非其義，此雖近理，要非六書之本。」今由甲骨文之出土已得「易」之本義，〔註 14〕則可推斷以「日月陰陽」釋「易」字，乃西漢象數易家卦氣說之產物也。魏伯陽乃東漢桓帝時人，後於許慎，許慎既言引自祕書，則魏氏之說亦承自祕書而來，今於此可知此「祕書」即《易緯》也。而緯說非析解「易」之結構而發，當取〈繫辭傳・上〉第六章：「陰陽之義配日月」，及〈說卦傳〉第二章：「立天之道曰陰與陽」（晝夜乃日升月落之故，故陰陽之義配日月）而定，並取《莊子・天下篇》「易以道陰陽」以比附「易」字而成。《易傳》取義配，《易緯》則依象比附，類如後世測字家支解字體，強爲之說，雖近理而要非其義也，然其說則影響至東漢經師之解易也。

而下文之「又易者，又易，易定」三義，若無注文，則語義模糊，或有「易、亦」之音別〔註 15〕亦未可知也，然皆不如《乾鑿度》之精簡明晰，此置之不論。

參、太極生次

〈繫辭傳・上〉第十一章云：「易有太極，是生兩儀，兩儀生四象，四象生八卦。」此論八卦之形成，兼含宇宙萬物生成之理，正爲易道生生之德。

〔註 14〕卜辭時見「易日」之詞，孫詒讓推斷「易日猶言更日。蓋皆吉，則不易日；不吉，則易日也。」高鴻縉析其字形曰：「倚日晝雲掩之象」（見《中國字例》），多爲人所肯定。參見高懷民先生《先秦易學史》，頁 6～9。

〔註 15〕孔穎達《周易正義・序》〈第一論易之三名〉，引諸家說法，列有「易者，易也，作難易之音」，此明易簡之義。又引周簡子云：「易者，易（音亦）也，易代之名，凡有無相代，彼此相易，皆是易義。」則音易者，難易也；音亦者，相易也。

於此八卦之生成，《易緯》亦有相似之說法。《乾鑿度・上》云：

> 孔子曰：易始於太極。太極分而爲二，故生天地。天地有春秋冬夏之節，故生四時。四時各有陰陽剛柔之分，故生八卦。

緯文以「太極→天地→四時→八卦」爲生次，覈於〈繫辭傳〉之「太極→兩儀→四象→八卦」，《乾鑿度》乃以「天地」指稱「兩儀」，「四時」指稱「四象」。於「兩儀」「四象」之詮解，緯說殆爲首出者（孟京二氏或有之，然書佚不可考）。

按〈繫辭傳〉之太極生次是爲「易學綱領，開卷第一義」，歷來易學家莫不矻矻鑽研窮究其理。此「太極」果爲如何？《易傳》本文並無疏解，唐君毅先生以爲吾人所能確定者，「唯是太極乃高于兩儀之一概念。如兩儀指陰陽或天地，則太極應爲位于陰陽、乾坤、天地二者之上，而加以統攝之一概念。而太極之所指者，則應爲天地及天地中之萬物之根源或總會之所在。此爲就《易傳》之文句之構造，吾人可如此說者。至于太極之一名所實指者爲何，則儘可容後人有不同之解釋。」〔註16〕因之，緯書以氣釋「太極」，以建構其氣化宇宙，其內容詳見下節；而若以《易傳》之儒家哲學本質觀之，則「太極只是一箇渾淪底道理」。〔註17〕「此渾淪底道理」，正所謂易之「道」也，乃「形而上」而遍在，不離於物而爲一，且有變化生生之能。〈繫辭傳〉曰：「形而上者謂之道」，乃就其存有而言。然則，既爲形上，又爲存有，如何證得此「道」？於此可見聖人之用心。伏羲氏之設卦證道，即由仰觀、俯察、近得、遠取，見宇宙萬物雖各具異相，卻有「變動不居」之共性，故推知萬有與類之生生滅滅，乃因自然流行之動能所致，是以，就其流行之動能而言，又可曰「一陰一陽之謂道」。易言之，以總體言，道爲一，是爲太極，爲變化生生之本；以個體言，則「道」由「一」下落爲一陰一陽，陽性發動，陰性順承，交替往來，化生萬物，陰陽、萬物亦各稟「道」之下趨流行，陽爲一太極，陰亦一太極，而萬物亦莫非一太極也，此即宋儒言「一物一太極」之所據。〔註18〕綜上所論可知：太極無形無體，然有流行生機存焉，所謂「神无方而易无體」（〈繫辭傳・上〉）即指此作用而言，此生機一動，則變化無窮，爲造化之始，故曰：「天下之動，貞夫一者也。」

〔註16〕唐君毅之文見〈太極問題疏抉〉，《新亞書院學術年刊》第六期，頁9、10。

〔註17〕語出《朱子語類》卷七十五，周謨所記。宋儒每言太極是理，陰陽是氣，與漢儒不同。

〔註18〕詳參高懷民《大易哲學論》第二論〈太極——宇宙萬物之奧府〉。《朱子語類》論「一物一太極」亦隨處可見。

(〈繫辭傳·下〉)「一」既是原始，又是無窮。許愼《說文解字》「一」字下開宗明義即曰：「惟初太極，道立於一，造分天地，化生萬物。」「一」固指數字之「一」，然數字「一」實亦深含太極始生之作用。段玉裁注引《漢書》曰：「元元本本，數始於一。」即闡明此「一」亦即太極「一」原始又無窮之奧義。

太極本爲陰陽未分、陰陽中和之存有，及其「一」之發動，依循「一陰一陽」之律動，乃生「⚊」與「⚋」相對之動能。兩儀者何？〈繫辭傳〉亦未說明，是以後人有乾坤、陰陽、天地、動靜、男女……之歧義，實則由八卦之畫成言，高懷民先生於《先秦易學史》析論甚是精釆，既予合理衍生過程，又能彰顯其間架構哲理，可酌加取用。高氏分析卦畫符號之緣起，以爲太極有一正一反互動之作用，兩儀即代表宇宙萬物變動之兩大法則，此一陰一陽(畫卦當時，不必定稱爲陰儀陽儀)之流行消長，乃促使易道變化生生，是以「⚊」與「⚋」爲超乎物體形象之抽象作用或動能之符號。然此二符號於象上各自獨立，亦無法表現共同之作用，而事實上二者是共同作用於每一物體上。欲表現其共同作用，則須加組合，遂產生「⚌、⚎、⚍、⚏」四象，〈繫辭傳〉曰：「象者，象也。」⚌與⚏象宇宙兩大作用、大動能；⚎與⚍則象兩大作用之共同作用於一物上。然而，猶未能如實達成「以通神明之德、以類萬物之情」，故於四象上多加一畫成三畫，因「不均衡之大用」，〔註 19〕自然顯示多寡消長之勢，八卦由是而生。卦者，掛也，八卦以象告，此八卦之源起與大用。〔註 20〕伏羲氏之畫卦，運思是否如此縝密入理，難作論斷，然畫卦次序則無可懷疑，而「太極生兩儀，兩儀生四象，四象生八卦」之生次架構，則留予人無限哲學思維空間，老子、孔子即共執「太極」之大用，各自向上向下開展道家與儒家哲學體系，卻又往反周流，相契彌合，共展大易哲學之輝光。

《乾鑿度》融納儒道二家學理，雖爲駁雜，卻自成理論系統。依氣化宇宙論說解太極生次，繼言八卦用事，終則闡述儒家「以通神明之德，以類萬物之情」易之大用也。考氣化宇宙論之形成，源自先民對自然長期觀察經驗之累積，

〔註 19〕見《大易哲學論》第三論第三節〈不均衡之大用〉。三畫之八卦因有「均衡之條件」(陰陽作用之相對流行)，此二作用恆有「求均衡」之意向；而以其「流行」故，則必無「均衡之狀態」，是以二作用恆於「求均衡」下流行不息也。

〔註 20〕見高先生《大易哲學論》第一論第二節，及《先秦易學史》第三章第二節所述八卦之畫成。

由《莊子》對此目然之氣之掌握，至《管子》、《呂氏春秋》已成系統認識，《淮南子》、《論衡》等更與陰陽五行匯融，《易緯》成於《淮南子》前後，故其氣化思想亦極相當。《淮南子・天文訓》言宇宙創生之程序爲：「虛霩（道）→宇宙→元氣→天地→陰陽→四時→萬物」，〔註21〕自元氣以下與《易緯》則始納入太極生次中耳。漢代易學家亦多從氣上說解，如鄭玄注「易有太極，是生兩儀」句，曰：「極中之道，淳和未分之氣也。」又注《乾鑿度》「易始於太極」一句曰：「氣象未分之時，天地之所始也。」而「太極分而爲二，故生天地。」一句，鄭氏注曰：「輕清者上爲天，重濁者下爲地。」〔註22〕其說固有所本，上述諸書已發其端矣！孔穎達《周易正義》曰：「太極謂天地未分之前，元氣混而爲一，即是太初、太一也。」即承前爲說。

太極既爲渾淪之元氣，清濁難見，唯其施發作用，乃可形見，故《乾鑿度》直以「天地」指稱「兩儀」。以「⚊」「⚋」爲「天地」雖則有隔，然就「太極」衍生「天地」之哲理言，陰陽發動，開天闢地之創生，使此說有著落，不爲架空之論，亦屬妥切之釋，較之《十三經注疏》韓、孔以《老子》「道生一、一生二」解「太極生兩儀」之違亂儒道，〔註23〕略勝一籌，而《說文》之「造分天地」即同緯說也。〔註24〕況由「天地」之相對與變化生生加以引申，可抽繹出「對立而統一」之要義。天地既是相對，然而天地交感方能生化萬物，故爲相諧而統一，由此，舉凡天地人之道，均可二分爲陰陽、柔剛、仁義等，乃至一切二分之事物，雖對立而又相輔相成，此易道之一大作用也。

《乾鑿度》既依氣化立言，天地之元氣絪縕鼓盪、陰陽消長，寒暑相推，乃成四時之變化，故以「四時」解「四象」自屬必然。而「四時」與「陰陽老少」、「金木水火」、「四方」、「四德」等，〔註25〕雖非「四象」之確解，然可互補豐富其義，其中尤以「四時」更見易道之廣矣大矣。四時以其依序更迭、隨時變化、冬去春來、相續相生，更見宇宙亙古長流之生機，聖人因而體悟：「夫大人者，與天地合其德，與日月合其明，與四時合其序，與鬼神合其吉凶。」

〔註21〕《淮南子》言宇宙創生之程序，見徐復觀《兩漢思想史》，頁217。
〔註22〕鄭氏注見胡自逢先生《周易鄭氏學》所引，頁149。
〔註23〕韓、孔之違亂儒道，參《大易哲學論》之駁論，頁490～492。
〔註24〕許慎《說文解字》敘文自言「其稱易孟氏」，段注曰：「孟易者，許君易學之宗也。」孟喜因得「易家候陰陽災變書」而倡象數易學，緯說亦屬同流。
〔註25〕四象之說，吳怡先生《易經繫辭傳解義》一書并作析論，又可參江弘遠先生《惠棟易例研究》（論四象），頁49～56。

（〈乾・文言〉），「日月得天而能久照，四時變化而能久成，聖人久於其道而天下化成。」（〈恆・彖〉），即如揲蓍求卦亦「揲之以四，以象四時。」（〈繫辭傳・上〉第六章）由四時之流轉，遂定生長收藏之業。《乾鑿度》則一貫由氣之流行而發，因四時陰陽寒暖剛柔盛衰之分，宇宙自然遂有如〈說卦傳〉「帝出乎震」一段之態勢，八卦由是生焉。其八卦取則於天、地、雷、風、水、火、山、澤，皆爲自然氣象，可見其立說一貫而周洽也，且依〈說卦傳〉之取象與卦位爲據，八卦自有其布散用事，非徒爲空說也。比列行世既久，影響深遠之《十三經注疏》、《朱子本義》於此太極生次諸解，《乾鑿度》尚屬高明也。

然則，緯說仍有於理未安者：既以太極分二象天地，八卦之屬亦以乾坤象天地之道，顯有重複之弊。如以前說之大太極、小太極疏通仍可盡意，然僅數字即生紛擾，不無缺憾。

肆、太易三始

《易傳》於八卦畫成，宇宙萬物之源起，定太極於一尊，而《易緯》則藉太易三始，以擬構先於天地之氣化宇宙也，其後縱貫而下言八卦，乃至六十四卦之畫成。

《乾鑿度・上》云：

> 昔者聖人因陰陽、定消息、立乾坤，以統天地也。夫有形生於无形，乾坤安從生？故曰：有太易、有太初、有太始、有太素也。太易者，未見氣也；太初者，氣之始也；太始者，形之始也；太素者，質之始也。炁形質具而未離，故曰渾淪。渾淪者，言萬物相渾成而未相離。視之不見，聽之不聞，循之不得，故曰易也。易无形畔，易變而爲一，一變而爲七，七變而爲九，九者，氣變之究也。乃復變而爲一，一者，形變之始，清輕者上爲天，濁重者下爲地。物有始、有壯、有究，故三畫而成乾。乾坤相並俱生，物有陰陽，因而重之，故六畫而成卦。

《乾鑿度》引文凡二見，分見於上下卷。下卷「聖人」作「文王」，「易无形畔」作「易无形埒」，餘則虛詞之增損，無礙於文義之一致。又《列子・天瑞》亦見大同小異之文，或引自緯文也。〔註26〕

〔註26〕《列子》一書之眞僞，近人議論甚爲紛歧。張心澂《僞書通考》及鄭良樹

「易變而爲一」以下論卦之生成，蓋乾坤擬象爲天地，天以剛陽而尊，地以柔陰而卑，天尊地卑，乾坤定矣！且乾坤者，陰陽之根本也，陰陽交感而化生萬物，故《乾鑿度》盛贊乾坤之功：「乾知大始，坤作成物。」乾坤可見賢人之德業。「乾坤其易之門邪！乾，陽物也；坤，陰物也，陰陽合德而剛柔有體，以體天地之撰，以通神明之德。」此〈乾〉〈坤〉當指六十四卦之首二卦，其大始成物之德業乃本於「剛柔相摩，八卦相盪」之共同作用，如此則可繫於「太極生兩儀」一節下，曰八卦生六十四卦。然由《乾鑿度》細加推敲，此乾坤似獨立於六十四卦之外，而爲易道所蘊積之根源，「乾坤成列而易立乎其中矣」，《易緯》因見〈繫辭傳〉亟稱〈乾〉〈坤〉二卦而不及其他，故特由乾坤立一衍生系統，以別於太極生次之成卦系統，並於其中寓寄對宇宙萬有根源之哲學思維。

《乾鑿度》首問：「夫有形生於无形，乾坤安從生？」乃視乾坤卦象爲有形，有形之物皆從無形而生，故提出宇宙形成之階段曰：「有太易，有太初，有太始，有太素也。太易者，未見氣也；太初者，氣之始也；太始者，形之始也；太素者，質之始也。」顯是承襲《老子》推「有」入「無」之體系而發。《老子》第四十章曰：「天下萬物生於有，有生於無。」雖可發揮「乾元始動」——「有」之妙用，然無一語涉及易學，故《易緯》加以更動，並援引漢代氣化說以增飾其形上世界之內容。鄭玄於此注曰：「太易之始，漠然無氣可見者；太初者，氣寒溫始生也；太始，有兆始萌也；太素者，質始形也。諸所爲物，皆成包裹，元未分別。」頗符合原意。《乾坤鑿度》亦見相同生序：「太易變，教民不倦。太初而後有太始，太始而後有太素，有形始於弗形，有法始於弗法（注曰：太易，氣未分；太初，氣始見；太始，物有形；太素，萬物素質用淳在）。」緯說「太易」以下順序，後代論緯諸家大抵無異議，而「太易」、「易」與「渾淪」三者之定位，及其與「太極」之關聯則眾說紛紜，〔註27〕然考校文義，此生成系統可概分爲三段落：「太易」以上爲「無」之階

《續僞書通考》二書詳列諸家正反意見，可知仁智之見，各有所持，辨僞之方，則足取法。《列子》之僞，張湛或有嫌疑，然我國古籍，輾轉傳鈔、增刪雜輯者不可勝數，時隔久遠，難作確立之論判，辨僞之論當從寬處著眼，張湛殆非始作俑者。其注《天瑞》一節云：「上一章全是《周易乾鑿度》也」。「太易」之見於《易》書，豈非順當？故其言出處或可從也。

〔註27〕如依鄭玄注文，可知彼以「易」爲「太易」。今試爲擬其說之架構如下：

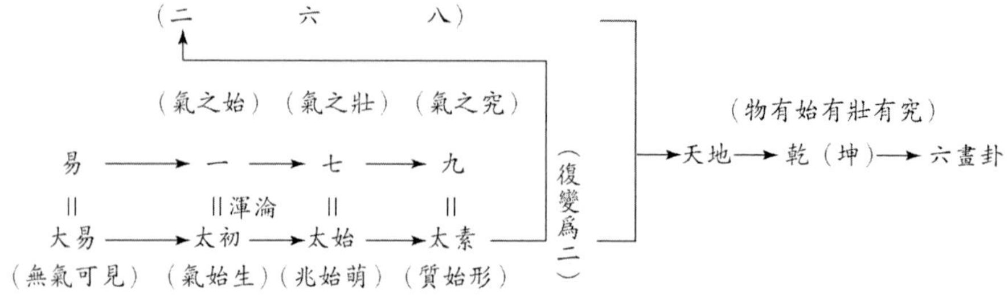

胡自逢先生《周易鄭氏學》，於〈繫辭傳・上〉「易有太極」鄭注「淳和未分之氣」條下，以爲鄭氏乃以《緯》之太易，擬《易》之太極，復本緯書論太易之理，以注《易》之太極也，其說極佳，然以氣化論而言，「淳和未分之氣」當是「渾淪之元氣」，則太易當非太極。然若依此，鄭注似爲尊緯而抑經，亦不無可疑也。鄭注因亡佚不全，難作周全論斷。日人安居香山於其《緯書》作另一理解：

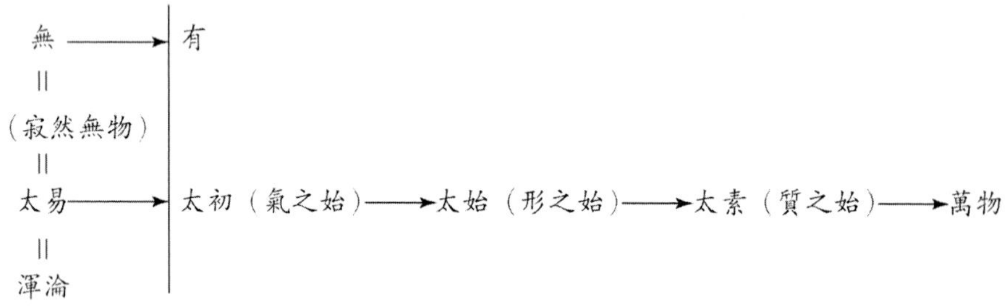

其表顯見《乾鑿度》與《老子》之關聯。然以太易爲渾淪，渾淪者，言萬物相渾成而未相離，於漢世氣化論中多指元氣而言，實非《老子》第二十五章：「有物混成，先天地生」之「道」也。

又熊十力先生《讀經示要》以爲太易即太極。彼以爲體用不二：「宇宙本體即所謂太易也，太易雖含三始，即氣形質具，而形與質並無實，只渾然一氣而已。氣亦非離太易而別有自體，只是太易之顯現而已。」又曰：「須知，全宇宙只是氣。易言之，只是太易顯爲盛大之作用。」而漢人以元氣說太極，正不知體用不可分，太易即本體，亦爲作用，離氣則不可得太易，譬如離眾漚，不可得大海水也。熊氏以體用不二，即用見體確立其哲學架構，欲見其體（非「實體」）淵奧而妙用無窮，而《易緯》襲用道家「有無」之生發，乃於渾淪之太極上別立一寂然近「無」之太易，似非如熊氏所論之精妙至極也。再則，高懷民先生《大易哲學論》頁 498 亦作一圖如下：

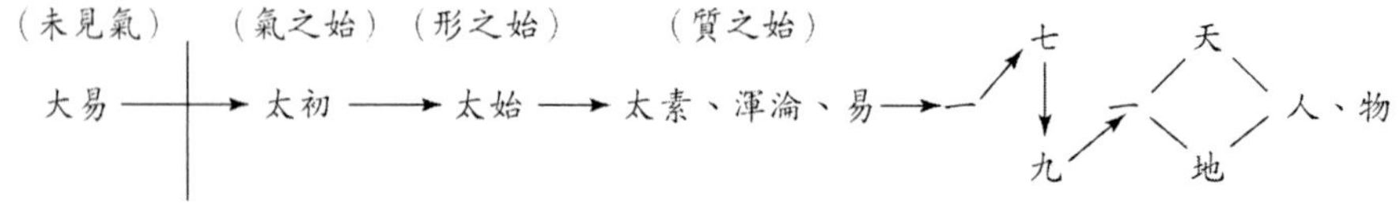

高氏以「易」爲關鍵字，下涉「易含三義」之首義「易也」，其說甚周延，惜未比列太極太易二義之關係。

近人朱伯崑先生於《易學哲學史》中，承鄭玄注，化去鄭注模糊之界說，確

段，虛豁寂寞，不可以視聽尋，又名「易」也，「易无形畔」即前言「弗形弗法」也，是爲氣化宇宙之最根源者也。「太初」以下已屬「有」之範疇。太初爲「氣之始」，太始爲「形之始」，太素爲「質之始」，雖爲「有」之範疇，因其未落物形，故言「之始」，此三始與「太易」仍屬「形而上者謂之道」之概念。此三始乃萬物相渾成而未相離之狀，總名曰「渾淪」，即漢人所謂之「元氣」。「渾淪」以下即落入儒門易學中，由陽數一七九之變而生天地萬物，並由之成卦。

同是成卦之始，前述之太極生次又如何與此相融？《易緯》之兩儀明指天地，「太極」必爲「渾淪」之上者，然則，太極究爲太易乎？抑或渾淪乎？此生詮釋上之爭論。太極果爲如何？誠如上引唐君毅先生所言：「儘可容後人有不同之解釋。」是以「太極」於儒家哲學體系上有其無上義，落入一般漢儒及《易緯》中，則以元氣或氣釋「太極」之意。考鄭注《乾鑿度》之「太極」曰：「極中之道，淳和未分之氣也。」又鄭注《乾鑿度》「太極分而爲二，故生天地」句，依此緯文「輕清者上爲天，重濁者下爲地」以注「天地」，則「太極」即此「渾淪之元氣」也。是知「太易」而後「太極」也。《十三經注疏》孔疏更直言「太極謂天地未分之前，元氣混而爲一，即是太初、太一也。」太一又稱太乙，亦太極元氣之化名，可參第二章「九宮之數」一條。另則《乾坤鑿度》曰：「太易始著，太極成；太極成，乾坤行。」可證。其下曰：「性無生，生復體。」「性無生」即指太易未見氣之階段，「生復體」即指氣形質具之太極階段。又「一大之物目天，一塊之物目地，一炁之䨣名混沌，一氣分萬䨱，是上聖鑿破虛無，斷氣爲二，緣物成三，天地之道不濛。」注曰：「䨣，蔀也。」謂遮蔽不明，引申爲氣未分化之狀態。「䨱，懜也，萬性之物，分覺其形體。」則鑿破虛無，分混沌之氣爲陰陽二氣，以下生萬物，此「太極」之氣可斷爲二，以其有實體義，則必非「虛無」之「太易」明矣！除《易緯》外，其他緯書亦持此說。如《河

立緯論中「太極」之定位如下：

大易 ——┼—— 太極 —— 陰陽二氣和天地 —— 乾坤兩卦

論說極周詳，本論文多從其說。

以上數說，高氏與朱氏均精當而可取，其說之異乃因「渾淪者」至「故曰易也」斷句致生認知之歧異，朱氏本之鄭注，高氏自創新論，而皆能首尾貫通，論證圓融，足爲後學者之法式也。

圖括地象》曰：「有易太極，是生兩儀。兩儀未分，其氣混淪。」又如《孝經緯鉤命訣》曰：「天地未分之前，有太易，有太初，有太始，有太素，有太極，是爲五運。形象未分，謂之太易。元氣始萌，謂之太初。氣形之端，謂之太始。形變有質，謂之太素。質形已具，謂之太極。五氣漸變，謂之五運。」其說雖異於《乾鑿度》，然以太極爲元氣則爲一致。〔註 28〕太極元氣說已見前節，乃始於《淮南子・天文訓》，而後劉歆於《三統曆》言：「太極元氣，函三爲一。」三爲天地人，一元含三統，即太極元氣含天地人也，《易緯》以太極含有太初、太始、太素三階段，即脫胎於此，〔註 29〕鄭玄亦本此而注也。因之，太易並非太極，乃先於太極而存在者也。試作圖示如下：

圖 4-1

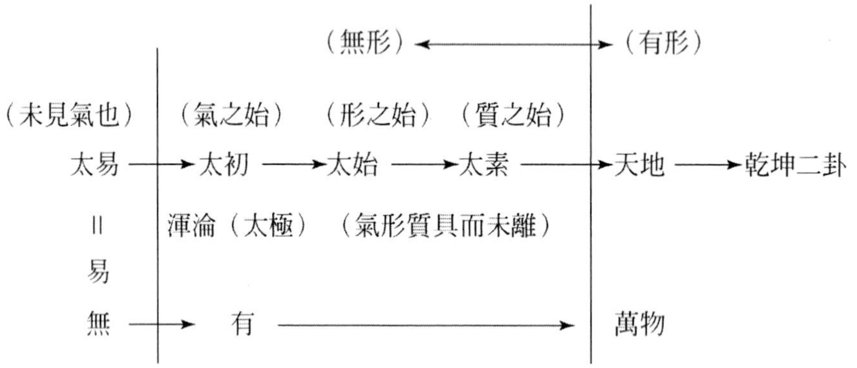

〔註 30〕

由此顯見《易緯》以「太易」爲「無」，而「太極」爲「有」，是爲襲用《老子》之痕跡。另以「太素」以上爲「无形」，「太素」以下爲「有形」，有形始於无形，兼論《易傳》「形上之道」與「形下之器」之別，兼合儒道之用心可見一斑。

西漢之氣化宇宙論以《淮南子・天文訓》爲奠基者，前條已列其宇宙生發之程序爲：「虛霩（道）→宇宙→元氣→天地→陰陽→四時→萬物」，其理論依據爲《老子》之「道生一，一生二，二生三，三生萬物。」以「一」爲混沌未分之元氣，「二」爲陰陽二氣：「清陽者薄靡而爲天，重濁者凝滯而爲地。」「天地之襲精爲陰陽，陰陽之專精爲四時，四時之散精爲萬物。」萬物

〔註 28〕資料取自朱伯崑《易學哲學史》，頁 160。

〔註 29〕同註 28。

〔註 30〕參見註 27。此從朱先生之說。

即因天地陰陽四時之變而生。《易緯》依此納入易學系統，以「太易」代《淮南子》之「道」，以「太極」代「混沌未分之元氣」，而「二生三」因套入有隔，多避開而由陰陽天地下生萬物著眼。《乾坤鑿度》則嘗試分析：「是上聖鑿破虛無，斷氣爲二，緣物爲三，天地之道不瀥（注曰：息絕）。」亦爲一解。《乾鑿度》如此援引，道家黃老學派之宇宙發生論即轉爲儒家之宇宙發生論。朱伯崑曰：「儒家的宇宙發生論，就其思想資料說，本於〈繫辭〉的『易有太極』說，但賦予太極以實體涵義，作爲解釋宇宙本源的一種哲學範疇，就現在流傳下來的史料看，是由《易緯》確定下來的。《乾鑿度》將太極看成是世界形成的物質要素，認爲任何物體皆有氣形質三個方面，此三方面即存於太極元氣中。」〔註 31〕《易緯》雖欲兼合儒道，上下貫通天人衍生系統，然其明確依《老子》以構築「太易」爲「無」，「太極」爲「有」，且影響甚鉅，後世隨即就「太極爲宇宙萬物之根源」與否，展開長期論辯。〔註 32〕諸家所論歧異點乃因各本儒道之學以爭，殊不知儒道自漢代即已見變質，況乃《易緯》之雜融各家！再者，「氣」乃界乎「無形」與「有形」間「實有之物」，而「太易」之未見其氣，究之爲「無」？抑或爲「氣形質具而未離」之狀？因而又起「體」與「用」之辯，乃至「易」、「太易」、「太極」與「渾淪」間之紛擾。除「有無」「體用」爲哲學難下論斷之爭執點外，須明《易緯》自有其一貫體系，若強以儒、道辯爭其學，或因不相容而非之，皆非善論者也。

至如易數一七九，參見前節。此中猶須言者，卦畫之畫成乃由氣而形而質生。氣形質之成物皆歷始、壯、究三階段，八卦三畫即依此而生，較「四象生八卦」有數據可言。易本無形畔，然非無作用，太易始著太極成，太極之元氣發動，氣變之始爲一，氣變之壯爲七，氣變之究爲九。鄭玄依《河圖》數並卦候言：「一主北方，氣漸生之始，此則太初氣之所生也；七主南方，陽氣壯盛之始也，萬物皆形見焉，此則太始氣之所生者；（九）西方陽氣所終究之始也，此則太素氣之所生也。」鄭氏又於下卷注曰：「易，太易也，故易變而爲一，謂變爲太初也；一變而爲七，謂變爲太始也；七變而爲九，謂變爲太素也。」亦即有形物之生均歷太初、太始、太素三階段也。下言「乃

〔註 31〕見《易學哲學史》，頁 162。

〔註 32〕同註 31。朱先生以爲《易緯》之宇宙發生論，以太易爲無、太極爲有，則陷入「虛生氣說」。屬道家及近道家系統者即主虛生氣，不以太極爲世界之本源，或釋太極爲虛無。反之，儒家易學者則斥之，以太極爲世界之本源，或以太極爲氣，或以太極爲理，因之展開長期之論辯。

復變而爲一，一者，形變之始。」鄭注以爲依文意當作「乃復變而爲二，二變而爲六，六變而爲八，則與上七九意相協。」二即形變後之天地也。天地乃有形之物，故言「形變之始」。太易既變出陽氣之數，復生陰氣之數，足見太極渾淪分化之過程，且足爲下文「乾坤相並俱生」之根據。《乾鑿度》下節續言易數「陽變七之九，陰變八之六。」則鄭注可從也。既有天地之形，復有陰陽數之變，故三畫而成乾坤，因而重之，故六畫而成，六十四卦亦因之而生。

《乾鑿度》由乾坤探尋宇宙由無形至有形之過程，太易既無形畔，自不待言；天地則有形質可察，而太易至天地之生成何由轉變？故分立太初、太始、太素三始以見漸變分化之跡，然氣形質「之始」抽象難辨，因以一七九、二六八別分陽氣陰氣，並藉數變切合卦爻之畫成，則筮法中七九八六之數非僅奇偶之別，亦兼合陰陽氣之變，朱伯崑曰：「數的變化不僅可以說明節氣的變化，並且可以說明世界從無到有的變化過程。這就爲漢易中的象數之學提供了理論基礎。」〔註33〕由此亦可知乾坤初立工程之浩大也。

伍、乾坤兩儀

前言緯曰：「太極分而爲二，故生天地。」況於〈繫辭〉之「太極生兩儀」，則天地即兩儀也，而乾爲天，坤爲地，故於此標其目曰：「乾坤兩儀」。《易緯》八種，其名嵌有「乾」「坤」者即居其半：《乾坤鑿度》、《乾鑿度》、《乾元序制記》、《坤靈圖》，蓋乾坤者，陰陽之根本，萬物之祖宗，大易之法門，易學之精粹盡在於是，所謂「太易始著太極成，太極成，乾坤行。」「乾坤既行，太極大成。」乾坤毀，則無以見易。《易緯》深識其要，遂由書名見其義，抉啓乾坤之大法，就中尤以《乾坤鑿度》之名更見其用心。其書分爲〈乾鑿度〉與〈坤鑿度〉二卷，觀其名，推其意，則理當分論乾坤二旨，然其〈乾鑿度〉一卷，由乾道窺見大易哲理，統合闡發易經原理，論及四門四正、取象取物，以及卦爻蓍策之數，未如〈坤鑿度〉之專論坤之體性變化。及至《乾鑿度》一書亦如是，總論太易太極之源起，再下貫於乾坤，乾得易之要理，論乾即論易也；而坤乃附於乾，六子乃乾坤所生，故於乾道，一體說之，未作細論。乾德之體性變化可由各分論見之，亦可由坤德比照得知，今僅就緯文所述略

〔註33〕同註31，頁163。

說乾之一二，而坤德即可按條目詳論之。

一、乾鑿度

「乾鑿度」之名義，前已說之，「鑿者，開也，聖人開作；度者，度路，又道。聖人鑿開天路，顯彰化源。」乾元即萬化資始之源頭，故由乾德說起。

（一）乾義四訓

緯言「乾者，天也、川也、先也、健也」，既以音訓，又以義界訓其字。「乾」、「健」二字同爲群紐字，聲同爲訓；而「乾」爲下平二仙韻，「川」亦爲二仙韻，「天」爲下平一先韻，「先」亦爲一先韻，古韻先仙同用，故可互相爲訓也。緯文繼而發揮聲義相合之詁訓如下：

1 乾者，乾天也，又天也。

乾天之兩訓，其上「乾天也」，注云：「古乾字，乾燥亢陽之名。天云太灝，乾燥下潤，今之乾者，乾涸，非也。」而《說文》云：「乾，上出也。」段注曰：「此乾字之本義也。自有文字以後，乃用爲卦名，而孔子釋之曰：健也。健之義生於上出，上出爲乾，下注則爲濕，故乾與濕相對，俗別其音，古無是也。」其義近似，極言乾元陽氣之充沛，彌合六虛，《說文》並言及其生發萬物之勢能。其下「又天也」一義，即〈說卦傳〉：「乾爲天」之大象。一則天體有剛健不息之動能，二則乾☰爲古文天字，三畫立位則天地人三才之道皆備矣。乾，非物也，然其神化難明，故可以天象之也。

2 乾者，川也；川者，倚豎天者也。

〈乾鑿度〉別有古文字說，☰爲古文天字，倚豎之，則象川形，言天川浩蕩，澤潤萬物，其用大矣哉！此「川」亦乾之象也。

3 乾者，先也。

《說文》曰：「先，前進也。」乾元剛健，正有向天冒進之勢能。又乾元始生萬物，首出庶物，故其在萬物之先也。經傳言「元」也、「始」也，今又得一「先也」，乾元之生生作用，義更周全。

4 乾訓健，壯健不息，日行一度。

〈說卦傳〉云：「乾，健也。」〈乾・象〉亦曰：「天行健，君子以自彊不息。」皆從乾剛陽本質而來。天體之運行永無休止，乾元之生化剛健不息，乃能促使宇宙大生命日新不竭，故健者，言其生生不已之勢能也。〈乾卦〉大象之「天行健」，辭例與其餘六十三卦大象不同，又帛書本「乾卦」作「鍵卦」，故黃師慶萱疑此卦本當作「健卦」也，〔註34〕二字韻同，可互訓之，然「乾」字行之既久，影響至大，故仍從舊說也。

（二）乾為天門

〈乾鑿度〉曰：「聖人頤乾道浩大，以天門爲名也。」又於「立乾坤巽艮四門」之「天門」下曰：「萬靈朝會眾生成，其勢高遠」，再引《萬形經》曰：「天門闢元氣，易始於乾也。」皆爲「乾，天也」之具體化說法。四門雖設，乾坤則入易之門，乾更爲眾卦之門，始生萬物，剛健、中正、純粹，其德至大，無以名之，故以天門象之也。前文「四正四維」條已論之，可參其說。

（三）乾有大筴

易有聖人之道，以卜筮者尚其占，可幽贊神明，極數知來。乾之筴數由大衍蓍策而得，亦已加入錯綜變化之列，極數定象，定業斷疑，與坤策通變，以盡萬物之吉凶幾微。其詳參看上文「大衍之數」與「蓍筴之數」二條。

（四）乾有四德

「元亨利貞」四德，固〈乾〉之所有，〈坤〉亦四德皆備，唯其「貞」則曰「牝馬之貞」。又〈屯〉〈隨〉〈臨〉〈无妄〉〈革〉五卦亦言「元亨利貞」，餘則言「元」，言「亨」、言「利」，言「貞」，或二字，或三字，無慮數十見，蓋六十二卦皆本乾坤，坤又附於乾，則易卦莫非乾元所爲，故無不備此四德，而或全或否，則視其修爲而言。熊十力先生《讀經示要》於此論之甚詳，其言「德者得也，言乾之所以得成其爲乾也。乾無形，而舉其四德以顯之。……大底〈乾卦〉舉四德，係直顯本體，乃統六十三卦而言，即萬化或萬物，無不具乾之四德，無有一卦一爻而或缺此四德者。」〔註35〕「元亨利貞」一語可合四字成一句，或二分之，或四分之，〈文言傳〉均有之，可相互補足其意。今多依四分法釋其義，〈文言傳〉曰：「元者，善之長也；亨者，嘉之會也；利者，義之和也；貞者，事之幹也。」〈子夏易傳〉簡釋曰：「元，始也；亨，通也；利，和也；貞，正也。」均達其意旨，後人於此四德義理發揮甚多，毋庸贅敘。《乾坤鑿度》等文於乾道均大體論之，然未及四德之論，至《乾元

〔註34〕大陸學人韓仲民先生亦有此說，見〈帛書周易釋疑一例——「天行健」究應如何解釋〉。《文物天地》，1984年五期，頁34～35。

〔註35〕參見《讀經示要》卷三，頁62～65。

序制記》及《坤靈圖》則錄之，雖僅勾勒其要，然足見不忘乾道之大用也。

《乾元序制記》云：

> 乾，元亨利貞。道之用也，微明所接，德由備也。文王比隆興始霸，伐崇，作靈臺，受赤雀丹書，稱王制命，示王意。序錄著卦科合謀，言道深微幽虛恢。乾一言糾圖侯，神爛天地塞。文王用其不倦，武發修其質素，周公用其節序，三聖首乾德，各就乾元利貞，每遺夕惕若厲懼後戒。

王令樾先生《緯學探原》嘗釋本書之名義曰：「因本書首先依據易『乾元亨利貞』，歷論文武周公首重乾德，爲乾元利貞之行；其後始及風雨寒溫之術。主要即是敘述大聖制作乾元的道理，施於德政的意義；而由乾元衍及諸卦的徵驗，所以以主要之義爲篇名。」〔註 36〕甚是精闢，則本文義亦可詳矣。乾元有始扛萬物，亨通萬物，和諧萬物，不私萬物之天德，足爲君子法式，君子行此四德，體仁足以長人，嘉會足以合禮，利物足以和義，貞固足以幹事，則仁禮義信四德兼備，並以自彊不息之精神參贊乾道之化育，以成德爲行，日見其行，終則渾然與天地合爲一體，從心所欲，率皆天德乾道也，是故「元亨利貞」四德向爲聖賢儒者所推崇，以乾道爲成己成人之鵠的。緯文乃列論三聖於乾德之夕惕若厲，乾乾不倦，皆能行四德，終而開創郁郁周文爲例，以爲後世之所戒也。因《易緯》言文王演卦繫辭，故此極度神化文王之聖德。「文王比隆興始霸」，注云：「文王比德於乾之隆盛，謂其龍德，長人以善，通其嘉會，利貞之義，乾之以正，始霸四方，被江漢之土。」《史記・周本紀》亦言其「遵后稷、公劉之業，則古公、公季之法，篤仁，敬老，慈少。禮下賢者，日中不暇食以待士，士以此多歸之。」皆以修德之故也。文王又「伐崇，作靈臺，受赤雀丹書，稱王制命，示王意。」〈周本紀〉則僅言文王伐崇侯虎，而作豐邑，定爲國都。然〈周本紀〉又言「改法度，制正朔」，是則可疑，豈殷紂尚存而周稱王哉？文王其時亦僅西伯也，待武王成事而追王爲文王。然漢世已有西伯受赤雀丹書之命而稱王之說，太史公乃略而書之。《乾鑿度・下》即有錄存時說曰：「昌以西伯受命，入戊午部二十九年，伐崇侯，作靈臺，改正朔，布王號於天下，受錄應河圖。」鄭玄亦信而用之，此皆災異符瑞說之餘也。武王即位，以太公望爲師，周公旦爲輔，師脩文王緒業，敬畏天命，以定天保。周公輔翼武王克殷，踐代成王攝政，一沐三握髮，一飯三吐哺，起以待士，制禮作樂，頒度量而天下大

〔註 36〕王令樾一文，參見《緯學探原》，頁 19、20。

服，及成王長，乃還政於成王。是三聖俱首乾道，力行其德，而三聖有所同異：「文王用其不倦，武發修其質素，周公用其節序。」鄭注云：「文王自朝至於日昃，不遑暇食，是乾乾不倦。武王承而行之，不敢有加，是乾之質素。周公制禮作樂，光文武之業，是乾之節厚。六長人以善，嘉會通禮，利慎於義，幹事能正，六德靡悔，戰戰兢兢，三聖同之也。」可謂善詁也。緯文「節序」一語，依鄭注應作「節厚」。《乾元序制記》雖重在由乾元衍及諸卦徵驗，然其能就乾元四德透視出「不倦」、「質素」、「節厚」三諦，頗為精要，衡諸乾元作用，誠非虛言，為緯文中難得一見之珠璣之言也。

又，《坤靈圖》亦有文曰：

> 丘序曰：天經曰：乾元亨利貞。爻曰：飛龍在天，利見大人。故德配天地，天地不私公位，稱之曰帝。故堯天之精陽，萬物莫不從者。故乾居西北。乾用事，萬物蟄伏，致乎萬物蟄伏，故能致乎萬人之化。經曰：用九。

《坤靈圖》，孫穀以為乃配《乾鑿度》名篇，然闕佚甚多，僅存論〈乾〉、〈无妄〉、〈大畜〉卦辭，無一語及〈坤卦〉者。其論乾德之義雖落卦氣象位，然義蘊精美，亦不失乾道底蘊。此謂天經者，蓋謂聖人所制作。「飛龍在天，利見大人」為〈乾卦〉九五爻辭。謂聖人以至德，居天子位，而為天下所利見。此乃盛著之象，尊崇其有「元亨利貞」四德，乃能與天地鬼神同德行也。〈文言傳〉曰：「夫大人者，與天地合其德，與日月合其明，與四時合其序，與鬼神合其吉凶。先天而天弗違，後天而奉天時。天且弗違，而況于人乎？況于鬼神乎？」此九五大人，宜乎居其天位，為萬物所利見也。緯文更贊其「德配天地，天地不私公位，稱之曰帝。」不私公位，即不傳之子孫，而禪於能者，古堯舜之聖德如此也。「唯天唯大，唯堯則之」，巍巍蕩蕩，民無能名也。《乾鑿度》曰：「帝者，天稱也。」即稱其德與天同也。「堯天之精陽」者，注云「立天之道曰陰與陽，言堯乃天之陽精所生，所以能為明君。」既為天下人所利見，則「聖人作而萬物覩」，聖人有生養之德，萬物有生養之情，故相感應而萬物莫不從者。〈乾卦〉以卦位用事言，《乾鑿度》曰：「乾制之於西北方，位在十月。」乾為天，為裁制萬物之主宰也，其氣當陰陽相薄之際，萬物蟄伏。蟄伏者，順天行、奉天時也，於無為處見有為，休養生息，因時興功，此上天開物成務、化育萬物之用心。大人之德，與天道相契，其「元亨利貞」之德，行於萬物蟄伏之際，更見其不凡之化育。行於所當行，其功易見；止於所當止，非有大人之睿智難作定奪也。故曰：「致乎萬物蟄伏，故能致乎萬人之化。」此元亨利貞四德施化之至也。文末「經曰：用九」一句，殆爲闕文也。《乾元序制記》與《坤靈圖》，各從乾道動靜處闡發哲理，其論足相輝映也。

二、坤鑿度

〈繫辭傳〉亟言乾坤之大用。《易緯》乃更列〈坤鑿度〉以抉啓坤德之美，與乾德相匹配：「坤鑿度者，太古變乾之後，次坤鑿度。聖人法象，知元氣隤委（隤者濁，委隤而不能上也），固甲作捍顯（老物有甲，堅固氣老，捍禦太顯也），孕靈坤㐭（古地字也。坤者，非地之名，是地之作用，以象地，坤元，萬物之孕靈皆從神化者也）。聖人斷元，偶然成地，積土形不騫搠。太極有，地極成，人極靈，如履薄厚，如資長極（《萬形經》曰：聖人知地道薄，與天有銳，更洪物資長也）。天有太極，地有太疆（天極高遠，地極迷遠），黃帝曰：天地宜盡闔，地道距水澈（天地盡有閣澈之所，聖人不能測度，地道以水盡爲澈，澈者，水窮也）女媧斷定足，其隤一址。坤母運軸，而後大央氏、百庭氏、大元氏，立坤元、成萬物，度推其理，釋譯坤性，生育百靈，效法之道矣。」緯文雖蹈虛玄，亦能適切指明坤元化成萬物，效法乾元天道之德，其後更提綱挈領窮索坤元之性體、變化，條目清晰，文旨亦不乏精采之論，較之上卷〈乾鑿度〉更見章法。茲條述如下，至其聱牙不易曉者，則略之不論。

（一）物成坤化

太極爲宇宙萬象之根源，及其化育萬物，則顯現二大勢能。其一即創生之勢能，萬物資之以爲始，此乾所象也；另一即凝聚之勢能，萬物資之以爲生，此坤所象也。熊十力《讀經示要》云：「原夫太極之顯爲大用，必先有一種凝聚處，以爲其自身表現之資具，此即所謂坤也。」又曰：「夫坤之凝聚而成物，雖爲一種反作用，而實非反也。反者，所以爲和也。大用流行，惟因有所凝聚，而得顯其生化之盛，故曰：反者所以爲和也。」〔註 37〕故坤元與乾元之作用乃相反相成，乾既創生，坤即凝聚，萬物得乾而始生，得坤而形成，故曰：物成坤化也。〈坤鑿度〉云：

> 坤道成，坤大軵，上發乃應。庖氏曰：坤軵於乾，順亨貞。軵依乾而行，乾一索而男，坤一索而女，依乾行道。乾爲龍，純顯氣，氣

〔註 37〕參見《讀經示要》卷三，頁 88。

若龍。坤爲馬。

物成坤化，周易首乾，故乾先而後坤。軵者，輔也，坤輔贊於乾，乾元始動，坤元乃順而應之，方能竟其成物之功。坤具乾之四德，而於貞則曰「牝馬之貞」，蓋乾以剛健爲貞，坤則以柔順而貞。坤道以陰從陽，以地承天，牝馬柔順而健行，故取其象也。順於乾道，是以含弘光大，品物咸亨，安貞之吉，應地无疆。坤既軵依乾道而行，乾以象父，坤則象母。乾父坤母之交感，乃有子女之衍生，而乾父純陽，坤母純陰，六子則各從父母而衍生也。〈繫辭〉曰：「乾道成男，坤道成女」，此之謂也，故「乾一索而男，坤一索而女」，〈說卦〉更形細索之，乾父得震、坎、艮三男，坤母得巽、離、兌三女，此家庭之取象也。又乾坤之取象於禽獸，《坤鑿度》以乾爲龍，坤爲馬，皆於經傳有之，〈乾卦〉六爻取象六龍，其象最明；〈坤卦〉有牝馬之貞，亦得其象，此二象皆較〈說卦傳〉第八章之「乾爲馬，坤爲牛」更爲入理，而〈說卦傳〉第十一章廣八卦之象亦不載此象，是可怪也。

〈坤鑿度〉又云：

> 乾爲父，坤爲母，皆軵順天道，不可違化。乾君坤臣。乾稱德三，坤以奉六，故成乾九。乾二十五，坤軵三十，乾位爻六，坤承奉六，右乾覆坤，乾元三，含兩坤。乾大筞，含坤小筞，大含小，下軵上，聖人裁以天地，膊軵而養萬元，正其道。

此再釋物成坤化之理，並由乾父坤母推及乾君坤臣之理。熊十力《讀經示要》曰：「乾運乎坤之中，而爲主宰，坤但爲乾之資具而已，故乾有君象。」坤但守其順道而不侵乾，軵順天道，不可違化，乃能彰顯坤德之美。緯文注曰：「從主事，不敢違，无成有終，君唱臣和，上術下法。聖人畫卦，始有紀綱，唯淳德化，以行於君臣，父子、夫婦定矣。」頗得其旨。其下則釋乾九坤六之理，當即推求陽九陰六之故。「乾稱德三，坤以奉六，故成乾九」者，上卷〈坤鑿度〉「立乾坤巽艮四門」已說之：「乾爲天門，……重三三而九，九爲陽德之數，亦爲天德。天德兼坤，數之成也，成而後有九。」又「坤爲人門，……數生而六，六者純陰。」故言乾九坤六，爲陰陽成數，此與推演蓍草，得九六之數，及《周易》以用九用六爲占之說大異其趣，其旨重在坤軵乾而行也。「乾二十五，坤軵三十」即以天地之數說之。「乾大筞」，二百一十六；「坤小筞」，一百四十四，凡三百六十，當期之日，是以聖人可推衍易數，以該萬事眾理。然僅得乾或坤之一卦，無由極數定象，知幾通變，須乾之「成象」，坤之「效法」，乾坤合德，方能致其大用，故而緯文輾轉論之，此其大旨，不離大易經義也。

（二）坤元十性

《朱子語類》曰：「元者，天地生物之端倪也」，萬物資於乾以始，資於坤以生，故乾坤均有生生之作用，是以乾稱乾元，坤稱坤元。

1 坤為人門

乾坤二元細分之，則乾爲氣之始，坤爲形之始，萬物賴乾元而得生命之始，亦賴坤元而完成其相異形體，故畫乾爲天門，坤爲人門，「坤能德厚迷遠，含和萬靈，資育人倫，人之法用，萬門起於地利，故曰人門。」其理已在上文說之，可參見「四正四維」條。

2 坤德厚

〈坤・象〉曰：「坤厚載物，德合无疆；含弘光大，品物咸亨。」地之形勢卑順而深厚，能藏載萬物，使萬物依順天理地形，各順其性而資生亨通，故其德厚而稱「至哉坤元」。注曰：「薄不載詳物，重厚可以匹天，迷遠可以盡極。」亦得其理。

3 坤有勢

〈坤・象〉曰：「地勢坤，君子以厚德載物。」其勢博厚足爲君子取法也。注文引《萬形經》說：「土德生而順其性，有岡簞崎壑之勢，天高西北勢上，地勢下東南」。天象崇高，地勢卑厚，各有其德。《中庸》云：「今夫天，斯昭昭之多，及其無窮也，日月星辰繫焉，萬物覆焉；今夫地，一撮土之多，及其廣厚，載華嶽而不重，振河海而不洩，萬物藏焉。」因坤地有勢，乃成就其廣厚承載之德，德厚、有勢，一體之說也。

4 坤多利

利者，和也。注曰：「陰極則殺，陰和則利。利者，土地滋澤。」坤養萬物，使之各得其體，各遂其性，予萬物最大之利益，故亦有乾元之四德也。

5 坤元有信

注曰：「生物倍出，故曰有信。」《尚書・洪範》舉「五行」，言「土爰稼穡」，蓋農作有時，生長收藏之道不違時而行，乃得地利，於德即有信也。陰陽五行家言土主信，亦本此而發也。

6 易平，坤道平易

注曰：「北荒平易，萬里連均。」又引《萬形經》曰：「坎北方無海，平易，北荒迷遠也。」此或比附中國北疆而言也。坤爲地，以先人宇宙觀而言，浩天之下，盡爲土地也，地廣千里，承載萬物，應地无疆，此其柔順平易，無不承載之德也。〈繫辭傳〉曰：「夫坤，天下之至順也，德行恆簡以知阻。」正與乾德恆易以知險相類，以見易道之易簡爲行事之常德也。

7 坤有大筞

上卷已言天地之數，並及乾坤二卦蓍策之數，乾之策二百一十六，坤之策一百四十四，凡三百六十，當期之日；六十四卦則萬有一千五百二十，當萬物之數，是乾坤二卦乃占筮曆算之推演大宗也。

8 坤純陰正

〈乾卦〉純陽，〈坤卦〉純陰。純陽則至健，德行恆易以知險；純陰則至順，德行恆簡以知阻。此皆得其正，是以易簡而天下之理得矣。而乾坤爲易道之門戶，易之諸卦皆源自乾坤二卦之陰陽合德、剛柔有體，以體天地之撰，以通神明之德。體柔質順即本〈坤卦〉純陰至順之德也。

9 坤法為人腹

八卦取象，近取諸身，坤即爲腹。因坤爻陰虛，虛可容物；又坤象爲地，地可載物，故於人身象腹，能藏大小荒穢，孕含好惡也。

10 坤道有閉

〈繫辭傳〉有言：「闔戶謂之坤，闢戶謂之乾」，一闔一闢，變化積微乃見。此因「乾坤，其易之門邪」，故以門戶之闢闔言乾坤之功能。闔即合也，閉也。易道生生，陰極陽生，陽極陰生，轉化無窮，坤道有閉則乾道有闢也，舉一端則餘者可知矣。乾坤二道即以相反相成之勢能，維持宇宙之大和諧也。

以上言「坤元十性」，實言坤元之德，而坤既以順承乾德爲務，故實可乾坤二元對舉，以見大旨。

（三）坤有八色

注引《萬形經》曰：「色由體性貌色」，故而坤土以地宜之別，有八種形貌。此似亦觀察中國四境而得之概念。

> 東下、西上、北黑、南輕，中般甘滋，厥土厚肌。東鹹、西淡、南污、北荒。

東下西上者，中國地形由東北大興安嶺至西南雲南騰衝畫一直線，區分爲二，則西北高而東南低也。北地氣寒多燥土，燥土堅實多荒，故有名北大荒者；南地多丘澤，其土涖惡輕浮，故言北黑南輕，南污北荒。東境瀕海故鹵惡，西地去海極遠故清淡。惟中土甘甜厚實，得地利氣候之宜，物產豐盛，可飴養萬物。以上四方之差異，殆爲漢人之地理觀，有其經驗考量，不宜以今非古也。

（四）坤　屬

一离火，二巽風，三兑金。

火爲坤母，巽爲离父，金乃坤孫，以坤爲聖人則之象也。

〈說卦〉有「乾坤生六子」一章，謂坤爲母，巽爲長女，離爲中女，兌爲少女，是皆所謂「陰卦」也，是以巽、離、兌皆繫入坤屬，與陽卦所組成之乾屬，合而爲家庭社會之取象，寓寄人際倫常之法則。〈坤鑿度〉兼又繫引五行相生之觀念，闡發其「屬性」，然體例甚不相協。若以八卦自然之象言，則兌當爲澤；若以八卦入五行言，則巽當爲木。依其後「火爲坤母」數語觀之，當取後者，即坤爲土，離爲火，巽爲木，兌爲金。五行相生則：木生火，火生土，土生金，金生水，水生木，因之，離火爲坤土之母，火生土也；巽木爲離火之父，木生火也；兌金乃坤土之孫，土生金也。「父」、「母」皆生之者也，取其義耳；「孫」乃被生者也，義同「子孫」。緯文之意，乃以五行相生歸屬四卦不可分離之屬性，然以「離爲坤母」、「巽爲離父」，則難以凸顯「以坤爲聖人則之象」之重要性，亦不切其題旨，故不如〈說卦〉尊崇乾父坤母，是其蔽也。

（五）坤性體

注云：「性與體殊，前論性有十，後說體有三。」然「坤」豈有「體」哉？〈繫辭傳〉曰：「神无方而易无體」，夫易者，爲一大流行作用，其作用「廣矣大矣，以言乎遠則不禦，以言乎邇則靜而正，以言乎天地之間則備矣。」易乃絕對之存在，其作用起動則賴乾元與坤元相對互動而資始資生。乾坤爲生成宇宙萬物之動能、作用，亦無體也，須待其作用下貫形下之器，乃可由體見其作用，故此處言「坤性體」，非不可也，須明「以用爲體」，始可論之。

1 刑殺

刑者，陰體好殺，刑罰如此。

坤質至柔，然以順承乾陽爲務，故其承天而時行，其動也剛，〈文言〉已指明其本質。〈繫辭〉亦言：「夫坤，其靜也翕，其動也闢，是以廣生焉。」

因坤道順從於乾道，故動靜剛柔爲其一體之兩面也，可正反說之，此陰體好殺即以反面爲戒也。坤道純陰，雖至柔順，然有牝馬之貞，亦隱伏乾陽之剛性；以自然天象而言，於時爲秋冬之際（於消息卦，坤當十月），陰氣盛極，凝結肅殺，萬物蟄伏，潛藏禁閉，生氣全無，人事刑罰即多取秋氣冷殺之理以膺懲妨禁，如秋官之置也，可收刑罰安寧之效。此即坤體以反面肅威爲用，可濟正面順從不察之迷失也。

2 默塞

默者充靜，充塞不動。

此〈文言〉:「至靜而德方」,〈繫辭〉:「其靜也翕」之再釋也。乾坤各有動靜，而密不可分，坤之動靜皆與乾道相應無違。或曰：靜體而動用，實則靜亦其用也，動靜皆有常，相應而合德，乾坤乃能致其大生廣生之大用，言乾動坤靜，乃相對爲言也。坤之靜者，靜而正也，「致虛極，守靜篤」，機不外現，充塞不動，然絕非死寂一片，待乾陽一動，坤陰亦現生機而大地回春。「充」字即可見其內聚之無限熱力。

3 沈厚

沈者，勢不自舉，體沈也。

《易緯》以太極爲渾淪未判之元氣，而後斷氣爲二，清輕者上爲天爲乾，濁重者下爲地爲坤。坤純陰正，氣凝聚而下沈，沈則厚矣，重厚乃可承載萬物，成就德業也。

（六）坤有變化

夫易有三義：易簡、變易、不易，易道統此三事，故能成天下之道德。《周易》尤以變易爲用，乃見生生之理。乾坤變化之道，皆繫於其「易簡」之本質，易言之，即純任乎自然。坤順而靜，其動作起用皆從乎乾而不造事，故簡而不繁，而能成就賢人之大業。緯文言坤之變化有三：「一虛，二簡順，三潔凝」，變化雖有三，其理則一也，曰「簡」也，正惟易簡，乃能虛體容物而通其氣，承順於乾而不違物，潔凝固重而厚其德也。其下緯曰：「庖犧氏畫坤卦，有四象變理：和蕩爲美，凌蕩爲惡，雜配不和，德匹成正，互體反交，形體不同。」即本諸「易簡」之理言畫卦理則，順其理則美，凌蕩雜配則惡矣，頗見不煩不撓之易道蓋如是也。六卦例：地山〈謙〉、山地〈剝〉；天地〈否〉、地天〈泰〉；火地〈晉〉、地火〈明夷〉，如後世所謂「兩象易」

者，〔註38〕互體反交，形體不同，然吉凶立判矣。

1 惠位

正

坤來山附，地兼山謙。

惠訓順也。「正」字下注曰：「八卦錯推，順吉逆凶。古無吉凶字，有損益字。不同正體，亦聖人惡之，變只如此，至變也。」殆言重卦之畫卦，上下卦正體結構，位正德匹則吉也，如〈謙〉之得卦，乃「坤來山附」、「地兼山」也。坤德卑順沈厚，能容蓄萬物，山來附之，更顯其覆載謙卑之容德。反觀之，山以至高而屈居地之下，有降己以隆人之象，一則自懷謙道，再則益顯受坤德感召而勉慕於謙。地兼山謙，以「惠位」之體，其德相匹而成其正道，可稱變理惠正也。

2 復反本

天地否，地天泰。

此變化似與俗謂「三反四復」〔註39〕或京房「八宮卦變」無關也，此推求復反於六十四卦之本源——乾坤二卦交互作用與否而言。乾天坤地爲萬物資始資生之根源，然其氣流未通，則萬物無由生也。如〈否卦〉䷋，坤在下，象地氣下降，萬物潛藏；乾在上，象天氣上升，雨露不施，則天地生機不得亨通，故言「天地否」。反之，〈泰卦〉䷊，乾在下，象天氣下降；坤在上，象地氣上騰，則氣交而物通，故言「地天泰」。天在上，地在下，本天地之正位，然非易道變易生生之正理，故須復反之，使天地交，萬彙和，宇宙通泰也。

3 蕩配

火下有地晉，地下有火明夷。

蕩者，盪也。易卦之變化，乃由剛柔相摩，八卦相盪。八卦相推盪仍須本諸「方以類聚，物以群分」原則，方能綱紀天地，萬物秩然；又二卦相蕩而配，亦須衡諸天象物理之然，乃能德相匹配，是以和順相蕩爲美，凌犯推蕩則惡，此吉凶之別。以〈晉〉與〈明夷〉二卦爲例，同爲坤地與離火匹配成卦，然吉凶善惡則異也。〈晉卦〉䷢，火下有地，明出地上，象日出而萬物莫不相應，附麗其大明而上進也。注曰：「聖人曰：明而順，日新其德，通進

〔註38〕屈萬里先生《先秦漢魏易例述評》有「兩象易」一目，謂「易者，更易也。卦有上下二體，故曰兩象。兩象易者，上下二體相更易也。」見頁131。

〔註39〕三反四復之意，可參杭辛齋《學易筆談》，頁161。

而有亨，順蕩也。」即〈晉・象〉:「君子以自昭明德」之謂也，此即順蕩為美。而〈明夷卦〉䷣，地下有火，明入地中，其明見傷，故而注云:「反體凌蕩，聖人不愈。」蓋凌蕩為惡也。

4 凌配

山存地剝。

山為地土之餘，積陽成體，高起地上而反附著於地，頹剝之象也。山附於地，高附於卑，注曰:「象若不和，萬物不為美也；形若不正，萬業必為崎斜。」此凌犯推蕩而得卦之故也。

以上由坤卦相配而畫卦，得四象變理，和蕩為美，凌蕩為惡，雜配不和，德匹成正，各有吉凶。然此僅言卦配之法，若細推其卦旨，則無不善者，蓋可擇其善者而從之，其不善者而改之，趨吉避凶，逢凶化吉，君子善體之，則自天祐之，吉无不利也。

陸、八卦用事

八卦用事乃立於八卦方位之基而建構。用事者，即當令、當權也。八卦初立既取象於天地自然，其間天體之運行，氣象之變化，則藉八卦之小宇宙摹畫呈現也。由太極元氣渾淪始分為陰陽二氣，依氣之清濁乃形成天地以象乾坤，餘者，雷風水火山澤之自然要素則象震巽坎離艮兌六卦（八卦之取象自然，《乾坤鑿度》有「古文八卦」一節，可參前解）。因自然界有「天地定位、山澤通氣、雷風相薄、水火不相射」之情狀，因之，後世易家乃規摹八卦之方位，取則天象，八卦各有用事，融合歲時節令，以齊整終始之道，並依天象以明人事，使萬物各以其類成也。此方位主時說已見於〈說卦傳〉「帝出乎震」一章，亦即宋人所稱「文王八卦方位」或「後天八卦方位」也。《乾鑿度》則進而比附月令，五行，以凸顯「四正四維」之綱領、「生長收藏」之至道、與「人倫五常」之分際也，其論頗有可采。至如《通卦驗》則以八卦當四立與二分二至，言八卦候卦氣之徵驗，則落入災異虛玄，然其立論架構則同〈說卦〉、《乾鑿度》之系統也。

《乾鑿度・上》云：

孔子曰：易始於太極，太極分而為二，故生天地。天地有春秋冬夏之節，故生四時。四時各有陰陽剛柔之分，故生八卦。八卦成列，

> 天地之道立，雷、風、水、火、山、澤之象定矣。其布散用事也：震生物於東方，位在二月；巽散之於東南，位在四月；離長之於南方，位在五月；坤養之於西南方，位在六月；兑收之於西方，位在八月；乾制之於西北方，位在十月；坎藏之於北方，位在十一月；艮終始之於東北方，位在十二月。八卦之氣終，則四正四維之分明，生長收藏之道備，陰陽之體定，神明之德通，而萬物各以其類成矣！皆易之所包也。至矣哉！易之德也。

> 孔子曰：歲三百六十日而天氣周。八卦用事，各四十五日，方備歲焉。故艮漸正月，巽漸三月，坤漸七月，乾漸九月，而各以卦之所言爲月也。乾者天地，終而爲萬物始，北方萬物所始也，故乾位在於十月。艮者止物者也，故在四時之終，位在十二月。巽者陰始順陽者也，陽始壯於東南方，故位在四月。坤者地之道也，形正六月。四維正紀，經緯仲序，度畢矣。

「震生物、巽散之、離長之、坤養之、兑收之、乾制之、坎藏之、艮終始之。」即〈說卦〉之疏解也，而體例更爲明晰易懂。八卦方位，坎離震兑位居四正，乾坤巽艮位居四維，已見前解，八卦各據其方位以主四時之變化，並體現一年四季陰陽消長之過程。卦氣流行一周以當歲三百六十日，故八卦各主四十五日。依《乾鑿度》之內容略述如下：〈震卦〉陽氣初萌於下，其象爲雷，春雷始震，萬物受形生發，故其氣爲生氣也。依卦當四十五日，一月三十日，則震當二月也。巽象爲風，風散種籽以利著土生長並傳布廣遠也，卦當九十日，緯言「卦漸三月」，因「巽者，陰始順陽者也，陽始壯於東南方，故位在四月。」離者，火也，夏日炎陽氣盛，萬物盛長之時也，故其氣爲長氣也。卦當百三十五日，故離當五月也。坤爲地，坤厚載物，品物咸亨，萬物皆得致養焉，卦當百八十日，形正六月而漸七月也。兑象爲澤，坎水半見而陽實收塞於下，秋日陰氣漸長、陽氣日收，正爲秋實之期，故其氣爲收氣也。卦當二百二十五日，位正八月也。乾者天也，裁制萬物之宰也，其氣當陰陽相薄之際，萬物終成，亦藏始生之潛能，其卦當二百七十日，則卦漸九月而位在十月也。坎爲水，潤萬物者也，坎水行於地中，有藏物之象。冬日陽氣含閉，萬物歸藏，故其氣爲藏氣也。卦當三百一十五日，則位在十一月也。艮者山也，艮山畜止萬物，然其時雖陰氣沍寒，陽氣微藏，待春雷一響而萬物興萌，故其地爲成終成始之處。卦當三百六十日，則卦漸正月而位正十二月也。八卦既合節氣，則四正四隅之位分明，且得：震位東，離位南，兌位西，坎位北，以四季配之，則依序爲春夏秋冬也。此體系周備，則可見易之所包至矣哉！

《乾鑿度》言八卦之卦氣體系，純以三畫卦爲準，非言六畫卦之八卦，故其說與孟京之卦氣說分屬不同體系，不可混爲一談。且其試圖以八卦概括天理，取其八卦用事，故而未能盡如卦氣說之「衍之皆合于度量」也。

然乾坤乃陰陽之根本（京房所主，《乾鑿度》亦言之），因何反居四維之位？《乾鑿度》續曰：「四維正紀，經緯仲序，度畢矣。」即言乾坤巽艮四維卦可正四時之紀。鄭注曰：「坎離爲經，震兌爲緯，此四正之卦爲四仲之次序也。」四仲即四仲月，約當二分二至之時也。因此，四維之卦起用之功更形重要。

其下繼言陰陽二卦之大能：

> 孔子曰：乾坤，陰陽之主也。陽始於亥、形於丑，乾位在西北，陽祖微據始也。陰始於巳、形於未，據正立位，故坤位在西南，陰之正也。君道倡始，臣道終正，是以乾位在亥，坤位在未，所以明陰陽之職，定居臣之位也。

乾爲天，陽氣始於亥（十月）、生於子（十一月），形於丑（十二月），故乾位在西北，言處於陽氣始萌生之亥地；坤爲地，陰氣始於巳（四月），生於午（五月），形於未（六月），然陰道卑順，不敢據始以敵，故立於正形之位以居西南之未地。乾坤之分立，君臣之道明。乾爲君道，主倡始；坤爲臣道，主終正。陰陽各有職守，君臣各有定分也。此由卦氣說轉入君臣之道，其下進而以五常配八卦，以八卦卦候言人倫之道。緯云：

> 孔子曰：八卦之序成立，則五氣變形，故人生而應八卦之體，得五氣以爲五常，仁義禮智信是也。夫萬物始出於震。震，東方之卦也，陽氣始生，受形之道也，故東方爲仁。成於離。離，南方之卦也，陽得正於上，陰得正於下，尊卑之象定，禮之序也，故南方爲禮。入於兌。兌，西方之卦也，陰用事而萬物得其宜，義之理也，故西方爲義。漸於坎。坎，北方之卦也，陰氣形盛、（陰）陽氣含閉，信之類也，故北方爲信。夫四方之義皆統於中央，故乾坤艮巽，位在四維，中央所以繩四方行也，智之決也，故中央爲智。故道興於仁，立於禮，理於義，定於信，成於智。五者，道德之分，天人之際也。聖人所以通天意，理人倫，而明至道也。

五氣者，實五行之氣也。依五行言，震居東方爲木，木主仁；離居南方爲火，火主禮；兌居西方爲金，金主義；坎居北方爲水，水主信；土居中央，主智。《乾鑿度》則以五氣變形釋其因由以配五常，五氣變形純爲陰陽消長所致，未明舉「金木水火土」五字。本文其上有言「是故八卦以建，五氣以立，五常以之行。」卷下則有五行之名目，此當爲《易緯》雜集眾說之一證，緯書年代之長遠亦可由此窺知。震居東方，陽氣始生，萬物形生之時，故其德爲仁。離居南方，陽氣盛長居上，陰氣消匿居下，陽尊陰卑，位分界定，故其德爲禮。兌居西方，陰氣當令，其令威行，萬物齊整，各得其宜，故其德爲義。坎居北方，陰氣形盛，陽氣含閉其中，外順內剛，其德爲信。而中央統率四方，乃四維之所繫，善於決斷，故其德爲智。五常既爲人倫之道，亦爲天地之道，易道既含三才之道，故其道簡言之即：興於仁、立於禮、理於義、定於信、成於智，五者爲道德之分，天人之際也，聖人即以之通天意、理人倫而明至道也。

《乾鑿度》之「八卦用事」，兼融卦氣、方位、五行，以求八卦究天人之大德，則八卦不徒爲流於象與數之層面耳，此爲其哲學意義發揚之首功。朱伯崑先生嘗爲此用事作一圖示，精簡明晰，然誤作六畫之八卦，今改正圖示如下：（見於《易學哲學史》頁 171。）

圖 4-2　八卦方位圖

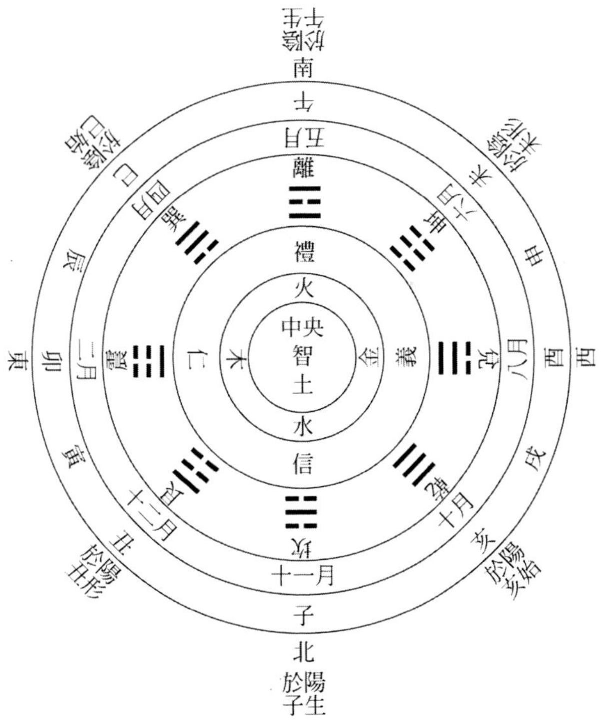

柒、經分上下

經分上下者，孔穎達《周易正義・序》第五論嘗引《乾鑿度》之文，以爲孔子於此寄以微言大義也。今察《乾鑿度・上》本文云：

> 孔子曰：陽三、陰四，位之正也。故易卦六十四，分而爲上下，象陰陽也。夫陽道純而奇，故上篇三十，所以象陽也；陰道不純而偶，故下篇三十四，所以法陰也。乾坤者，陰陽之根本，萬物之祖宗也，爲上篇始者，尊之也。離爲日，坎爲月，日月之道，陰陽之經，所以終始萬物，故以坎離爲終。咸恆者，男女之始，夫婦之道也。人道之興，必由夫婦，所以奉承祖宗，爲天地主也，故爲下篇始者，貴之也。既濟、未濟爲最終者，所以明戒愼而存王道。孔子曰……上經象陽，故以乾爲首，坤爲次。……下經以法陰，故以咸爲始，恆爲次。……各順其類也。

本文前半倚數立言，當是依託聖人設辭；後半則頗得〈序卦傳〉精義，哲理精闢，直爲〈序卦傳〉之總綱也。經分上下者，至遲不過戰國時代，先於〈序卦傳〉之〈繫辭傳〉，大衍之章即稱「二篇之策」可爲證。〔註 40〕上篇三十卦，下篇三十四卦，其數不等，何以致此？今殆可確定爲出于簡帙之編排，以卦序「非覆即變」故，上下經各爲十八象，則其數相稱也。〔註 41〕前人未明其故，多僅論其義蘊耳，大抵曰：上經言天道，下經言人事，此說亦稱有理。〔註 42〕《乾鑿度》更進而試探其數不等之故。析數之文蓋有所本，京房《易傳》作：「孔子曰：陽三陰四，位之正也。三者，東方之數。東方日之所出，又圓者徑一而開三也。四者，西方之數。西方日之所入，又方者徑一而取四也。言日月終天之道，故易卦六十四，分上下，象陰陽也。奇偶之數，取之於乾坤。乾坤者，

〔註 40〕晉代出土之汲冢竹書有《易經》二篇，與《周易》上下經同（見《晉書・束皙傳》），亦可證古已經分上下。

〔註 41〕王夫之《周易內傳・發例》云：「其分上下也有二，古之簡策以韋編之，猶今之卷帙也。簡多而不可編爲一，故分上下爲二，其簡之多少，必相稱也。」又云：「以錯綜之象言之，上經錯卦六爲象六，綜卦二十四爲象十二，共十八。下經錯卦二，綜卦三十二，爲象亦十八，偶相合也，亦可分爲二而均焉者也。」其說較符史實發展，其詳參見朱伯崑先生《易學哲學史》，頁 179。

〔註 42〕此先儒之說，韓康伯駁之：「夫《易》六畫成卦，三材必備，錯綜天人，以效變化。豈有天道、人事偏於上下哉？」雖如此，然經傳作者之用心確然可見，尤以〈序卦傳〉之企圖較然可察。

陰陽之根本；坎離者，陰陽之性命。」〔註 43〕京氏詳論「陽三陰四」之故，當爲《乾鑿度》鄭注之所本。其文一者依《河圖》定東、西方位之數爲三、四；另則依日升東天，日落西地，天圓地方，圓者徑一而周三，方者徑一而匝四，因而定數，蓋言日月終天之道也。下則言六十四卦分上下，乃象陰陽也，然僅止上篇之終始，未及下篇。因陰陽奇偶以定乾坤坎離之數，要皆闡發〈繫辭傳〉所謂「極其數，遂定天下之象」之數生象說。《乾鑿度》即約取其旨而另申其義。其謂「陽三陰四，位之正也」，乃承上文「三畫已下爲地，四畫已上爲天」而發。一卦六爻，初、三、五爲陽位，二、四、上爲陰位，三與四乃天地之界限，故由其間畫分陽三陰四以定其位。「故易卦六十四分而爲上下，象陰陽也。」則上篇象陽，下篇法陰，乃取則於「陽三陰四」。另《乾坤鑿度・乾鑿度》亦有文曰：「六十四象以上下分之，陽三陰四，法上下分立。」朱伯崑釋解爲：上篇卦數爲陽三，即三十數取其三；下篇卦數爲陰四，即三十四數取其四。〔註 44〕若然，則緯論不無可疑也，三十、三十四皆偶數也，未有奇偶之別，此其一。三十數取其三，三十四何以取四不取三，此其二。《乾鑿度》以陰陽奇偶強爲說解，宜其致牽強附會之譏也。至其析論上下篇終始之卦義則精彩可期，較之〈易傳〉，未遑多讓，盛爲後儒所取。

考文王演易後之卦序，今人難以確知，除漢《石經》以來今本通行排法，即依〈序卦傳〉之次第而列外，一九七三年長沙馬王堆漢墓出土約當漢文帝初年之《帛書周易》，另有相異排列方式。〔註 45〕稍後，象數易大家京房一出，爲言其災變筮術，另構築體大專密之八宮卦序，頗具開創性，自此，象數易家致力於卦變之排列不遺餘力，如虞翻，再影響至宋邵康節別創新法。於此可知，易學家不以〈序卦傳〉爲唯一卦序法也。〈序卦傳〉解說後卦依於前卦，或相因，或相反，主要取卦名之義理以明前後卦具有因果關聯，藉此彰顯萬物盛衰循環之理，然仍不免牽強含混，故韓康伯斥之，曰：「凡〈序卦〉所明，非《易》之緼也。蓋因卦之次，託以明義。」孔穎達從之，以爲卦序之理則爲「二二相耦，非覆即變」，〔註 46〕雖更切合《周易》爲占筮書之特性，然「二

〔註 43〕見《京房易傳》卷下，明嘉靖刊范氏奇書本，收錄於《中國子學名著集成》第九八冊，《百子祕笈彙函》上冊。

〔註 44〕參見朱先生《易學哲學史》，頁 179。

〔註 45〕詳見《文物》，1984 年，第三期，有張政烺〈帛書六十四卦跋〉，及于豪亮〈帛書周易〉二文，並附有〈馬王堆帛書六十四卦釋文〉，卦名次序分明可參。

〔註 46〕孔氏曰：「覆者，表裡視之，遂成兩卦也，屯、蒙、需、訟、師、比之類是也。

二相耦」之組間次序，仍未脫離〈序卦〉之範圍，故二說宜合而觀之，以韓孔樹立其架構，以〈序卦〉豐富其義涵，兼以緯說補足「錯綜天人，以效變化」之大旨，儒家天人之學則粲然可觀矣！

「乾坤者，陰陽之根本，萬物之祖宗也。」〈乾卦〉純陽，象天；〈坤卦〉純陰，象地。天地交感，化生萬物，故〈序卦傳〉曰：「有天地，然後萬物生焉。」緯以「上經象陽」，故乾為首，坤為次。《易傳》則多以乾至健而資始，坤至順而資生，天尊地卑而定乾坤之序。乾坤既有大生廣生之德，故尊之為天道人事之始也。上經終於坎離者，離為日，坎為月（參第三章），顯現日月之道，〈繫辭傳・上〉曰：「縣象著明莫大乎日月」（第十一章），〈繫辭傳・下〉亦曰：「日月之道，貞明者也。」（第一章），日月麗乎天，乃化成天下。且其卦畫各以體陰而用陽，體陽而用陰，使萬物有始有終，乃陰陽之經，即京房所言：「坎離者，陰陽之性命」。又坎為陽卦，離為陰卦，故坎先於離也。

「咸恆者，男女之始，夫婦之道也。人道之興，必由夫婦，所以奉承祖宗，為天地主也。」義同〈序卦傳〉：「有天地然後有萬物，有萬物然後有男女，有男女然後有夫婦，有夫婦然後有父子，有父子然後有君臣，有君臣然後有上下，有上下然後禮義有所錯。」純然人事倫常分際也。緯以下經法陰，咸則「男下女」，恆則「剛上而柔下」，先陰而後陽，故先咸而次恆也。《荀子・大略》嘗言：「《易》之咸，見夫婦。夫婦之道，不可不正也，君臣父子之本也。咸，感也。以高下下，以男下女，柔上而剛下。聘士之義，親迎之道，重始也。」足發〈咸・彖傳〉義。其始得正，其道則重恆。天地之道恆久而不已也，聖人久於其道則天下化成，故咸恆為下經之始者，貴之也。「既濟、未濟為最終者，所以明戒慎而存王道。」則慎始敬終之大義，昭然若揭矣。今既已水火既濟，王事治定，然物不可窮，理不可極，王者須則天而行，與時消息，不可安而忘危，存而忘亡，故終以未濟而警戒也。

《乾鑿度》經分上下以統率天道與人事，此為傳統之概念，韓康伯不以為然，其注曰：「夫《易》六畫成卦，三材必備，錯綜天人，以效變化，豈有天道、人事偏於上下哉？」其說誠有理，然以緯列八卦而觀，乾坤坎離以象天地日月，誠天道也，天道亦可為人事取則；咸恆既濟未濟，重人事也，人事亦法象於天道也，以此終始六十四卦，實寓深意，於此，戴師璉璋有持平之論：「天道、人

變者，反覆唯成一卦，則變以對之，乾、坤、坎、離、大過、頤、中孚、小過之類是也。」

事，雖不能機械地按上下經來區分，但是《周易》經傳作者的主要用心處，卻的確都在這裡，即在〈序卦傳〉，我們也可看出作者那種『錯綜天人，以效變化』的企圖，」〔註47〕則六十四卦非僅如機械排列圖示也。

捌、三才六位

三才之道、六位之理，《易傳》已有分教。〈繫辭傳．下〉第十章云：「易之為書也，廣大悉備，有天道焉，有人道焉，有地道焉。兼三才而兩之故六，六者非它也，三才之道也。」〈說卦傳〉第二章云：「昔者聖人之作易也，將以順性命之理，是以立天之道曰陰與陽，立地之道曰柔與剛，立人之道曰仁與義。兼三才而兩之，故易六畫而成卦。分陰分陽，迭用柔剛，故易六位而成章。」蓋乾元統天，坤元配地，天地絪縕而萬物化生，故萬物伊始，宇宙即成三分之局——天一、地二、物三。而人稟天地靈秀之氣，為萬物中最具靈智之氣者，故一躍而為萬物之長，與天地鼎足而三，以成三才。三才之道立，天地人乃為一整體之和諧也。《孝經》一書有「三才章」，觀其義，乃〈開宗明義章〉所云：「夫孝始於事親，中於事君，終於立身」之發揚也。「終於立身」，即孝道由「事君」擴大至「事天地」之義也，此亦「參贊天地化育」之極致表現，乃與天地合一之成德工夫，是為回饋天地之具體作為也。《乾鑿度．上》乃統合而深一層作申釋曰：

> 孔子曰：易有六位三才，天地人道之分際也。三才之道，天、地、人也。天有陰陽，地有柔剛，人有仁義，法此三者，故生六位。六位之變，陽爻者，制於天也；陰爻者，繫於地也。天動而施曰仁，地靜而理曰義；仁成而上，義成而下；上者專制，下者順從，正形於人，則道德立而尊卑定矣，此天地人道之分際也。

此節與「六畫而成卦，三畫已下為地，四畫已上為天」一節（見下文「天地相應」條）有出入，蓋立意不同故也。彼以天地相應，及於陰陽數合之論，以明成變化而行鬼神之理；此則就易道有時、空二大變化，一落空間即生爻位之別，以示遠近分位之差等。一卦六爻，初、三、五為陽之正位；二、四、上為陰之正位。六爻三等分之，分陰分陽，迭用柔剛，上二爻以立天道，天有陰陽；下二爻以立地道，地有柔剛；中二爻以立人道，人有仁義，以是陰

〔註47〕參戴師《易傳之形成及其思想》，頁187。

陽間雜而成文章，此作《易》者將以順性命之理也。蓋天生萬物各有其性，萬物稟受天生地養而長，其生存之道唯有各適其性、各安其位，方能隨大化流行，進化生生，此適者生存之理也。然萬物既稟性不同，分位自異，故須約以大則，庶幾不失其「位」。「位」乃粗言之，吾人可引而伸之，觸類而長之，推知其義，如人倫分際、名位職分等皆屬之也。此大則爲何？即〈繫辭〉所謂「方以類聚，物以群分」之法也。萬物雖不同「位」，其性則不離陰陽二者，陰之性爲柔順、爲靜退、爲收縮、爲黑暗……，陽之性爲剛健、爲動進、爲擴張、爲光明……，此其大較也，然孤陰不生、獨陽不長，陰陽須相互影響方成大用，故曰：「一陰一陽之謂道。」（〈繫辭傳・上〉第五章）故易道中之陰陽非截然二分，如「陰陽之義配日月」（〈繫辭傳・上〉第六章），以陽配日，陰配月，日月運行以成就萬物生息，而日月皆有光明大生之用也。故萬物安其陰陽之「位」而施爲，順其陰性，其德爲仁也；順其陽性，其事爲義也。仁義之行乃取法天地也，緯曰：「六位之變，陽爻者，制於天地；陰爻者，繫於地也。」即統言天地之道。乾坤者，陰陽之本也。陰坤既相攝，乾坤亦如是，〈繫辭傳・上〉曰：「夫乾，其靜也專，其動也直……；夫坤，其靜也翕，其動也闢。」（第六章）因之，《乾鑿度》之言「天動而施曰仁，地靜而理曰義」即寓深理。「天動而施」當人道之陽，反曰仁；「地靜而理」當人道之陰，反曰義，則知「仁」者，行事柔而志剛；「義」者，行事剛而志柔也。天之仁心，雲行雨施，品物流形，而健動不息也；地之義理，含弘光大，品物咸亨，而柔順承天也。仁心專制見於上天，義理順從徵於地，人者法於天地，取則仁義，以參贊天地之化育。準此，三才之道、天地人之理備足矣。三才，亦曰「三極」，〈繫辭傳・上〉曰：「六爻之動，三極之道也。」此三極之道之發揚則如〈繫辭傳〉首曰：「天尊地卑，乾坤定矣；卑高以陳，貴賤位矣；動靜有常，剛柔斷矣。」即由天地、乾坤見天道之位，由卑高、貴賤見人道之位，由動靜、剛柔見地道之位，先正位以見易道不易之理矣。

《乾鑿度》繼言六位之要義云：

> 天地之氣，必有終始；六位之設，皆由上下，故易始於一、分於二、通於三、□於四、盛於五、終於上。初爲元士，二爲大夫，三爲三公，四爲諸侯，五爲天子，上爲宗廟，凡此六者，陰陽所以進退，君臣所以升降，萬人所以爲象則也。故陰陽有盛衰，人道有得失，聖人因其象，隨其變，爲之設卦，方盛則託吉，將衰則寄凶。陰陽

不正，皆爲失位，其應實而有之皆失義。善雖微細，必見吉端；惡雖纖芥，必有悔吝，所以極天地之變，盡萬物之情，明王事也。丘繫之曰：立象以盡意，設卦以盡情僞，繫辭焉以盡其言。孔子曰：易六位正，王度見矣。

緯言六位之義，其論有二，一以氣於六爻之流轉盛衰言，此屬自然之理；一以人物等級貴賤尊卑言，此屬人事之理，其間亦相契合以求溝通天人合一。前者，依「易氣從下生」以釋易爻自下而上之理。天地之氣週流無息，必欲尋其端倪，則強言其有終始。以數言，氣變而爲一，故言「始於一」；以位言，易爻始於初而終於上，是「一」即「初」也。文中「上下」一詞，張惠言《易緯略義》疑爲「下上」，依文義，其說當是也。「始於一、分於二、通於三、□於四、盛於五、終於上」，鄭注於前三者仍依《老子》「道生一、一生二、二生三」之體例迻言之曰：「易本無體，氣變而爲一，故氣從下生也。清濁分於二儀，陰陽氣交，人生其中，故爲三才。」四者闕文，繼曰：「二壯於地，五壯於天，故爲盛也。」四以下顯見詞窮矣，是知託言無極、太極、兩儀、三才等，於此皆穿鑿也，《乾鑿度》既明言「六位」，則此六者當釋六爻，以氣之終始，言六爻（一卦）之終始也。其「始、分、通、□、盛、終」即如「始、壯、究」之細分，亦如一歲中「生長收藏」一氣之流轉演變也。渾淪之元氣始萌，繼分清濁陰陽，二氣交通乃能化生萬物，物須長養得以盛壯，盛極則終究也，此理之當然。其四之闕文或疑爲「長」字，姑置之不論。

其下列言尊卑貴賤之分。王弼《周易略例・辯位》云：「夫位者，列貴賤之地，待才用之宅也。爻者，守位分之任，應貴賤之序者也。位有尊卑，爻有陰陽。尊者，陽之所處；卑者，陰之所履也，故以尊爲陽位，卑爲陰位。……統而論之，爻之所處則謂之位；卦以六爻爲成，則不得不謂之六位時成也。」即〈繫辭傳・上〉所言「是故列貴賤者存乎位」（第三章）之詮釋。以爻位配官爵而具體言之，實則京氏《易傳》已揭其端，其名分皆同。京房乃爲其世應說而立此名目，世應說則爲占術服務，世爲主，應爲賓，世應之用以見占問者與所問者之對立性，因之，京房有其占筮考量。《乾鑿度》則引入「天地之氣，必有終始」以成系統理論，以爲象則也。此承〈繫辭〉「卑高以陳、貴賤位矣。」而落實於下上之理，以設六位之差等。按《禮記・王制》載：「天子三公、九卿、二十七大夫、八十一元士。」即京氏易與《乾鑿度》取名之所資。四爻或作「宰輔」，上爻或作「太上皇」，當係入漢而易名也。職分之設想仍依一氣之盛衰及陰陽之進退而定，《乾鑿度》嘗言「不易也者，其位也。」然居其位即有其相應之職守與德業，是謂之得位，反之則失位，得位則氣盛而進，失位則氣衰而退。六爻官爵貴賤之定即取其意以明進退升降之理，其名位不必定爲「某爻即某位」也，如京氏之言：「姤，元士居世。」（姤爲乾宮一世卦），「遯，大夫居世。」（遯爲乾宮二世卦），「否，三公居世。」（否爲乾宮三世卦），「晉，諸侯居世。」（晉爲乾宮游魂卦），「剝，天子治世。」（剝爲乾宮五世卦），「乾，與坤爲飛伏居世。」（乾卦世爻在上爻）等，衡諸卦爻辭，其事功或合或否，前人已辯論甚詳，是知此六爻當一體觀之，不必斤斤於名位之固定。《乾鑿度》有其寓意實已揭示如下：「方盛則託吉，將衰則寄凶。」以此勸善惕厲也。三才六位之理，吉凶得失之道，其實一也，寓於纖芥之端與失得之際。於幾微之先，辨其態勢之由，存性查察，知微知彰，蓋「善雖微細，必見吉端；惡雖纖芥，必有悔吝。」也，其意屢見於初爻爻辭及〈象傳〉等，示人掌握事之幾微。《中庸》云：「知遠之近，知風之至，知微之顯，可與入德矣。」《繫辭》云：「君子知微知彰、知柔知剛，萬夫之望。」即爲明訓。辨其吉凶之幾，明其進退之方，窮極天地順行之理，恪守仁義倫常之分，必能成其相應之事功，由始而壯而究，由元士而宰輔而天子，其勢沛然莫能禦也；至其壯盛而識亢極退隱之道，乃得三才六位之深旨，王事制度即依此而行以見其功。蓋因「書不盡言，言不盡意」之故，是以「聖人立象以盡意，設卦以盡情僞，繫辭焉以盡其言」，此三才六位，立象寓意之用心也。《乾鑿度》闡發〈繫辭〉、〈說卦〉數章之要，其說之精醇入理，較之〈易傳〉，未遑多讓。

玖、君人五號

許慎《五經異義》引孟喜曰：「周人五號：帝，天稱，一也；王，美稱，二也；天子，尊稱，三也；大君者，興盛行異，四也；大人者，聖人德備，五也。」是其「位」同而其「稱」異也。《乾鑿度》則引入《易》中曰「君人五號」，並援引爻辭爲證。其文曰：

> 孔子曰：易有君人五號也。帝者，天稱也；王者，美行也；天子者，爵號也；大君者，與上行異也；大人者，聖明德備也。變文以著名，題德以別操。

五號異稱乃爲「變文以著名，題德以別操。」鄭玄闡釋曰：「夫至人一也，應跡不同而生五號，故百姓變其文名，別其操行。」依其言，顯以「德業」區別其號，則當爲儒家思想之產物也。卦爻辭與〈彖〉〈象〉傳生成自有先後，〈彖〉〈象〉已見儒家尚德思想，〈大象傳〉「君子」一詞凡五十三見，除指在位者外，道德修爲更爲無上要求，以此力求修己進德而治國安民，故「君子」有內聖外王之自許。卦爻辭時代則純屬「位」之考量，今人張立文先生以爲其時尚未脫離封建及奴隸制度，因之，奴隸主階級通稱爲「大人」或「君子」，奴隸則稱「小人」。「大人」「君子」與「小人」完全處于對立之中。〔註48〕奴隸制度之然否尚待考察，然以「位」言則確然如此。即以〈大象傳〉言，「君子」而外，「先王」凡七見（〈比〉、〈豫〉、〈觀〉、〈噬嗑〉、〈復〉、〈无妄〉、〈渙〉），「后」凡二見（〈泰〉、〈姤〉），「上」一見（〈剝〉），「大人」亦一見（〈離〉），皆爲治國之在位者也。《乾鑿度》兼攝二義，託言孔子，仍一本其「經天地、理人倫而明王道」之要旨也。

緯文其下分引爻辭以申其義。

帝者，天稱也。

「帝」，本有天、天帝之意，其後「德象天地」者亦得稱「帝」，乃爲天子之異稱。《說文》云：「帝，諦也，王天下之號。」《尚書・堯典》孔疏申釋其義曰：「言天蕩然無心，忘於物我，言公平通遠，舉事審諦，故謂之帝也。五帝道同於此，亦能審諦，故取其名。」君人者若道合於天亦可稱帝也，是故曰：「帝者，天稱也。」《易》中「帝」字不多見，除「帝乙歸妹」及「黃帝堯舜」爲專名外，〈說卦傳〉之「帝出乎震」當指「天帝」，〔註49〕〈豫・象〉：「先王以作樂崇德，殷薦之上帝，以配祖考。」及〈益〉六二爻辭：「王用享于帝」，〈鼎・彖〉：「聖人亨以享上帝」，〈渙・象〉：「先王以享于帝立廟」諸例，亦均指「上帝」、「天帝」。唯〈履・彖〉：「剛中正，履帝位而不疚。」一例，當指九五以陽剛居五爻天子位，其位既中且正，其德光明可昭，宜其以「帝」稱之也。

王者，天下所歸往。易曰：在師中，吉，无咎，王三錫命。師者眾也，言有盛德，行中和，順民心，天下歸往之，莫不美命爲王也。行師以除民害，賜命以長世德之盛。

〔註48〕參見張立文先生《周易思想研究》，頁63～64。

〔註49〕「帝出乎震」云云，指天帝藉八卦之功能化生萬物，帝即自然物之共同主宰。參見戴師璉璋《易傳之形成及其思想》，頁176。

「王者，美行也。」其下再釋曰：「王者，天子所歸往。」《呂氏春秋・下賢》云：「帝也者，天下之適也；王也者，天下之往也。」義同。《孟子・公孫丑上》嘗有王霸之辨：湯以七十里而克夏，文王以百里而治岐，三分天下有其二，此皆「以德行仁者王」之例。以德服人者，中心悅而誠服也，毋須以力折服，故曰「仁者無敵」。至其不得不行師以誅殘賊之獨夫，解民於倒懸之苦，一怒而安天下之民，民尚唯恐其不好勇也。行師以除民害，天下歸往之，故美命爲「王」也，賜命以長世德之盛。《乾鑿度》以〈師〉九二：「在師中，吉，无咎，王三錫命。」爲例，明王者有盛德、行中和，順民心，故能天下歸往之也。九二以剛居中，爲行師之主帥，秉其剛毅之德，有中道之行，承六五天子之寵命專任，率師伐罪，大獲群陰歸順於六五之王，故得受命。此以九二對應六五之以柔居中，興師以「貞」道，王者之師能以眾正天下之不正，以德服人。王船山《易內傳》分析曰：「六五居天位，而司天命天討之權；九二惟承錫命之寵，故吉而无咎。」〔註 50〕即點明王者之天命與任才之道，故以美稱稱之也。《易》中「王」字多見，詞性有別，然皆合美稱之旨。

> 天子者，繼天理物，改一統，各得其宜，父天母地，以養萬物，至尊之號也。易曰：公用亨于天子。

上曰：「天子者，爵號也。」《禮記・曲禮下》云：「君天下曰天子。」是爲至尊之號。《白虎通・爵篇》說釋更詳：「天子者，爵稱也。爵所以稱天子者何？王者父天母地，爲天之子也，故《援神契》曰：『天覆地載，謂之天子，上法斗極。』《鉤命決》曰：『天子，爵稱也。』帝王之德有優劣，所以俱稱天子者何？以其俱命於天而王治五千里內也。《尚書》曰：『天子作民父母，以爲天下王。』」稱天子者，以天之子自命，紹繼天父地母大生之德，以養萬民，使各得其宜也。「天子」一詞，《易》中僅一見。〈大有〉九三曰：「公用亨于天子，小人弗克。」《乾鑿度》曰：「三爲三公，五爲天子」，六五以柔居天子之位，處上卦之中，虛中體明，上下五陽皆應之，故爲大有。〈繫辭傳・下〉云：「三與五同功而異位」，故九三之公可用享于九五之天子。《左傳・僖公二十五年》載：秦伯師于河上，將納王，晉候使卜偃筮之，遇〈大有〉之〈睽〉。卜偃曰：「吉，遇公用享于天子之卦。戰克而王饗，吉孰大焉？」即此爻之釋，其意即以「天子」爲「王」之異稱也。

〔註 50〕見《船山易學》，頁 40。

大君者，君人之盛者也。易曰：知臨，大君之宜，吉。臨者，大也，陽氣在內，中和之盛，應于盛位，浸大之化，行于萬民，故言宜處王位，施大化爲大君矣，臣民欲被化之詞也。

「大君者，與上行異也。」其下再釋曰：「大君者，君人之盛者也」。舉〈臨〉九五：「知臨，大君之宜，吉。」爲例，言六五居上卦之中，虛中體順，具〈坤〉六五「黃中通理」之德，下應九二；九二居下卦之中，誠心以應上，均得行中之道。《中庸》言：「唯天下至聖爲能聰明睿知，足以有臨也。」即六五知臨之意也。《乾鑿度》亦申其義曰：「臨者，大也。陽氣在內，中和之盛；應於盛位，浸大之化，行于萬民。」陽氣即指九二，盛位指六五，二五相應，乃中和之盛，六五順應於九二剛中之賢，任之以臨下，此大君之所宜也，故言宜處王位，施大化爲大君，此臣民欲被化之詞也。孟喜之言「興盛行異」者，亦美其浸化之盛功也。《易》中「大君」一詞又見於〈師〉上六：「大君有命，開國承家，小人勿用。」及〈履〉六三：「武人爲於大君」。此二處「大君」均指上爻，其義仍指君人者。〔註51〕

大人者，聖人之在位者也。夫大人者，與天地合其德。易曰：見龍在田，利見大人。又曰：飛龍在天，利見大人。言德化施行，天地之和，故曰大人。

「大人者，聖明德備也。」則特重其德也，故言聖人之在位者。〈乾卦〉九二、九五均有大人之象，九五飛龍在天，以陽居天位，是「聖人作而萬物覩」，尤爲大人中之大人。其爲「大人」之理，乃因能「與天地合其德，與日月合其明，與四時合其序，與鬼神合其吉凶。」隨任自然流行，不假造作。天地無不覆載，日月無不照臨，四時更迭無息，鬼神吉凶無私，在在透顯大化流行之蓬勃生機，「大人」即能稟承上天生生不息之仁德，參贊天地化育以開物成務。觀《易》中，〈離・象〉曰：「明兩作離，大人以繼明照于四方。」此大人與日月合其明之注腳也。〈訟・彖〉、〈蹇・彖〉、〈萃・彖〉、〈巽・彖〉等，皆申釋卦辭「利見大人」之義，「大人」亦皆指九五陽爻也。〈升卦〉「用見大人」之「大人」則指六五陰爻，以其有剛中九二相應也。另〈否〉九五：「大人吉」，〈困・彖〉：「大人吉」指二、五剛中之爻，〈革〉九五：「大人虎變」，亦與「大人」之旨相合也。

綜結君人五號，其實皆同，雖各有內涵，其終極目標一致也，求其「德」

〔註51〕參見黃師慶萱《周易讀本》〈師〉〈履〉二卦解，頁128及156。

「位」相稱，自立而立人，自達而達人，純然儒家德治教化之發揚也。又《易》盛讚帝者、王者，天子、大君、大人之事功，勉其以開物成務自勵，並爲庶眾之法式，其辭多指五爻天子之位而言，然此爲大要，不必泥於易例求其句句相合，否則盡失大易之精神矣！

拾、觀象制器

〈繫辭傳・下〉第三章「古者包犧氏之王天下」一章，乃言聖人觀象而始作八卦，兼及器物法度之制作。易卦作者一論，上文「易歷三聖」已曾論述，而畫卦取象，亦可參見第三章「聖人索象畫卦」一節。此節則專論其觀象蓋取以制器之事業。傳文有「十二蓋取」之說，緯文則擇一〈離卦〉以概括之，更見易道之精神與聖人之用心，然文義則嫌重複。

《乾鑿度・上》云：

> 孔子曰：方上古之時，人民無別，羣物無殊，未有衣食器用之利，於是伏義乃仰觀象於天，俯觀法於地，中觀萬物之宜，始作八卦，以通神明之德，以類萬物之情。故易者，所以經天地、理人理而明王道。是故八卦以建，五氣以立，五常以之行。象法乾坤，順陰陽，以正君臣、父子、夫婦之義。度時制宜，作網罟，以畋以漁，以贍人用，於是人民乃治，君親以尊，臣子以順，羣生和洽，各安其性。八卦之用，伏義氏之王天下也，始作八卦，結繩而爲網罟，以畋以漁，蓋取諸離。質者無文，以天言此易之意。

此可與〈繫辭〉所舉相參。〈繫辭〉乃至《十翼》之文非聖人之作，自歐陽永叔〈易童子問〉質疑起，至近世諸家考論，已可證成其是。〈繫辭〉於西漢前已寫成，于豪亮先生更參校漢墓出土之《帛書周易》而斷其爲「戰國晚期作品」，〔註 52〕李周龍先生則特以「十二蓋取」一章，與《世本》、《淮南子》、《新語》三書所載比列相較，並以「蓋取」諸內容宜以「互體」、「卦變」等漢易名目詮解，故以之爲漢人京房或京房之後學所附益。〔註 53〕〈繫辭〉確有重複煩瑣現象，可證爲眾說之叢輯，非一人之言，故參雜漢人所附益當爲

〔註 52〕于豪亮之說，見《文物》，1984 年，第三期。

〔註 53〕參見〈周易繫辭傳的十二蓋取〉，《孔孟學報》第四十二期，頁 17～28。而十二蓋取，實論及十三卦。

可信。至如荀爽、虞翻乃至清人惠棟、張惠言、孫星衍等人以互體、卦變、觀卦象而釋卦，雖不免迂迴曲折，然較之韓康伯、孔穎達、朱熹等人依卦名而附會，則頗能自圓其說。李周龍並列此二說解，自可見其優劣。諸卦雖不盡如荀、虞解象之「妙合無痕」，然而卦中有象則必無疑義，〈繫辭〉言包犧之觀象設卦，又言「以制器者尚其象」，已揭其旨。《乾坤鑿度》亦有「聖人索象畫卦」，下列「取物制度」、「取象法用」等諸目，亦作如是觀，其求索諸卦之象，而參酌法用以為制度，條釋頗類〈繫辭〉，似可證成李氏言漢人附益之說，此或漢人引之釋其卦象，並觸發制器法用之聯想，以成就利用厚生之事業。

〈繫辭傳・上〉第十二章有言：「形而上者謂之道，形而下者謂之器，化而裁之謂之變，推而行之謂之通，舉而措之天下之民謂之事業。」此事業攸關民生大利，厚生之器備，利用之法行，乃可施正德之教，有助人文化成也。故聖人備物致用，立成器以為天下利，此之謂開物成務。開物即制器，以通天下之志；成務乃化成，以定天下之業，以今譬之，如物質經濟建設之與教育文化建設，二者不可偏廢，然治民之務，「富之」先於「教之」也，故開物之道，乃舉時措之宜，為民突破生活困境，以達利其器而而厚其生計。《乾鑿度》起首即反映此時代背景與生活需求：「方上古之時，人民無別，群物無殊，未有衣食器用之利」於是伏羲乃觀天之象，法地之宜而作八卦，「以通神明之德，以類萬物之情」。蓋「天垂象，見吉凶，聖人象之。八卦定吉凶，吉凶生大業。」八卦皆以象告也，聖人會通天地萬物之神妙造化之功，區分八卦以擬其德，如乾健、坤順、震動、巽入、坎陷、離麗、艮止、兌說等；又能符合萬物變化之情態，是以同聲相應、同氣相求，水流濕、火就燥，萬物方以類聚、物以群分，各從其類，八卦即為天地萬物八種事類之表徵也。八卦之作可提示先民開發草創之民生活動，以上古之時言，為田獵、漁牧之生活型態，而後再轉型為農耕活動，先民即依天象時令，土地之宜，擇一而行，則可各得衣食器用之利也。聖人制器，乃度時制宜，以贍民用，所據者，觀象而啓發也，此「象」，或自然之象，或卦爻之象，而卦象亦源自自然之象，故二者自然相符，易辭乃直以器物製作「蓋取諸某卦」為例證。「觀象制器」一事，見仁見智，〔註54〕胡曾謂：「蓋者，疑之辭也，言聖人創立其事，不必觀

〔註54〕同注53。李先生於〈十二蓋取內容的討論〉一節，列有崔東壁、顧頡剛、胡適之等正反意見可參。見於頁28、29。

此卦而成之。蓋聖人作事立器，自然符合於此之卦象也，非準擬此卦而後成之，故曰蓋取。」(《周易口義》) 頗有道理；顧頡剛以之爲儒家之「比喻教學」，〔註 55〕極有新義。制器不必爲觀卦象而得，然文物制作之理念，卦象提供思考之端緒，觸發聯想，有助人文化成，則可肯定也，焉知此非聖人觀其卦象，聯想及自然之象，觸動制器之靈機，製作相類之發明耶？《易傳》所舉或僅其一端，舉一爲喻也。

「結繩而爲網罟，以畋以漁，蓋取諸離。」與〈繫辭〉所言大同小異。以緯文觀之，當指八卦中之〈離卦〉☲，〈繫辭〉則指六十四卦之〈離卦〉䷝。三畫之離，如何會出網罟之意？若以〈說卦傳〉離之廣象言，爲鱉、爲蟹、爲蠃、爲蚌、爲龜，則皆水物，網罟所羅取者，此亦轉圜之說，不盡可信，當是《乾鑿度》援引〈繫辭〉之說，未詳辨卦畫之異，其意僅備「觀象制器」之說耳。

制器以贍民用，民有衣食器用之利，則生活無虞，聖人乃得施行教化。上古伏羲神農之教化也，仍取資八卦，八卦已立，乾坤成列，而易立乎其中矣！故易者，所以經天地、理人倫而明王道也。蓋八卦既立，天尊地卑，貴賤剛柔之位定，可見不易之理；剛柔相摩、八卦相盪，陰陽二氣消息以成變易之道；乾坤易簡之德推行，則經緯天地之功建立。天地陰陽，尙有尊卑先後之序，而況人道乎？是以三綱五常人倫大道，即模仿天地之道而行，天不違時，人不失常，則群生和洽，各安其性，此聖人之事業也！易之道至簡至易，亦順其自性而已，伏羲之王天下即仿易道而行，故曰：「質者無文」，其注曰：「當此之時，天氣尙淳，物情猶樸，是故伏羲聖亦因以質法化人，故曰：以王天下也。」即得其理。

拾壹、天地相應

應者，感應也。宇宙雖爲一太極，然其恆有陰與陽之二作用相與感應，乃成變化生生，故陰與陽爲一而二，又因相應而二而一。如天與地爲二，然「天地絪縕，萬物化醇」而爲一；男與女亦爲二，然「男女構精，萬物化生」而爲一，此皆以「應」之故也。《易經》六十四卦，上經始乾坤，下經始咸恆，亦義取天地、男女之應也。天地感而萬物化生，聖人感人心而天下化成，觀

〔註 55〕顧氏之論詳見《古史辨》第三冊。

其所感而天下萬物之情可見，此〈咸・彖〉已作如是觀也。是故天與地之廣大，人與物之浩繁，皆得相繫相應而趨於統一，成一大和諧。此求其「合一」是爲「應」之終極目標也。

以易例言，凡初與四、二與五、三與上，陰陽相異者謂之「應」。此大體之理則也，非必無例外，因世事多變，人事紛紜，或因相應而得，或因相應而失；亦有因無應而吉，因無應而凶，須視主客觀因素而定，隨一卦之時位而遷流，未可執一而定，此參酌卦例如〈否卦〉及〈未濟〉，即可得之。然「方以類聚，物以群分」，乃勢之所趨；「同聲相應，同氣相求，水流濕、火就燥，雲從龍、風從虎，聖人作而萬物覩，本乎天者親上，本乎地者親下，則各從其類也。」亦衡諸物理，參以物情之經驗所得，是以古聖制定「應」之法則，以建立天地相應、天人感通之衢道。

「應」之要件除陰陽「異性相吸」外，「位」亦一大關鍵，位之近同，則相應疾速也。初與四、二與五、三與上之相應，推其因當是重卦之故。

《乾鑿度》曰：

> 三畫而成乾，乾坤相並俱生。物有陰陽，因而重之，故六畫而成卦。

六畫卦成，則有三才六位之分。三才者，天地人；六位者，寓有三才之道：陰陽、剛柔之與仁義也，此〈繫辭〉及〈說卦〉一致之主張也。《乾鑿度》亦持此說，然此處則著眼於重卦內外卦卦爻之相應，而說法略有差異，或可謂爲方便說也。其卷下續云：

> 卦者，掛也，掛萬物視而見之，故三畫已下爲地，四畫已上爲天，物感以動，類相應也。陽氣從下生，動於地之下，則應於天之下；動於地之中，則應於天之中；動於地之上，則應於天之上，故初以四、二以五、三以上，此謂之應。

卷上並見此文，文字略有出入，「陽氣」則作「易氣」。《乾鑿度》乃以內卦在下爲地，外卦在上爲天；天氣下降以感地，地氣升動而應天，物感以動，類相應也。下中上各得相應，是故初以四、二以五、三以上，此謂之應。應而求其有功得吉，外在之客觀因素或者難以掌握，內在之主觀力量則操之在己，人求其與天地鼎足而三，則當以「有孚」「誠信」之心，於天地相應外，亦得天人感通，此大易哲學中人本精神之無上義也，可予讀《易》者莫大啓發。

《乾鑿度》雖未闡發「應」之哲學奧義，然提供此易例，爲其歸納所得，較《易傳》之說更爲具體，足可與「易三義」之名並列爲其創見。惜其卷末言天人感通、吉凶相應，多荒怪附會之說，已是漢代災異符應之代言，非易學中純正「應」之思想；至《稽覽圖》、《通卦驗》、《是類謀》等，亦皆言律歷卦候驗應之事，或卦氣說之發展，或災驗說之推求，皆當參合當代學術而觀，並正名爲「世應」、「驗應」、「效應」、「符應」，另予適度評價，此一併於「釋易術」一章論之。

拾貳、懸聖著德

夫《易》之爲書，廣大悉備，有天道焉，有地道焉，有人道焉，要之，即推天道以明人事者也。而孔子尤重自覺工夫，與成德之教，勉人具體實踐成己、成物之德，下學而上達，與天理流行相應，企求「和順於道德而理於義，窮理盡性以至於命」，成就「大人」之全德。〈乾・文言〉嘗述此一大人之人格曰：「夫大人者，與天地合其德，與日月合其明，與四時合其序，與鬼神合其吉凶，先天而天弗違，後天而奉天時。」乃仁、義、禮、智、信皆備，而爲天下人所利見者也。而君子若能「敬以直內、義以方外」，力行「體仁」、「嘉會」、「利物」、「貞固」等工夫，亦能成就大人之德。是以《易傳》作者一本孔子「祖述堯舜、憲章文武」之精神贊《易》，即在「懸聖著德」，引導讀者玩味卦象卦義，進而領悟修己進德、治國安民之要義。

《易緯》深明孔子成德之教，故屢屢託言孔子贊述文王之德，藉「王用享于西山」一事，彰顯其行，以達「懸聖著德」之教。「王用享于」之例，《易經》凡三見，《乾鑿度・上》均有闡發，列述如下：

> 1 ䷭。孔子曰：昇者，十二月之卦也。陽氣升上，陰氣欲承，萬物始進。譬猶文王之修積道德，弘開基業，始即昇平之路。當此時也，鄰國被化，岐民和洽，是以六四蒙澤而承吉；九三可處王位，享于岐山，爲報德也。明陰以顯陽之化民，臣之順德也，故言无咎。

此文乃釋〈升〉六四爻辭：「王用享于岐山，吉，无咎。」之義。「享」，經文作「亨」。又〈昇〉，《易經》均作〈升〉。緯言〈升〉爲十二月之卦者，即按《稽覽圖》卦氣表所列爲準，屬十二月中氣大寒，近其辟卦〈臨〉也。〈臨卦〉䷒，二陽進升，陽氣漸盛之際，〈升〉先於〈臨〉，已見其機之萌。陽氣升上，陰氣漸退，知其勢不可當，乃轉而承之；萬物得陽氣熯煖而得躍進，待至立春雨水之降，則三陽開泰矣。以時政譬之，猶文王之處西岐，蓄養待時，抗衡商紂也。「王用亨于岐山」，「亨」義同「享」也。以經義言，此「王」或指文王之居岐而弘開基業，或武王克殷而享祭先祖於岐山，未有定論，此與〈益〉六二爻辭：「王用享于帝」、〈隨〉上六爻辭：「王用亨于西山」例同，然歷來多作文王解者，如王注孔疏等，《易緯》亦作如是觀。此因其以「卦道演德者文」，即文王演易繫卦爻辭，故未及於武王；兼以「岐山」「西山」之名揚，多顯文王之崇德教化，天下歸往之，乃能美命爲「王」也。今顧頡剛先生〈周易卦爻辭中的故事〉已列數例，考證《易經》有武王時代痕跡，如「箕子明夷」與「康侯用錫馬蕃庶」二事是爲鐵證，〔註 56〕餘則如「王用亨于岐山」之模稜難辨者。以上雖難駁斥，然「易之興也，其當殷之末世，周之盛德邪？當文王與紂之事邪？」〈繫辭傳〉作者之推測未離事實，其言「邪」字亦容有武王之可能。以今推擬，卦爻辭當西周初葉掌卜筮之官所爲，文王時代，大抵初成，供卜筮之用，其辭不止一種，頗有更易，至武王時代乃成定本。至儒門贊易，以哲理外衣掩其卜筮本質，乃疾呼「作易者其有憂患乎！」文王因有囚居羑里之厄，乃得比附，加以前述之因，故世稱文王演易。《易緯》承此說法，前後論述頗爲一致，皆以稱美文王盛德大業：「修積道德，弘開基業，始即昇平之路，當此時也，鄰國被化，岐民和洽。」緯文又以陽尊陰卑爲喻，陽氣升上，陰氣承之則吉，是以六四承蒙九三之恩澤而得吉也，六四陰爻以象鄰國、岐民，九三則象文王也。九三屬三公位，進可升處五爻王位，爲眾望所歸，故享于岐山，以報民德，蓋順物之情乃能立功立事也。「王用亨于岐山」繫之於六四，「明陰以顯陽之化民、臣之順德也，故言无咎」。緯文因以卦氣及陰陽立說，兼以文王昔爲商紂之三公，乃以九三象文王之德，因「三與五同功而異位」，乃可以王者身分用享于岐山。此《易緯》據其易例而發，然文王之世，未嘗廢君臣之儀，言「九三可爲王位」總覺有隔，程頤曰：「昔者文王之居岐山之下，上順天子而欲致之有道，下順天下之賢而使之升進，己則柔順謙恭，不出其位，至德如此，周之王業用是而亨也。四能如是

〔註 56〕顧氏其文原載《燕京學報》第六期，民國 18 年 12 月。今輯入黃師沛榮先生所編《易學論著選集》，頁 165～209。又屈萬里先生亦舉〈晉卦〉卦辭，及〈隨〉上六、〈益〉六四爻辭爲佐證，參見〈周易卦爻辭成於周武王時考〉，同前選集頁 141～164。然其以爲卦爻辭爲創作而非纂輯，成於一人而非出諸眾人，立論則嫌武斷，不若高亨《周易古經今注》以相類例證，定之爲非作於一人，亦非著於一時，經中有筮人之筮事記錄，亦有筮人之創作，而後有人取筮人之舊本加以訂補，故而如同出於一人之手。

則亨而吉且无咎矣！」〔註57〕雖言「亨」不言「享」，然析論甚是精采，六四較九三近於王位，且以柔居陰而得正位，善處侯伯之分際，故雖罹厄而无咎也。緯文僅聊備一說，正如可以象數說解「岐山」「西山」，〔註58〕皆讀《易》者之一得也。

2 ䷩。孔子曰：益之六二，或益之十朋之龜，弗克違，永貞吉，王用享于帝，吉。益者，正月之卦也。天氣下施，萬物皆益，言王者之法天地、施政教，而天下被陽德，蒙王化，如美寶，莫能違害。永貞其道，咸受吉化，德施四海，能繼天道也。王用享于帝者，言祭天也。三王之郊，一用夏正，天氣三微而成一著，三著而成一體。方此之時，天地交，萬物通，故泰益之卦，皆用夏之正也，此四時之正，不易之道也，故三王之郊，一用夏正，所以順四時，法天地之道也。

此例以釋〈益〉六二爻辭：「或益之十朋之龜，弗克違，永貞吉，王用享于帝，吉。」而著重於「王」之施為，萬民受益之卦義闡釋。〈益〉者，正月之卦，仍本出卦氣說。時值立春、雨水之際，是為「東風解凍」、「蟄蟲始振」、「魚上冰」、「獺祭魚」、「鴻雁來」、「草木萌動」之季候，其辟卦為〈泰卦〉，正見天地交而萬物通之情狀，故〈益〉亦能「天氣下施，萬物皆益」也。其下申釋「或益之十朋之龜，弗克違，永貞吉」之義，曰：「言王者之法天地，施政教，而天下被陽德，蒙王化，如美寶，莫能違害。永貞其道，咸受吉化，德施四海，能繼天道也。」故王用享于帝以祭天也。似以「十朋之龜」為「美寶」，以象「王」之懷載美德，迥異於傳統以「六二處益下之時，虛中處下，故受十朋之龜之益，弗能違也，然其質本陰柔，故戒在常永貞固則吉」之說法。《易緯》因先立於《稽覽圖》卦氣圖之架構而言，此卦圖又依卦義分組，故其詮釋卦爻辭義迥異於〈繫辭傳〉及〈象傳〉而別立一途，以卦氣及卦義為依歸，無關於卦爻之象。其意乃為詮解〈升〉六四：「王用亨于岐山」，〈益〉六二：「王用享于帝」，〈隨〉上六：「王用亨于西山」之相關例證，以卦氣說陽氣升益、陰氣隨承，用以壑顯文王之德，否則，同以正月卦而論，除〈益〉外，餘〈小過〉、〈蒙〉、〈漸〉、〈泰〉、〈需〉諸卦亦有相同之自然氣象，其理

〔註57〕參見《易程傳》，頁207。

〔註58〕參見朱維煥先生《周易經傳象義闡釋》，〈隨〉〈升〉二卦。〈隨卦〉䷐，上卦兌，兌為西方之卦，兌錯為艮，艮為山，乃有西山之象。〈升〉，九三、六四、六五互震，震綜為艮，艮為山；九二、九三、六四互兌，兌卦位西，亦「西山、岐山」所以取象。

當可盡通也。《易緯》之以卦氣說注卦爻辭，以今存易注觀之，頗有開風氣之先，東漢以後，象數易學家如荀爽、鄭玄、虞翻等，頗不乏用以注經，李鼎祚《周易集解》資料甚多，可資參閱。

「王用享于帝者，言祭天也。」緯文申其義曰：「三王之效，一用夏正」，《白虎通・號篇》曰：「三王者，何謂也？夏殷周也。」後世則多稱夏禹、商湯、周文武爲三王。郊者，郊外祭天之禮也。冬，天子南郊祭天；夏，北郊祭地。《禮記・郊特牲》曰：「郊之祭也，迎長日之至也。」此南郊祭天也。其注引鄭玄《易說》曰：「三王之郊，一用夏正，夏正建寅之月也，此言迎長日也。建卯而晝夜分，分而日長也。」蓋以二月建卯，春分後日長也。鄭氏說本《乾鑿度》：「三王之郊，一用夏正」。《白虎通・郊祀篇》亦釋《乾鑿度》之文曰：「五帝三王祭天，一用夏正何？夏正得天之數也，天地交，萬物通，始終之正。」夏正建寅，辟卦爲〈泰〉，彼〈彖傳〉曰：「天地交而萬物通也」，《乾鑿度》以其能順四時，法天地之道，故以夏正立春爲上，不以周正建子冬至爲始也。以八卦卦位言，寅地東南，爲〈艮卦〉之位，亦有終始之義，義甚切合。夏正月陽氣始升，日者，陽氣之王，日長而陽氣盛，故祭其始升而迎其盛；若冬至祭天，陰氣始盛，祭陰迎陽，豈爲理乎？「天氣三微而成一著，三著而成一體」，鄭注云：「五日爲一微，十五日爲一著，故五日有一候，十五日成一氣也。冬至，陽始生，積十五日至小寒爲一著，至大寒爲二著，至立春爲三著，凡四十五日而成一節，故曰：三著而成體也。正月則〈泰卦〉用事，故曰：成體而郊也。」然《乾鑿度》卷下亦有「夫天道三微而成一著，三著而體成。」其主乃以「十日爲微，一月爲著」說解不同，未詳其故。

> 3 ䷐。孔子曰：隨上六，拘繫之，乃從維之，王用享于西山。隨者，二月之卦，隨德施行，藩決難解，萬物隨陽而出，故上六欲待九五拘繫之，明被陽化，而陰欲隨之也。譬猶文王之崇至德，顯中和之美，拘民以禮，係民以義，當此之時，仁恩所加，靡不隨從，咸悅其德，得用道之王，故言王用享于西山。

此釋〈隨〉上六爻辭：「拘係之，乃從維之，王用亨于西山。」「繫」經文作「係」，「享」作「亨」，其義同也。〈隨〉爲二月之卦，因二月辟卦爲〈大壯〉，故言「隨德施行，藩決難解」，即取義於〈大壯〉爻辭。鄭玄注云：「大壯九三爻主正月，陰氣猶在，故羝羊觸藩而羸其角也。至于九四主二月，故藩決不勝羸也。言二月之時，陽氣已壯，施生萬物，而陰氣漸微，不能爲難，以障閉陽氣，故曰藩決難解也。」其義頗佳，然不知「大壯九三爻主正月」，其故安在？鄭氏似以十二月辟卦爲說，（非六十四卦用事配七十二候之〈大壯〉），十二月卦配七十二侯，則每爻主一候，〈大壯〉之諸爻仍主二月，未有「九三主正月、九四主二月」之別也，鄭氏之說可擇半采之，言〈大壯〉之時，四陽壯盛，藩決不羸，繫固難解也。〈隨卦〉亦乘其勢，則物來隨己也。陽氣既壯，萬物乃隨陽而出，九五陽剛中正，爲本卦之主，故「上六欲待九五拘繫之、維持之，明被陽化，而陰欲隨之也」，謂〈隨〉之固結如此。來知德曰：「如此係維，其相隨之心固結而不解者也。如七十子之隨孔子，五百人之隨田橫是也。」〔註59〕至「王用享于西山」，程頤以爲隨之極如是：「昔者大王用此道，亨王業于西山。大王避狄之難，去豳來岐，豳人老稚扶攜以隨之如歸市，蓋其人心之隨，固結如此，用此故能亨盛其王業於西山。」〔註60〕《乾鑿度》則言：「譬猶文王之崇至德，顯中和之美，拘民以禮，係民以義。當此之時，仁恩所加，靡不隨從，咸悅其德，得用道之王。」九五處王位，又陽剛中正，顯中和之美，上六爲其所拘係，如岐民之歸心，其論甚精采，鄭玄注云：「是時紂存，未得東巡，故言西山。」即支持文王說。實則，若言武王爰整其旅以誅商紂，岐民悅從而隨之，終則用享于西山，未爲不可，參諸〈隨卦〉其他爻辭，義亦可通，是以疑古學家乃有對文王作卦爻辭之質疑，其來有自矣。

《易緯》除稱述文王之德，其下又有美高宗、帝乙者。《乾鑿度》舉自然天道言易理，有其計較，觀其引孔子之言可見其立意：

> 易本陰陽以譬於物也，掇序帝乙、箕子、高宗著德。易者，所以昭天道、定王業也，上術先聖，考諸近世，采美善以見王事。言帝乙、箕子、高宗，明有法也。

其或自許爲《詩大序》者流，以昭天道、定王業爲務，豐富卦爻易理，比之〈繫辭〉，未有遜色。上述諸聖，箕子不見於緯文，然朱駿聲《六十四卦經解》注〈隨〉上六爻辭曰：「微箕之於周，白馬來朝則賓之，九疇陳範則師之，所謂係之維之也。」〔註61〕則述文武王之事已隱括箕子之德也。而帝乙、高宗

〔註59〕來知德之說，見徐芹庭先生《易來氏學》，頁247。

〔註60〕見《易程傳》，頁80。

〔註61〕朱駿聲所舉事例，說本《史記·宋微子世家》曰：「武王既克殷，訪問箕子，……箕子對曰：『在昔鯀陻鴻水，汨陳其五行，帝乃震怒，不從鴻範九等，常倫所斁。鯀則殛死，禹乃嗣興。天乃錫禹鴻範九等，常倫所序。』……於是武王乃封箕子於朝鮮而不臣也。」

者，分述緯文如下：

孔子曰：既濟九三：高宗伐鬼方，三年剋之。高宗者，武丁也，湯之後有德之君也。九月之時，陽失正位，盛德既衰，而九三得正，下陰能終其道，濟成萬物，猶殷道中衰、王道陵遲，至于高宗，內理其國，以得民心；扶救衰微，伐征遠方，三年而惡消滅，成王道。殷人高而宗之，文王挺以校易勸德也。

此釋〈既濟〉九三爻辭：「高宗伐鬼方，三年剋之，小人勿用。」另〈未濟〉九四可作參校：「貞吉，悔亡。震用伐鬼方，三年有賞于大國。」按，〈既濟〉九三爻辭「克」字，緯文作「剋」，義同。「鬼方」，即周代所稱之「玁狁」，及秦漢邊境之大患「匈奴」也。鬼方為殷代西北境之讎敵，〔註 62〕必欲去之而後快，然《史記・殷本紀》載商代自成湯踐天子位，歷數世而國道衰微，兼以遷都頻仍，難有作為，乃予四境部落有機可乘而成外患。至盤庚遷殷，國都抵定，乃有心力重修成湯之政。盤庚既崩，殷道復衰，諸侯不朝，王道陵遲，至於武丁即位，舉傅說為相，殷國大治，號為中興，修政行德，天下咸驩。其武功大業，畢於攻克鬼方一役。今本《竹書紀年》載武丁於三十二年伐鬼方，三十四年王師克鬼方，即合經文「高宗伐鬼方，三年克之」所載，然顧頡剛氏斥為杜撰，謂其拘泥古人文字以足三年之數，「三」乃《周易》之習用數字，言「三年」以明鬼方之不易克，費力費時耳。〔註 63〕武丁以其事功德業，賢相祖己乃立「高宗」之廟號，高宗者，高而宗之也，《尚書》有〈高宗肜日〉即以嘉其德。〈既濟〉九三爻辭舉高宗伐鬼方，以中興殷道事為喻，乃言此爻「處既濟之時，居文明之終，履得其位，是居衰末而能濟者。」（王弼注），蓋〈既濟〉雖萬事已成，然其卦下離上坎，離為日為明，坎為險，有初吉終亂之危機，九三居下卦文明之終，以其得位故，有化危機於無形之德也。《乾鑿度》則以卦氣言之。依《稽覽圖》卦氣表，〈既濟〉為十月卦，然《稽覽圖》另有依六十四卦次序言災異之文則載：「〈既濟〉，九月，年大水，地臨三年不絕，六世多血。」則知漢人言卦氣者未定於一，為求以六十四卦盡納入曆數，則各有出入也。本文繫之於九月，殆取法後者。九月之時，〈剝〉

〔註 62〕參見王國維《觀堂集林》〈鬼方昆夷玁狁考〉。

〔註 63〕參見顧頡剛〈周易卦爻辭中的故事〉，《易學論著選集》，頁 175。又楊樹達《周易古義》卷四引《漢書・嚴助傳》：淮南王安上書云「周易曰：『高宗伐鬼方，三年而克之。』鬼方，小蠻夷；高宗，殷之盛天子也；以盛天子伐蠻夷，三年而後克，言用兵之不可不重也。」亦如是說。

爲辟卦，陰氣盛長，陽失正位之時，然以一陽尚存，有復生之潛能，若能順而止之，善體消息盈虛天行之理，則剝極而復，非爲妄言。〈既濟〉九三居盛德既衰之時，以陽居得正位，善處「既濟」之道，以陽德居群陰之下而不離其正，乃能終其正道、濟成萬物。

《乾鑿度》繼而又美「湯之嫁妹」云：

> 孔子曰：泰者，正月之卦也。陽氣始通，陰道執順，故因此以見湯之嫁妹，能順天地之道，立教戒之義也。至于歸妹，八月卦也。陽氣歸下，陰氣方盛，故復以見湯妹之嫁，以天子貴妹而能自卑，順從變節，而欲承陽者，以執湯之戒，是以因時變一，用見帝乙之道，所以彰湯之美，明陰陽之義也。

緯文前已言：「美帝乙之嫁妹，順天地之道，以立嫁娶之義，義立則妃匹正，妃匹正則王化全。」仍儒家一貫「身修而後家齊，家齊而後國治，國治而後天下平」之至道也。蓋自天子以至於庶人皆然，唯天子居上位以蒞下民，一言一行足爲天下法式，故修己成德與嫁娶婚媒尤當敬愼，如王季太任之良媒，賢王后妃之德立，王化自然周洽，上行下效則如風行草偃，男有分，女有歸，夫婦之道立，天地之大義備矣！

《易》中，「帝乙歸妹」一詞凡二見。〈泰〉六五爻辭曰：「帝乙歸妹，以祉元吉。」〈歸妹〉六五爻辭曰：「帝乙歸妹，其君之袂，不如其娣之袂良。月幾望，吉。」歸者，婦人謂嫁曰歸；妹者，少女也。歸妹即言嫁女也。以卦氣言，〈泰〉爲正月辟卦，其卦內陽而外陰，內健而外順，以象陽氣上通，陰道隨順，則天地交而萬物通，正所謂「三陽開泰」也。六五以陰居尊，柔中而虛己，下應九二之陽，爲陰道執順之典範，故以「湯之嫁女」譬之，謂其能順天地之道，以立陰順陽、妻順夫之教戒也。至於〈歸妹〉，爲八月之卦。八月辟卦爲〈觀〉，今〈歸妹〉陽氣歸下，陰氣方盛，陰盛陽卑之際，復可見「湯之嫁女」之義。六五柔中居尊，妹之貴高者也；下應九二，爲下嫁之象，以天子貴妹而能自卑，順從變節（注曰：下嫁以從夫，故曰變節也）。程頤曰：「王姬下嫁，自古而然，至帝乙而後正婚姻之禮，明男女之分，雖至貴之女，不得失柔巽之道、有貴驕之志，故易中陰尊而謙降者則曰：帝乙歸妹。泰六五是也。」〔註 64〕言帝乙制爲禮法，王姬執女戒，順承父教，降其尊貴，以順從其夫也，此用見帝乙之道。而帝乙者何？《乾鑿度・上》云：

〔註 64〕見《易程傳》，頁 247。

> 孔子曰：自成湯至帝乙，帝乙，湯之元孫之孫也，此帝乙即湯也。殷錄質，以生日爲名，順天性也。元孫之孫，外絕恩矣，同以乙日生，疏可同名。湯以乙生，嫁妹本天地，正夫婦，夫婦正，王道興矣，故曰：易之帝乙爲成湯；書之帝乙，六世王。同名不害以明功。

下卷複見此節，辭句微異。如「元孫，五世之末」，「同日以乙，天之錫命，疏可同名。」，「嫁妹本天地之義，順陰陽之道以正夫婦，夫婦正則王教興。」

帝乙者，唐司馬貞《史記索隱》曰：「商家生子，以日爲名，蓋自微始。」微之後，據《史記・殷本紀》載：湯稱「天乙」，厥後有「帝祖乙」，亦賢王也，後又有「帝小乙」（無作爲）、「帝武乙」（無道），終則有「帝乙」（殷益衰），爲商紂之父。〔註65〕後世遂多以「帝乙」爲紂父也。如李鼎祚《周易集

〔註65〕依《史記・殷本紀》，殷代世系表如下：

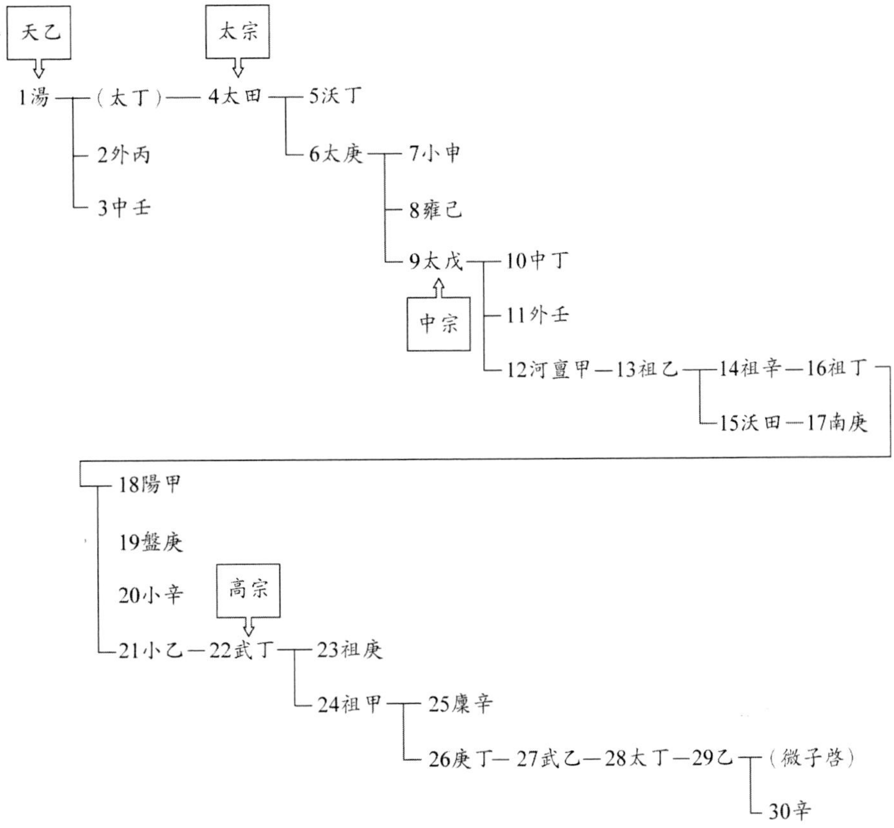

計十七世三十王。（　）者，未立位。

解》引虞翻曰：「帝乙、紂父。」顧頡剛氏則引《詩經・大明》「文王親迎」一事，推擬爲「帝乙歸妹」，乃以和親之策爲緩兵之計也。〔註66〕直以爻義觀之，其說可通，然則以「歸妹」爲手段，幾無「嫁娶之義立，妃匹正、王化全」之高義，徒見文王之貪慕苟安也。《乾鑿度》則如〈繫辭〉之申廣其義，以爲「此帝乙即湯也」。然《尚書・酒誥》有云：「自成湯咸至于帝乙，成王畏相。」《尚書・多士》亦曰：「自成湯至于帝乙，罔不明德恤祀。」稱「帝乙」者，未知誰是？然二文所記非「天乙成湯」則明矣。武乙無道，非令主，則「帝乙」當爲「帝祖乙」。考〈殷本紀〉，湯子太丁，太丁子太甲，太甲子沃丁，沃丁弟子小甲，小甲弟子仲丁，仲丁弟子帝祖乙，帝祖乙立，殷復興，不數兄弟相及，則祖乙爲湯以後六世孫也。《乾鑿度》故謂《尚書》所言「自成湯至帝乙」之「帝乙」，乃「湯之元孫之孫也」，即湯之六世孫「祖乙」也；而《周易》「帝乙歸妹」之「帝乙」，非「祖乙」，而爲「湯」也。鄭玄注《禮記・檀弓》云：「易說帝乙曰：易之帝乙，爲成湯；書之帝乙，六世王。」即本《乾鑿度》言也。蓋「殷錄質（注曰：王者之政，一質一文，以變易從初，殷錄相次，質也。）以生日爲名，順天性也。」元孫之孫，乃五世之末，外絕恩矣；同以乙日生，是天錫之命，疏可同名。湯以乙日生，其德浩蕩，殷人乃尊爲天乙，而嫁妹本天地之義，正夫婦乃所以興王教於天下，此「帝乙歸妹」之大旨。故其以爲「易之帝乙，爲湯；書之帝乙，六世王。」雖同名，不相害，各以明其美功也。若以〈繫辭傳〉之水準觀之，則緯文亦能闡發哲理矣。

以上所舉〈昇〉、〈益〉、〈隨〉、〈既濟〉、〈歸妹〉諸卦，以「王用享于西山」、「高宗伐鬼方」及「帝乙歸妹」等事明王道之本，此《易緯》闡述「懸聖著德」之大理也。

拾參、陰陽消息

陰陽消息，第三章〈十二消息卦〉已作說明：消息者，陰陽相對進退變化之謂也。《乾鑿度・上》即取陰陽二氣消長言其作用。緯文云：

> 孔子曰：陽消陰言夬，陰消陽言剝者，萬物之祖也。斷制除害，全物爲務，夬之爲言決也。當三月之時，陽盛息消夬陰之氣，萬物畢

〔註66〕同註63，頁176～179。

生，靡不蒙化，譬猶王者之崇至德，奉承天命，伐決小人，以安百姓，故謂之決。夫陰傷害爲行，故剝之爲行剝也。當九月之時，陽炁衰消，而陰終不能盡陽，小人不能決君子也，謂之剝，言不安而已。是以夬之九五言決小人，剝之六五言盛殺萬物，皆剝墮落，譬猶君子之道衰，小人之道盛，侵害之行興，安全之道廢，陰貫魚而欲承君子也。

「陽消陰言夬，陰消陽言剝」者，夬䷪與剝䷖爲相錯之卦，二卦爻象，一爲陽消陰，唯存上六一爻；另一爲陰消陽，唯存上九一爻，故分以「夬」與「剝」名其卦也。「萬物之祖也」者，《乾鑿度》前亦曾曰：「乾坤者，陰陽之根本，萬物之祖宗也。」廣言之，即以乾陽坤陰爲萬物之根本也。夫易廣矣大矣，然其變化則不外乎陰陽之迭運消長，乾坤以其純陽純陰而爲易之門，陰陽有進退，乃有生生變化而曲成萬物也，故「夬」與「剝」亦可謂萬物之祖也。

「夬」者，決也，乃取「斷制除害，全物爲務」之義。〈夬〉爲三月之卦，陽氣盛息，消決陰氣，故萬物畢生，靡不蒙陽氣化生也，譬猶王者之崇至德，奉承天命以伐決小人，以安百姓，故謂之「決」也。〈夬〉以五陽去一陰，猶言君子之去小人，剛長乃終則一變而爲純乾也。九五居天子之位，剛陽中正，得四陽擁之，齊力伐決小人，此爲君子道盛，小人道消之時，小人聲勢盡竭，終不可長也。〈夬〉九五爻曰：「莧陸夬夬，中行，无咎。」莧陸，王弼、孔穎達、程頤、朱熹等，皆以之爲章之柔脆者，決之至易，故言夬夬。王弼注曰：「夬之爲義，以剛決柔，以君子除小人者也，而五處尊位，最比小人，躬自決者也。以至尊而敵至賤，雖其克勝，未足多也；處中而行，足以免咎而已，未足光也。」〔註67〕亦以〈夬〉之九五言決小人也。

緯以陰傷害爲行，剝乃陰消陽，故「剝」之爲行剝也。〈剝〉爲九月之卦，陽炁衰消，陰氣盛長，小人壯而君子病，然以一陽碩果尚存，陰終不能盡陽，小人不能決君子也，謂之剝，言不安而已，鄭玄注曰：「直剝落傷害，使萬物不得安全而已，然不能決君子。」〈剝〉六五爻曰：「貫魚以宮人寵，无不利。」王弼曰：「處剝之時，居得尊位，爲剝之主也。剝之爲害，小人得寵，以消君子者也，若能施寵小人於宮人，而己不害於正，則所寵雖眾，終无尤也。」〔註68〕

〔註67〕參見《十三經注疏》本，頁104。另王船山、高亨等則以「莧陸」爲「山羊細角者也」，則無關決小人。

〔註68〕見《十三經注疏》本，頁64。

則剝道反爲上九陽剛所消融也。〈剝〉之五陰行剝，譬猶君子之道衰，小人之道盛，侵害之行興，安全之道廢，陽衰之時，若能執柔順以奉承君子，一若貫魚之序，然後能寵而無不利，此處〈剝〉之道也。

〈夬〉之伐決小人，以安百姓；〈剝〉之陰貫魚而承君子，各有其道，讀《易》者當善體其義。至若《稽覽圖》、《通卦驗》、《乾元序制記》、《是類謀》等言陰陽消息，則專務卦候用事、災期應驗之術，不若本文之醇也，其詳則參下章〈易術考〉，可知一、二。

拾肆、中和時變

易道尚時、尚位、尚中、尚應。位者，乃易道落於空間之變化，以卦爻言即有陰陽之位，三才之位與六爻之位之別，前文「三才六位」一節可參。應者，萬物間之相感應，萬物化生天地間，故天、地、人（萬物）三者，類相應也，前文「天地相應」一節亦可參。此節則專論由時、中見易道之廣大精微。

「時」與「位」乃一體之存在，二者不相離。然大化遷流，「時」之勢用則大於「位」也，蓋「失位」、「不當位」，尚可挽救，〈繫辭傳・下〉曰：「天地之大德曰生，聖人之大寶曰位，何以守位？曰仁。」（第一章）乃守位之原則也。大體言之，卦義多重於時，而爻義則重於位也。六十四卦〈彖辭〉中，貴「時」之辭多見，而特舉「時」、「時義」、「時用」而讚嘆「大矣哉」者，凡十二卦，〔註69〕深與孔子之道合，孟子讚孔子爲：「聖之時者也」（〈萬章・下〉），此因孔子能因時制宜故也。孔子重時，《易傳》亦可見時義之闡發，如「與時偕行」、「與時消息」，皆處時變之要訣也。

而「中道」思想乃中國文化之精髓，自《論語・堯曰》引堯讓天下予舜時之辭：「允執其中」，及《尚書・大禹謨》載大舜命禹之「十六字箴言」：「人心惟危，道心惟微，惟精惟一，允執厥中」而下，此「中」之奧義，即成修身乃至政治哲學之傳國寶訓也。易學亦深諳「中道」哲理，由卦象透顯其義。易例有之：其於爻也，二五稱中，蓋二居下卦之中，五居上卦之中（又有以全卦言，

〔註69〕言「時」之「大矣哉」者三卦，〈大過〉〈解〉〈革〉也。言「時義大矣哉」者六卦，〈豫〉〈隨〉〈頤〉〈遯〉〈姤〉〈旅〉也。言「時用大矣哉」者，〈坎〉〈睽〉〈蹇〉三卦也。

三四爻爲中，乃以三才之位言之也，然此不多見）。又陽居中即稱剛中，陰居中則稱柔中，得中則多吉也。此〈彖傳〉〈小象傳〉皆於例可徵，〔註70〕蓋因「位」與「時」乃客觀境遇，人力施爲小；而「中」乃主觀作爲，己力可達，故「中」可補救「位」、「時」之失也。故吾人當善體「時中之用」，因時制宜，執兩用中，道乃光明，事乃亨通，無缺無憾也。《中庸》有云：「君子之中庸，君子而時中」，此之謂也。

《易緯》於「時中之用」，則拈出「執中和，順時變」一理，更藉〈困卦〉紱服之制，闡述文王以時中之用而全王德、通至美也，義更明朗。緯文多以「中和」訓「中」，其義《中庸》有之：「喜怒哀樂之未發謂之中，發而皆中節謂之和」，中和本一事，表裡關係耳，致中和，則天地位焉，萬物育焉，此聖人參贊天地之化育，使萬物遂其生，適其性之功德也。《乾鑿度》於「君人五號」一節，言「王者，美行也」，又言「王者，天下所歸往」，即舉〈師〉九二：「在師中吉，无咎，王三錫命。」一例，言九二、六五剛中柔中、陰陽正應，「有盛德、行中和、順民心，天下歸往之，莫不美命爲王也。」又「大君」之號，乃「君人之盛者也」，舉〈臨〉六五：「知臨，大君之宜，吉。」亦以中和闡釋九二、六五之應，乃「中和之盛」也。此皆緯文以「中和」訓「中」之例證也。

《乾鑿度．上》之舉〈困卦〉，闡明大人君子之執守。其文曰：

> 孔子曰：紱者，所以別尊卑、彰有德也。故朱赤者，盛色也，是以聖人法以爲紱服，欲百世不易也。故困九五，文王爲紂三公，故言：困于赤紱也。至于九二，周將王，故言：朱紱方來。不易之法也。

紱者，緯文概言「祭服」，《說文》則列其本字作「市」，篆文作「韍」，俗字作「紱」。《乾鑿度．下》則作「芾」，與韍、紱通。許愼曰：「市，韠也。上古衣蔽前而已，市以象之。天子朱市，諸侯赤市，卿大夫葱衡（段注曰：「卿大夫下當有赤市二字，奪文也。」），从巾，象連帶之形。」〔註71〕以今言即「蔽膝」也。二者雖有詳略差別，然無害文義也，且緯文直陳其功能，明其

〔註70〕黄師沛榮先生《周易彖象傳義理探微》一書，第四章〈彖傳大小象傳之比較〉，嘗歸納六十四卦三百八十四爻，爻位與吉凶之對應關係，分析得知：二五爻吉辭獨多，幾達總數之半，是易爻作者有「尚中」之觀念，而五位尤貴也。一者，「位乎天位」；二者，「履帝位」「得尊位」也；三者，〈繫辭〉所謂「二多譽」、「五多功」也。《易傳》以「中」發揮爻義，實深中肯綮也。

〔註71〕見《說文》，頁366。

差等，義更近是。「紱者，所以別尊卑、彰有德也。」《白虎通・紼冕》亦有如是觀點：「紼者，何謂也？紼者蔽也，行以蔽前者爾，有事因以別尊卑、彰有德也。天子朱紼，諸侯赤紼。」孔穎達曰：「芾從裳色，祭時服纁裳，故芾用朱赤，但芾所以明尊卑，雖同色而有差降。」〔註 72〕續引《乾鑿度》之文為證，則以色區別差等，自古而然。「朱赤者，盛色也，是以聖人法以為紱服，欲百世不易也。」蓋朱赤雖同，皆南方陽盛之色，而有深淺之差，則引以為王侯之別。鄭玄曰：「芾者，天子純朱，諸侯黃朱」〔註 73〕朱深於赤，則黃朱為赤也，故而天子三公九卿衣朱紱，諸侯及其臣衣赤紱，此服制遂成不易之法，觀諸〈困卦〉可知其詳。

《乾鑿度》既以卦爻辭悉為文王所作，故〈困〉之九二：「困于酒食，朱紱方來」，九五：「劓刖，困于赤紱，乃徐有說」，亦皆文王事。文王為紂王公，故言「困于赤紱」；至于九二，因周將王，故言「朱紱方來」。言「朱紱」、「赤紱」，別其尊卑也，其細節《乾鑿度・上》又云：

> 孔子曰：易：天子、三公、諸侯，紱服皆同色。困之九二：困于酒食，朱紱方來。九五：劓刖，困于赤紱，乃徐有說。天子、三公、九卿，朱紱；諸侯，赤紱。困之九二，有中和，居亂世，交於小人；又困于酒食者，困于祿也。赤紱者，賜大夫之服也。文王方困，而有九二大人之行，將錫之朱紱也。其位在二，故以大夫言之。至於九五，劓刖，不安也。文王在諸侯之位，上困於紂，故曰：困于赤紱。夫執中和、順時變，以全王德、通至美矣，故曰：乃徐有說。丘記諸彖曰：困而不失其所亨也，貞，大人吉，以剛中也。

此段下卷複見，文字略有詳略差異。「赤紱者，賜大夫之服也」一句，下卷作「朱紱者，天子賜大夫之服」，依文義，下卷為是，上卷當改為「朱紱」。

〈困卦〉䷮，九二以剛中之才而處困之時，象有中和之美而居亂世，交於小人，而為酒食所困。困于酒食者，困于祿也，鄭玄以為「因其祿薄，故無以為酒食」。然有九二大人之行，有中和之美德，以其位在二，大夫之位，故有九五天子朱紱之賜也。至于九五「劓刖」，劓者，截鼻之刑；刖者，去足之刑，皆為搶傷，傷則不安矣，陸德明《經典釋文》曰：「荀、龎本作『臲卼』，云不安貌。」緯文則直以「不安」釋「劓刖」。其言文王時居諸侯之位，上困

〔註 72〕參見《詩經・斯干》正義，《十三經注疏》本，頁 388。
〔註 73〕同註 72，鄭箋。

於紂，故曰：「困于赤紱」，然執有中和之美，順隨時變，乃能明哲保身，雖有羑里之災，終得脫困，故曰：「乃徐有說」，說者脫也。孔子特標著其剛中至正之德，乃記諸〈彖傳〉曰：「困而不失其所亨，其唯君子乎！貞，大人吉，以剛中也。」

〈困卦〉九二九五二爻爻辭，諸家說解不一，「朱紱」「赤紱」亦多語意模糊，《乾鑿度》獨以上古服制區別其異，彰顯文王之德，又能掌握二五居中之要義，是其一得也。然細觀其意，爲牽就文王之德而語義矛盾，前後亦未一致，如前言「文王爲紂三公」，後則言「文王在諸侯之位」，而三公衣朱紱，諸侯衣赤紱，緯文則均曰：「困于赤紱」。又於九五言「文王在諸侯之位，上困於紂」，亦有爻位之爭議。九二九五之爻義申釋總嫌未能盡理，其蔽仍因牽就文王而徒增紛擾，若去此顧忌，則解釋空間將爲之擴大。又前言《乾鑿度》上卷當改爲「朱紱者，賜大夫之服」，乃牽就緯文而改，若盡去緯文之意，則疑大夫之服當爲「赤紱」。《禮記・玉藻》云：「一命縕韍幽衡，再命赤韍幽衡，三命赤韍葱衡。」是再命三命之大夫皆用赤韍。高亨《周易古經今注》即曰：「余疑自天子達於公卿，皆朱紱；自諸侯達於大夫，皆赤紱也。」若是，「朱紱」可指九五，「赤紱」可指九二，二爻之義可作如下解（酌取程頤釋義）：

九二雖處困，然以剛中之德，安其所遇，無所動心，所困者唯澤天下之民、濟天下之困，酒食乃人之所欲而所以施惠也，君子困於未得遂其欲、施其惠，故曰：「困于酒食」。然二以剛中而困於下，上有九五剛中之君，道同德合，必來相求，故云：「朱紱方來」，此義同〈乾〉九二之「利見大人」也。

九五人君不安之困，乃因困於上下無與，天下不來也。二五兩爻若陰陽相應乃自然相應也，今二爻皆陽爻，以剛中之德同而相應相求，始則有困於大夫赤紱之懼，終則道同德合，致其誠敬而共濟天下之難，乃以脫困而中心喜悅也。此文義同〈乾〉九五之「利見大人」。

處困而有脫困之法，皆以執守剛陽之德、中和之美，隨時調節，動靜不失其時，此緯文「時中之用」，得《易》之精義也。

第五章　易緯釋易術考

《易緯》釋《易》，最逸出經傳者，厥爲「易術」一方，因其置身象數易之洪流，雜以陰陽、五行、卦氣、爻辰、八宮、世應、符命、災異、天文、律歷、醫理諸說，而入於禨祥以推斷占驗，致人譏其迷於術數而輕於義理；斥其淺謬妖妄而違經亂典。然以「君子動則觀其變而玩其占」之角度視之，《易緯》又爲最符合《周易》之本質者。此何以故？蓋因《周易》原爲占筮之書，六十四卦卦爻象及卦爻辭，原爲筮術占斷以決人事而用，《易緯》承其餘緒，援以求卦主歲，推災度厄，是爲先秦筮術易學之開張發揚也，其與聖人之道——「以卜筮者尚其占」實未相悖離。而其術之精醇者，明審律歷，以定吉凶，重之以卜筮，雜之以九宮，爲經天驗道之本，或觀星辰逆順，寒燠所由；或察龜策之占，吉凶之兆，立言於前，有徵於後，素爲智者貴焉，此精通天文歷算之科學家張衡所論議也。況其術用以明卦候卦氣之徵旨，頗符合於人事日用，可指導群生之作息；而推究災異，因災異以設教，則啓國君修明政教，導於正路，此皆可稱述者。故若以實用之學觀《易緯》之易術，其學亦至爲有用，不離人生也。因其術之閎博奇奧，知之者寡，今勉以力之所及，參以前學要論，釋其占測之術如下：

壹、卦氣說

卦氣說爲漢易之大宗，是以六十四卦三百八十四爻象配合一年中四時、十二月、二十四氣、七十二候、三百六十五日而成一龐大系統，乃易學與天文學、陰陽五行學說緊密結合之產物，後人咸信爲孟喜首倡，〔註 1〕而引以爲

〔註 1〕新舊《唐書》載唐僧一行《大衍歷議》，尚錄存《孟氏章句》一二。一行嘗評

占驗災異、推斷吉凶之用。《易緯》亦載卦氣之說，欲明其故，仍當由孟喜易學入手。孟喜之卦氣說以《易經》陰陽消息爲基點而發展，內容大要可略述如下：

其一，「四正卦」。孟氏曰：「坎離震兌，二十四氣，次主一爻，其初則二至二分也。」（《孟氏章句》）即以〈坎〉、〈離〉、〈震〉、〈兌〉四卦二十四爻，分主一年中四時、二十四節氣，而四正卦之初爻則分主冬至、夏至、春分、秋分也。此說顯係演自〈說卦傳〉「帝出乎震」一章，震爲春，春分至芒種即以〈震卦〉用事；離爲夏，夏至至白露乃以〈離卦〉用事；兌爲秋，秋分至大雪爲〈兌卦〉用事；坎爲冬，冬至至驚蟄遂以〈坎卦〉用事。四正卦又稱四時方伯卦，因漢人喜以官爵稱呼卦象，故名方伯。

其二，「十二消息卦」。孟喜提出十二月卦，以陰陽進退爲用。各代表一年節氣中之中氣。十二月卦均以剛柔二爻之變化，體現陰陽消長、寒暑週流之過程，故又名「消息卦」。又十二卦依次用事君臨該月，故又名「辟卦」。以上具可參見第三章「十二消息卦」一節。

再者，十二月卦可進而配合七十二候。蓋每卦六爻，十二卦共計七十二爻，正與七十二候相應。節氣卦候之說，《呂氏春秋・十二紀》、《禮記・月令》、《淮南子》〈天文訓〉、〈時則訓〉等均已大體具備，孟喜則引以入易。惠棟《易漢學》卷一載錄宋李溉〈卦氣圓圖〉〔註2〕可參以明其詳。

其三，「六日七分」。孟喜以〈坎〉〈離〉〈震〉〈兌〉四正卦配以四時，餘六十卦，卦主六日七分，合周天之數也。漢初依據實測，已推得一年歲實爲三百六十五日又四分日之一，如太初曆即制以爲歲曆日數。以六十卦三百六十爻相配，爻數有餘，孟喜乃分每日爲八十分，五又四分之一日即得四百二十分，以六十卦除之，每卦得七分，合每卦本所當之日數，則得卦主六日七分。以此法，六十卦分配於十二月，每月均爲五卦，配以辟、公、侯、卿、大夫五爵位（易言之，六十卦分爲五組，每組十二卦，故得十二公卦、十二辟卦、十二侯卦等）。六十卦亦可與七十二候相配。蓋二十四節氣，每一節氣分爲三候，即初候、次候、末候、共七十二候。配六十卦時，初候爲始卦，

論曰：「十二月卦，出于孟氏章句，其說易本於氣，而後以人事明之。」後人多從之。考孟喜曾「得易家候陰陽災變書」（《漢書・儒林傳》），其術當得先人之傳，然孟喜最早推行於世則無可疑也。

〔註2〕另可參見高懷民《兩漢易學史》，頁112轉錄。

次候爲中卦，末候爲終卦。凡始候二十四，配以公卦和侯卦；次候二十四，配以辟卦和大夫卦；末候二十四，配以侯卦和卿卦。六十卦配七十二候，缺十二候，則以侯卦補之，故侯卦又分內外，在末候者爲內，在初候者爲外。每月月首稱節，月中則稱中，二十四節氣遂分節氣和中氣兩類。新舊《唐書・曆志》錄有一行所製〈六十四卦用事配七十二候圖〉（見附錄一），即據孟氏易學而得也。

其四，「卦氣起中孚」。孟喜曰：「自冬至初，中孚用事」，即以中孚卦配冬至初候，爲十一月中氣也。而何以卦氣起中學者，古人無解說，高懷民、朱伯崑先生等曾就此提出合理解釋，均可參看。〔註3〕

孟氏而後，焦延壽、京房亦均於卦氣說上鑽研，大抵皆以四卦主四時，爻主二十四氣；十二卦主十二辰，爻主七十二候，唯六十卦三百六十爻之直日法各有其主張。〔註4〕而《易緯》亦奠基於孟喜卦氣之說以作增刪也。

如《乾坤鑿度》之「立坎離震兌四正」，即以四正定時序氣候也。《乾元序制記》則以四正卦配二十四氣、八風：

> 坎，初六冬至、廣莫風，九二小寒，九三大寒，六四立春、條風，九五雨水，上六驚蟄。震，初九春分、明庶風，六二清明，六三穀雨，九四立夏、溫風，六五小滿，上六芒種。離，初九夏至、景風，六二小暑，九三大暑，九四立秋涼風至，六五處暑，上九白露。兌，初九秋分、閶闔風、霜下，九二寒露，六三霜降，九四立冬、始冰、不周風，九五小雪，上六大雪也。

以圖示之如下：

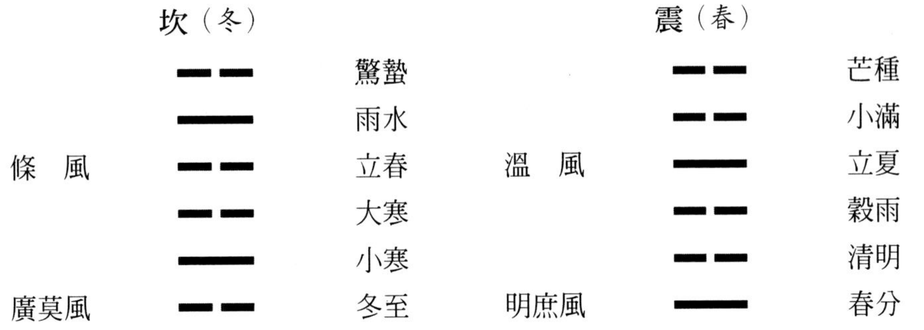

〔註3〕同註2，頁121。又可參朱伯崑《易學哲學史》，頁118、119。

〔註4〕其間差異，高先生《兩漢易學史》已作分析，參見頁134～136。又朱先生《易學哲學史》第二編第三章第一節〈孟喜和京房的卦氣說〉亦可參詳。

	離（夏）			兌（秋）	
	⚊	白露		⚋	大雪
	⚋	處暑		⚊	小雪
涼　風	⚊	立秋	不周風	⚊	立冬
	⚊	大暑		⚋	霜降
	⚋	小暑		⚊	寒露
景　風	⚊	夏至	閶闔風	⚊	春分

《稽覽圖・下》除以四正卦爻當二十四節氣外，復加入初候公侯二十四卦及月分，八風之名略有不同，離初九夏至作「凱風」、震九四立夏及兌九四立冬下、各脫漏「溫風」及「不周風」，今悉補入。另坎九五雨水「正月節」、上六驚蟄「三月節」、兌上六大雪「十月節」，當係傳抄錯誤，今一併改正爲「正月中」、「二月節」與「十一月節」。又原圖以四卦爲一組，依爻序爲列，今依《乾元序制記》略作調整排列如下：

中孚純坎公	初　六	冬至十一月中廣漠風
屯侯	九　二	小寒十二月節
升公	六　三	大寒十二月中日在坎
小過侯	六　四	立春正月節條風
漸公	九　五	雨水正月中
需侯	上　六	驚蟄二月節
解純震公	初　九	春分二月中明庶風
豫侯	六　二	清明三月節
革公	六　三	穀雨三月中日在震
旅侯	九　四	立夏四月節溫風
小畜公	六　五	小滿四月中
大有侯	上　六	芒種五月節
咸純離公	初　九	夏至五月中凱風
鼎侯	六　二	小暑六月節
履公	九　三	大暑六月中日在離
恆侯	九　四	立秋七月節涼風
損公	六　五	處暑七月中
巽侯	上　九	白露八月節
賁純兌公	初　九	秋分八月中閶闔風

歸妹侯	九　二	寒露九月節
困公	六　三	霜降九月中日在兌
艮侯	九　四	立冬十月節不周風
大過公	九　五	小雪十月中
未濟侯	上　六	大雪十一月節

其後附引《是類謀》之文曰：

冬至日在坎　　春分日在震

夏至日在離　　秋分日在兑

正爲《孟氏章句》所謂四正卦之初爻即二至二分也。其文又曰：

四正之卦，卦有六爻，爻主一氣。餘六十卦，卦主六日七分，八十分日之七。歲有三百六十五日四分日之一，六十而一周。（今《是類謀》無此文）

顯是孟喜六日七分說也。六日七分之說具見於《稽覽圖》，卷上有文曰：

甲子卦氣起中孚，……六日八十分之七而從。四時卦十一辰餘而從，坎常以冬至日始效，復生坎七日，消息及雜卦傳相去各如中孚。

雜卦者，十二消息爲辟卦，餘則爲雜卦。十一辰餘者，鄭注謂「七十三分，而從者得一之卦也」，即得第一之卦若中孚也。又謂「消息六日七分，四時卦七十三分」，是合中孚之六日七分、與坎之七十三分而得七日，以釋「坎常以冬至日始效，復生坎七日」，此則京房之直日法也。唐一行卦議謂：「京氏又以卦爻配期之日，坎離震兌，其用事自分至之首，皆得八十分日之七十三，頤晉井大畜皆五日十四分，餘皆六日七分。」此皆爲緣飾〈復卦〉經文「七日來復」一句而詭曲其數也。張惠言《易緯略義》以爲一行之論，其原蓋出《稽覽圖》此文，而駁之曰：「四正卦既爻主一氣，無緣又自侵七十三分。而冬至既以中孚爲坎初六，又上損頤之七十三分，是爲卦氣不起中孚，其法殆非也。原緯文無上損頤晉井大畜之說，是後人求七十三分，不得不減，中孚遂上損頤耳。今詳文義，以爲六日八十分之七而從者，此六十卦各主六日七分之通例。四時卦雖爻主一氣，然其候之當於分至之日，首入中孚七十三分，是〈坎卦〉始效之候，故又曰：四時卦十一辰餘而從，坎常以冬至日始效，復生坎七日，自以中孚一卦六日七分而爲七日，非益以坎之七十三分。」〔註5〕張氏之推說，甚是合理，按《乾元序制記》云：

〔註 5〕見《易緯略義》卷一，頁 25、26。

一歲十二月，三百六十五日四分度之一，餘二十，四分一日以爲八十分，二十爲之。消息十二月，月居六日七分，十二月居七十三日、一百（二字當去之，下文並去之）八十分居四分。三公十二月，月居六日七分，十二月居七十三日、八十分居四分。（此下尚應有「九卿」一條，方合五德之數，蓋有脱文也）二十七大夫十二月，月居六日七分，十二月居七十三日、八十分居四分。八百一十二諸侯十二月，月居六日七分，十二月居七十三日、八十分居四分。合德（當爲五德）之分，三十日得三十五，分三十盡十二月六十卦，餘分適四百二十分，五日四分日一。

餘，小餘也，即四分度之一分數也。緯文六十卦配以「消息、三公、九卿、二十七大夫、八百一十二諸侯」之五爵等，消息即辟卦，即天子也。各領十二卦，每卦六日七分，十二卦則七十三日又八十分之四分也。「三十日得三十五」即一月五卦之餘分，若此，六十卦餘分則四百二十分，正五日又四分日之一也。由上觀之，頤、晉、井、大畜非五日十四分明矣。

又《稽覽圖・下》云：

小過、蒙、益、漸、泰，寅。

需、隨、晉、解、大壯，卯。

豫、訟、蠱、革、夬，辰。

旅、師、比、小畜、乾，巳。

大有、家人、井、咸、姤，午。

鼎、豐、渙、履、遯，未。

恆、節、同人、損、否，申。

巽、萃、大畜、賁、觀，酉。

歸妹、无妄、明夷、困、剝，戌。

艮、既濟、噬嗑、大過、坤，亥。

未濟、蹇、頤、中孚、復，子。

屯、謙、睽、升、臨，丑。

坎六震八離七兑九，已上四卦者，四正卦，爲四象，每歲十二月，每月五月（當作卦），卦六日七分，每期三百六十六（當作五）日，每四分（當作四分日之一）。

此言每月五卦，卦六日七分，則頤、晉、井、大畜，無容五日十四分也，可知說近孟喜（用六十卦直日），而異於京房（用六十四卦直日）。然其與孟喜卦氣又有小異：其一，以十二支取代月分以配六十卦；其二，「坎六震八離七兌九」之說出於《禮記・月令》與《漢書・五行志》等「天一生水、地二生火、天三生木、地四生金」之主張，《乾坤鑿度》「生天數」「運五行」亦承其說，此皆與孟氏「坎七震九離八兌六」不同也。其三，《稽覽圖》其後以「天子、諸侯、三公、九卿、大夫」五爵位配之，稍異於孟氏說也。以其出世時代言，《稽覽圖》當是承孟喜卦氣而增益其說也。

《稽覽圖・下》又列「陰陽月六十卦直事」二圖（見附錄二），陽月者，正月、三月、五月、七月、九月、十一月，三十卦；陰月者，二月、四月、六月、八月、十月、十二月、亦三十卦。十二月配以十二節，並依諸侯、大夫、九卿、三公、天子之爵等，分陰分陽，各繫以六卦，而圖列首卦六爻，每爻中間五日依日配之，五卦六爻則盡一月矣。以正月爲例：

二十六日	⚋	二十七日	⚊	二十八日	⚊
二十一日	⚋	二十二日	⚋	二十三日	⚊
十六日	⚊	十七日	⚋	十八日	⚋
十一日	⚊	十二日	⚋	十三日	⚋
六　日	⚋	七　日	⚊	八　日	⚋
一　日	⚋	二　日	⚋	三　日	⚊
	小過 立春　諸侯		蒙 立春　大夫		益 立春　九卿

二十九日	⚊	三十日	⚋
二十四日	⚊	二十五日	⚋
十九日	⚋	二十日	⚋
十四日	⚊	十五日	⚊
九日	⚋	十　日	⚊
四日	⚋	五　日	⚊
	漸 立春　三公		春 立春　天子

依類推之，可及其餘。張惠言謂：「唐一行卦議云：天保曆（齊曆）依易通統軌圖，自入十有二節，五卦初爻相次用事，及上爻而與中氣皆終。案此圖初爻一日而二當六，則立春一日小過初，二日蒙初，三日益初，四日漸初，五日泰初，六日小過二，正是相次用事之法，則此圖即易統軌。一行以爲非京氏本旨，及《七略》所傳。郎顗所傳，卦皆六日七分，不以初爻相次用事，齊曆謬矣。蓋此圖後世雜家所附益，非中孚傳本文。」〔註6〕此圖仍係卦氣之學，然與諸緯文卦主六日七分不同。焦延壽有「焦林直日」，其法爲「六十卦每卦直六日，共直三百六十日，餘四卦各寄直一日。」然則剩餘一日又四分日之一未見著落。緯文二圖略近於焦氏之說，然卦值三百六十日，餘五日又四分日之一更未處理，其直六日之術亦未盡相同，則知是卦氣說之旁支也，故僅附識於此略述之。

綜上所論，卦氣說自孟氏啓之，焦氏述之，京氏闡而揚之，傳於後世，後世曆法多取資於此，定天時、言災異、推人事，亦符於人事日用，以風雨寒溫爲候，各有占驗，亦循天文氣象而發，實不可因鄙象數而盡棄之也。《易緯》所述亦一路之學，雖散見諸緯，然綜合整理，卦氣說之大法亦可見其梗概，且藉之以尋「六日七分之法」，此緯文輯佚之功也。

附錄一　六十四卦用事配七十二候圖

（四季廿四節氣配四卦廿四爻）		（十二辟卦七十二爻配六十卦）			
四正卦	常氣月中節	十二辟卦	初候（始卦）	次候（中卦）	末候（終卦）
坎 ䷜ 冬	冬至 初六 十一月中	復 ䷗	六四蚯蚓結 公中孚 六日 七分	六五麋角解 辟復 十二日 十四分	上六水泉動 侯屯內
	小寒 九二 十二月節	臨 ䷒	初九雁北鄉 侯屯外 十八日 二十一日	九二鵲始巢 大夫謙 二十四日 二十八分	六三野雞始雊 卿睽 三十日 三十五分
	大寒 六三 十二月中		六四雞始乳 公升 三十六日 四十二分	六五鷙鳥厲疾 辟臨 四十二日 四十九分	上六水澤腹堅 侯小過內

〔註 6〕見《易緯略義》卷一，頁36、37。

春	立春 六四 正月節	泰 ䷊	初九東風解凍 侯小過外 四十八日 五十六分	九二蟄蟲始振 大夫蒙 五十四日 六十三分	九三魚上冰 卿益 六十日 七十分
	雨水 九五 正月中		六四獺祭魚 公漸 六十六日 七十七分	六五鴻雁來 辟泰 七十三日 四分	上六草木萌動 侯需內
	驚蟄 上六 二月節	大壯 ䷡	初九桃始華 侯需外 七十九日 十一分	九二倉庚鳴 大夫隨 八十五日 十八分	九三鷹化爲鳩 卿晉 九十一日 二十五分
震 ☳	春分 初九 二月中		九四玄鳥至 公解 九十七日 三十二分	六五雷乃發聲 辟大壯 一百三日 三十九分	上六始電 侯豫內
	清明 六二 三月節	夬 ䷪	初九桐始華 侯豫外 一百九日 四十六分	九二田鼠化爲鴽 大夫訟 一百十五日 五十三分	九三虹始見 卿蠱 一百二十一日 六十分
夏	穀雨 六三 三月中		九四萍始生 公革 一百二十七日 六十七分	九五鳴鳩拂其羽 辟夬 一百三十三日 七十四分	上六戴勝降於桑 侯旅內
	立夏 九四 四月節	乾 ䷀	初九螻蟈鳴 侯旅外 一百四十日 一分	九二蚯蚓出 大夫師 一百四十六日 八分	九三王瓜生 卿比 一百五十二日 十五分
	小滿 六五 四月中		九四苦菜秀 公小畜 一百五十八二 十二分	九五靡草死 辟乾 一百六十四日二 十九分	上九小暑至 侯大有內
	芒種 上六 五月節	姤 ䷫	初六螳螂生 侯大有外 一百七十日 三十六分	九二鵙始鳴 大夫家人 一百七十六日 四十三分	九三反舌無聲 卿井 一百八十二日 五十分
離 ☲	夏至 初九 五月中		九四鹿角解 公咸 一百八十八日 五十七分	九五蜩始鳴 辟姤 一百九十四日 六十四分	上九半夏生 侯鼎內
	小暑 六二 六月節	遯 ䷠	初六溫風至 侯鼎外 二百日 七十一分	六二蟋蟀居壁 大夫豐 二百六日 七十八分	九三鷹乃學習 卿渙 二百十三日 五分
	大暑 九三 六月中		九四腐草爲螢 公履 二百十九日 十二分	九五土潤溽暑 辟遯 二百二十五日 十九分	上九大雨時行 侯恆內
秋	立秋 九四 七月節	否 ䷋	初六涼風至 侯恆外 二百三十一日 二十六分	六二白露降 大夫節 二百三十七日 三十三分	六三寒蟬鳴 卿同人 二百四十三日 四十分
	處暑 六五 七月中		九四鷹祭鳥 公損 二百四十九日 四十七分	九五天地始肅 辟否 二百五十五日 五十四分	上九禾乃登 侯巽內

	白露 上九 八月節	觀 ䷓	初六鴻雁來 侯巽外 二百六十一日 六十一分	六二玄鳥歸 大夫萃 二百六十七日 六十八分	六三群鳥養羞 卿大畜 二百七十三日 七十五分
兌 ䷹	秋分 初九 八月中		六四雷乃收聲 公賁 二百八十日 二分	九五蟄蟲坏戶 辟觀 二百八十六日 九分	上九水始涸 侯歸妹內
	寒露 九二 九月節	剝 ䷖	初六鴻雁來賓 侯歸妹外 二百九十二日 十六分	六二雀入大水爲蛤 大夫无妄 二百九十八日 二十三分	六三菊有黃花 卿明夷 三百四日 三十分
	霜降 六三 九月中		六四豺乃祭獸 公困 三百十日 三十七分	六五草木黃落 辟剝 二百十六日 四十四分	上九蟄蟲咸俯 侯艮內
冬	立冬 九四 十月節	坤 ䷁	初六水始冰 侯艮外 三百二十二日 五十一分	六二地始凍 大夫既濟 三百二十八日 五十八分	六三野雞入水爲蜃 卿噬嗑 三百三十四日 六十五分
	小雪 九五 十月中		六四虹藏不見 公大過 三百四十日 七十二分	六五天氣上騰 地氣下降 辟坤 三百四十六日 七十九分	上六閉塞而成冬 侯未濟內
	大雪 上六 十一月節	復 ䷗	初九鶡鳥不鳴 侯未濟外 三百五十三日 六分	六二虎始交 大夫蹇 三百五十九日 十三分	六三荔挺生 卿頤 三旦六十五日 二十分

本圖參酌唐僧一行（見《唐書・曆志》）、李溉（見惠棟《易漢學》及朱震《漢上易傳》）與徐芹庭（見《兩漢十六家易注闡微》）所繪圖綜合而成。

附錄二　陰陽月六十卦直事圖

八百諸侯正月 小過立春	侯三月 豫清明	侯五月 大有芒種	侯七月 恆立秋	侯九月 歸妹寒露	侯十一月 未濟大雪
初六 一日 九三 十一日 六五 二十一日			六二 六日 九四 十六日 上六 二十六日		
二十七大夫蒙正月 大夫節七月		大夫訟三月 大夫无妄九月		大夫家人五月 大夫蹇十一月	
初六 二日 六三 十二日 六五 二十二日			九二 七日 六四 十七日 上九 二十七日		
九卿益正月 九卿同人七月		九卿蠱三月 九卿明夷九月		九卿井五月 九卿頤十一月	

初九 六三 九五	三　日 十三日 二十三日	六二 六四 上九	八　日 十八日 二十八日		
三公漸正月 三公損七月	三公革三月 三公困九月	三公咸五月 三公中孚十一月			
初六 九三 九五	四　日 十四日 二十四日	六二 六四 上九	九　日 十九日 二十九日		
天子泰正月 天子否七月	天子夬三月 天子剝九	天子姤五月 天子復十一月			
初九 九三 六五	五　日 十五日 二十五日	九二 六四 上六	二十日 二十日 三十日		
上是六陽月三十卦直事，日依氣定，日主一爻。					
八百諸侯二月 需驚蟄	侯四月 旅立夏	侯六月 鼎小暑	侯八月 巽白露	侯十月 艮立冬	侯十二月 屯小寒
初九 九三 九五	一日 十一日 二十一日	九二 六四 上六	六日 十六日 二十六日		
二十七大夫隨二月 大夫萃八月	大夫師四月 大夫既濟十月	大夫豐六月 大夫謙十二月			
初九 六三 九五	二日 十二日 二十二日	六二 九四 上六	七日 十七日 二十七日		
九卿晉二月 九卿大畜八月	九卿比四月 九卿噬嗑十月	九卿渙六月 九卿睽十二月			
初六 六三 六五	三日 十三日 二十三日	六二 九四 上九	八日 十八日 二十八日		
三公解二月 三公賁八月	三公小畜四月 三公大過十月	三公履六月 三公升十二月			
初六 六三 六五	四日 十四日 二十四日	九二 九四 上六	九日 十九日 二十九日		

天子壯二月 天子觀八月	天子乾四月 天子坤十月	天子遯六月 天子臨十二月

初九	五日	九二	十日
九三	十五日	九四	二十日
六五	二十五日	上六	三十日
上是六陰月三十卦直事，日依氣定，日主一爻。			

（陰月直事圖大夫卦〈隨卦〉爻題，涉上〈需卦〉爻題而誤，今作改正。）

貳、卦候徵驗

前言孟喜、焦延壽、京房，乃至《易緯》之言卦氣，要皆以占驗爲用。其學主於明乎天之運行，配乎卦之消長，以見陰陽消息之眞諦。並以卦象占風雨寒溫，總以應卦爲節；卦氣不效，則分至寒溫皆失其度，用此指導群生趨時步吉之道，實爲當時頗富實用之學。惠棟《易漢學》卷一引《漢書》谷永對策曰:「王者躬行道德，則卦氣理效，五徵時序；失道妄行，則卦氣悖亂，咎徵著郵。」又謂張衡上疏亦言「律歷卦候」,「數有徵效」，故曰：「是漢儒皆用卦氣爲占驗。」此乃陰陽五行、災異數術思想盛行之必然趨勢，無足怪也，然卦氣占驗之能蔚爲風潮、襲捲士林，此其能探天文曆象氣候，並符人世日用，有以致也，故不可僅以淺薄無端視之，方能得其旨意。

《易緯》之言卦氣，多承自孟喜，即以四正卦主四時，爻主二十四氣；十二消息卦主十二辰，爻主七十二候；六十卦主六日七分，爻主三百六十五日四分日之一歲實。唯是卦爻豈能盡與歲實相合？於此，吾人須明易卦爻象皆符號也，寓有象外之意，予人觀象玩索焉，而人人觀玩之餘，自有所得，不必相同。卦氣說以爻象符號賅括天象氣候，而天氣流行、四時推移，各有其時，以六日七分或其他直日法配之，其法雖異，皆得「天地盈虛、與時消息」之理，故首重卦爻與氣候之相應，「其相應之驗，猶影響之應人動作言語也，故正其本而萬物理，失之毫釐，差以千里。」（《通卦驗・上》語）是以卦候徵驗爲卦氣說之要務，亦《周易》經傳亟言「相應」之具體呈現也。

《易緯》之言卦候徵驗，細分之，有「八卦候」、「十二卦候」、「二十四氣候」、「六十卦候」之別，統言之，則「四正四維」八卦與「十二消息卦」二系統，亦孟喜卦氣說之範疇也。前已屢言，由〈說卦傳〉「帝出乎震」一章衍生「四正四維卦」，坎離震兌四正，孟喜即引以主四時，其爻則主二十四氣，四卦之初爻則當二至二分，此《易緯》「二十四氣候」之所本也。因四正可主二至二分，則乾坤巽艮四維可當四立也。八卦配一年，故每卦四十五日，其中猶自有餘分，此舉大數而已。《乾鑿度》言「八卦用事」即引孔子曰：「歲三百六十日而天氣周，八卦用事，各四十五日，方備歲焉。」其主卦候皆同，此《易緯》「八卦候」之所由來也。

十二消息卦主十二節，四正卦除外之六十雜卦主七十二候，故有「十二卦候」與「六十卦候」之分說，其效驗則一致也，且各卦候亦可互參而說。以下各舉緯文述其詳，尤須明者，徵驗有吉有凶，緯文多從反面述其卦氣不效之災應，吾人當從中勉思以爲惕厲焉。又緯文多有錯簡，今以張惠言《易緯略義》所次爲據也。

一、八卦候徵驗

《通卦驗·下》云：

> 凡易八卦之炁，驗應各如其法度，則陰陽和、六律調、風雨時、五穀成熟、人民取昌，此聖帝明王所以致太平法，故設卦觀象，以知有亡。夫八卦繆亂，則綱紀壞敗，日月星辰失其行、陰陽不和、四時易政。八卦炁不效，則災異炁臻，八卦炁應失常。

此卦驗效應之重要宣言也，放諸各卦候皆同，是知非僅爲災異而說，聖君明主更可以「災異」設教，因陰陽、定消息、被仁恩、廣教化、度時制宜，以收人民和順、綱紀齊整之功。而八卦候之效應原則爲：

> 冬至四十五日，以次周天三百六十五日，復當卦之炁。進則先時，退則後時，皆八卦之效也。夫卦之效也，皆指時卦，當應他卦炁，及至其災，各以其衝應之，此天所以示告於人者也。

八卦每卦四十五日，當三百六十日，乃有五日四分日之一，則每卦當有一百六十分日之一百五也，緯文此舉大數言之。《稽覽圖》曰：「甲子卦氣起中孚，……坎常以冬至日始效。」八卦周則復冬至卦氣也。先時後時者，鄭玄注曰：「卦炁進則先時，謂見其時之前，乾炁見於冬至之分是也；退則後時，謂見於其時之後也。」故卦之效也，皆指用事之卦，即《乾鑿度》所謂「八卦用事」：「震生物、巽散之、離長之、坤養之、兌收之、乾制之、坎藏之、艮終始之」，則生長收藏之道備，若應他卦炁，即先時或後時，則卦氣不效，各以其衝卦所直之候見其災咎也，蓋五行相衝則剋也。以〈乾〉爲例：

> 乾，西北也，主立冬。人定，白炁出直乾，此正炁也。炁出右，萬物半死；炁出左，萬物傷。乾炁不至，則立夏有寒，傷禾稼，萬物多死，人民疾疫，應在其衝。乾炁見於冬至之分，則陽炁火盛，當藏不藏，蟄蟲冬行。乾爲君父，爲寒，爲冰、爲金、爲玉，於是歲則立夏蚤蟄、夏至寒。乾得坎之蹇，則夏雨雪水冰。乾炁退，傷萬物。

乾於五行屬金，故白炁直乾爲正炁。左右非乾之正位，卦氣不效，乃有災也。鄭注曰：「立冬之左，霜降之地；右，小雪之地。霜降物未徧收，故其災，物半死；小雪則殺物矣，故其災爲傷。」此以二十四氣說之也。乾炁不至則以其衝位立夏之時，乾炁復出而受其災，故曰：「應在其衝」。而乾炁見於冬至之分，即「進則先時」，鄭氏曰：「冬至之分，大雪、小寒之地，分屬於坎，乾炁見，爲四陽相得，故爲火盛。當藏者蟄蟲，冬行，陽生出之夏，夏至即災行矣。」冬行之蟲，至夏反蟄也。乾得坎之蹇者，大雪〈蹇卦〉用事，而乾就之，故應之以雨雪。反之，乾炁退則後時，即見於秋分兌之位，亦傷萬物也。由上可知，卦炁不效者有五：炁出左、炁出右、卦炁不至、進則先時、退則後時，餘例皆法之，今錄緯文整理如下表，而效應之徵，讀者自可參酌鄭玄注與張惠言《易緯略義》附註，即可明其義。

表：〈八卦候應驗表〉

八卦	方位	卦氣	正炁直卦	炁出右	炁出左	炁不至	炁　進	炁退
乾	西北	立冬	人定。白氣出直乾。	萬物半死。	萬物傷。	立夏有寒，傷禾稼，萬物多死，人民疾疫，應在其衝。	乾炁見於冬至之分，則陽炁火盛，當藏不藏，蟄蟲冬行。乾爲君父、爲寒、爲冰、爲金、爲玉，於是歲則立夏蚤蟄，夏至寒，乾得坎之蹇，則夏雨雪水冰。	傷萬物。
坎	北方	冬至	夜半，黑炁出直坎。	天下旱。	涌水出。	夏至大寒，雨雪，湧泉出，歲多大水，應在其衝。	坎炁見立春之分，則水炁乘出。坎爲溝瀆，於是歲多水災，江河決，山水涌出。	天下旱
艮	東北	立春	雞鳴，黃炁出直艮。	萬物傷。	山崩，涌水出。	立秋山陵多崩，萬物華實不成，五穀不入，應在其衝。	艮炁見於春分之分，則萬物不成。艮爲山，爲止，不止則炁過山崩。	數有雲霧霜。

震	東方	春分	日出，青炁出直震。	萬物半死。	蛟龍出。	歲中少雷，萬物不實，人民疾熱，應在其衝。	震炁見立夏之分，雷炁盛，萬物蒙而死不實。龍蛇數見，不雲而雷，冬至乃止。	歲中少雷，萬物不茂。
巽	東南	立夏	食時，青炁出直巽。	風檝木。	萬物傷，人民疾濕。	歲中多大風，發屋揚砂，禾稼盡，應在其衝。	巽炁見夏至之分，則風，炁過折木。	盲風至，萬物不成，濕傷人民。
離	南方	夏至	日中，赤炁出直離。	萬物半死。	赤地千里。	無日光，五穀不榮，人民疾，目痛。冬無冰，應在其衝。	離炁見於立秋之分，兵起（原文無「兵起」二字，依注文補入）。	其歲日無光，陰必害之。
坤	西南	立秋	晡時，黃炁出直坤。	萬物半死。	地動。	萬物不茂，地數震，牛羊多死，應在其衝。	坤炁見於秋分之分，則其歲地動搖，江河水乍存乍亡。	地分裂，水泉不泯。
兌	西方	秋分	日（脱一字），白炁出直兌。	萬物不生。	虎害人。	歲中多霜，草木枯落，人民疥瘙，應在其衝。	兌炁見於立冬之分，則萬物不成，虎狼爲災，在澤中。	澤枯，萬物不成。

八卦卦氣依五行而定白黑黃青赤五氣，此《乾鑿度》所謂「易者，所以經天地、理人倫，而明王道。是故八卦以建，五氣以立，五常以之行。象法乾坤，順陰陽，以正君臣、父子、夫婦之義。」立意之所在。

《通卦驗》繼則總結卦變之效曰：

> 不順天地，君臣職廢，則乾坤應變。天爲不放，地爲不化，終而不改，則地動而五穀傷死，上及君位，不敬宗廟社稷，則震巽應變。飄風發屋折木，水浮梁，雷電殺人，此或出人暴應之也；不改，入出澤，不順時卦（當爲炁），失山澤之禮，則艮不（「不」當爲「兑」）應變。期雲不出則山崩，恩澤不下，災則澤涸，物枯槁不生；夫婦無別，大臣不良，則四時易，政令不行；白黑不別，愚智同位，則日月無光，精見五色，此離坎之應也。皆八卦變之效也，故曰：八卦變象，皆在于己。

己者，人君也，人君見災異叢生，則當引以爲戒，依八卦用事，隨順陰陽，和暢人事，以合八卦之佳應也。由上觀《通卦驗》之言八卦候徵驗，義理尙稱精要，雖亦言災異，亦甚合天理，頗有參研之價值。

《是類謀》亦有言八卦卦氣不效之徵驗者。文曰：

一曰：震氣不效。倉帝之世，周晚之名，曾之候在兑。鼠孽食人，芜羣開，虎龍恡出，篲守大辰，東方之度，天下亡。

二曰：離氣不效。赤帝世，屬軼之名，曾之候在坎。女譌謳，虹蜺數興，石飛山崩，天拔刀，蛇馬恠出，天下甚危。有能改之之質，石蜚復蛇馬，女譌之，凶多，卒貴，巔將悔。知師緣出，反善可，今章銜滑。

三曰：坤氣不效。黄帝世，次遲之名，曾之候在艮。名水赤，大魚出斗撥紀，天下亡。

四曰：兑氣不效。白帝世，討吾之名，曾之候在震。�氣錯，晝昏，地裂，大霆横作，天下亡。

五曰：坎氣不效。黑帝世，胡誰之名，曾之候在離。五角禽出，山崩日既、爲（疑字衍）天下亡。

六曰：巽氣不效。霸世之主，名筵喜，曾之效在乾。大水名川移，霸者亡。

七曰：艮氣不效。假驅之世，若檐柔之比，曾之候在坤。長人出，星亡殞石，辭之主亡。

八曰：乾氣不效。天下糴空，將元君，州每王，雌擅權，國失雄。陪孽領威，君若贅流，曾之候在巽。眾變立地陷，斗機絕繩，玉衡撥，攝提亡。

此文八卦之序，蓋配以五行，而以五行相生爲次也。卦氣不效，則其亡徵驗於其衝。如震爲木，五行爲青，其衝在兌。木生火，故次爲離，離爲火，五行爲赤，其衝在坎也，餘可類推。《是類謀》本爲機祥推驗，推衍帝王運歷之期及於姓輔名號之書，於此可見一斑，此亦漢世「五德終始」、「五德轉移」之流者。觀其後又有「倉世順晲侹之聲，赤世順蒙孫之祥，觸名是工。黃世慎頓詐吉凶，白世慎討吾之名，黑世慎嘿沈，皆所以危亡之象也。」孽君之名，昭然若揭。然此非定名，蓋一象徵也，故可推衍之，如「蒙孫」，或童蒙之孫，如此，即成讖言，流爲野心家之所資，當王者藉以神其位、劃異己，將王者則僞託符命以移王阼（如王莽）、啓中興（如光武帝），方士則賴以榮其身，圖緯機祥頓成天降謎讖，眾家即競以拆字猜謎爲務也，此漢世學風之所致，言術數者所必及也。此卦氣說於推驗方面之應用，且與《乾鑿度》所引易歷，義相發明，其術則容後再述。

二、十二卦候徵驗

十二消息卦以當十二月，則春三月，〈泰〉、〈大壯〉、〈夬〉也；夏三月，〈乾〉、〈姤〉、〈遯〉也；秋三月，〈否〉、〈觀〉、〈剝〉也；冬三月，〈坤〉、〈復〉、〈臨〉也。〈乾元序制記〉已各列其世軌之數（〈乾〉、〈坤〉、〈夬〉三卦除外），《通卦驗・下》則言其卦炁不效之應：

> 春三月，侯卦炁比不至，則日食無光，君失政，臣有謀，期在其衝，白炁應之，期百日二旬，臣有誅者，則各降。
>
> 夏三月，候卦炁比不至，則大風折木發屋，期百日二旬，地動，應之大風，期在其衝。多死臣，黑炁應之。
>
> 秋三月，候卦炁比不至，則君私外家，中不愼刑，臣不盡職，大旱而荒，期在其衝。青炁應之，期百日二旬。
>
> 冬三月，候卦炁比不至，則赤炁應之，期在百二十日，內有兵，日食之災，期三百六旬也。三公有免者，期在其衝，則已無兵。

比者，相連也，卦氣不至，災期亦應之於衝卦，五行相剋故也。一卦三十日，故應期達百二十日。而冬三月，內有兵，閒有日食之災，故期更遠也。

《通卦驗》又曰：

> 春三月，一卦不至，則秋蚤霜；二卦不至，則雷不發蟄；三卦不至，則三公有憂，在八月。夏三月，一卦不至，則秋草木早死；二卦不至，則冬無冰，人民病；三卦不至，則臣內殺，三公有縗絰之服，崩以三月爲期。秋三月，一卦不至，則中臣有用事者，春下霜；二卦不至，則霜著木，在二月；三卦不至，則臣專政，草木春落，臣有免者則已。冬三月，一卦不至，則夏雨雪；二卦不至，則水；三卦不至，則湧水出，人君之政所致之故。各以其卦用事候之，甲日見者青，乙日見者青白，丙日見者赤，丁日見者赤黑，戊日見者黃，己日見者青黃，庚日見者白，辛日見者赤白，壬日見者黑，癸日見者黃黑，各以其炁候之。其雲不應，以其事占吉凶。假令坎炁不至，

艮而見，坎乘艮，山上有水之象也，其用事時，日甲八也，其卦事坎乘艮，其比類也。

鄭玄以爲此章似寫者得異家說而並存於此。可相參看，後半又以十干五色應之，其術未明也。而後又有求日期之術，皆以敘述不明而不得其解。緯文云：

欲求其日期，陰與陰相應，（以下至「下陰」前似有闕脱，張惠言以注義推求，所得當是，今從之也。）上六三之，三六十八，百八十。陽與陽相應，上九三之，三七二十一，二百一十。下陰應上陽，七其陽，八其陰，以爲日數；下陽應上陰，九其陽，六其陰。

鄭氏注曰：「災異之期，爻得正，陽爲九，陰爲六；失正，陽爲七，陰爲八。得正者則期促，失正者則期遲，故上六者，三六；上九者，三七也。」又曰：「此一陽一陰，期其變于純陰陽之數，異術也。其異術也，七其陽，八其陰，九其陽，六其陰，此則各自乘并之以爲日數。」然則，後人未能明其義而通釋之也。張惠言《易緯略義》曰：「此候期法又與上百日二旬等不同，彼是三卦大期，此一卦小期。」亦僅粗略言也。

三、二十四氣候徵驗

《通卦驗・下》曰：

聖人仰取象於天，俯取法於地，以知陰陽精微所應。故日者，眾陽之精也。天所以以照四方，因以立，定二十四炁，始於冬至，終於大雪，周天三百六十五日。分之一陰一陽，分之各得八十五（原作「二」，今改正）日，有奇分爲普（張惠言注曰：「謂加炁盈朔虛之餘分。」）得九十一日有奇。四正分而成八節，節四十五日二十一分，八節各三分，各得十五日七分而爲一炁也。分滿三十二爲一日，令備或爲復。二十四炁，其復合於晷應，其法皆先復之二日，左同右。

此日法與孟喜六日七分不同，蓋孟氏以一日爲八十分計，此則以一百三十二分計，故一年三百六十五日又四分日之一，分爲八節，則每節爲四十五日二十一分；八節各三分，則二十四氣各得十五日七分也。《通卦驗》算僅及此，未數六十卦也。而「二十四炁，其復合於晷應，其法皆先復之二日，左同右」者，張惠言曰：「此謂炁至早晚，應在其衝，法當先二日也。左謂冬至至芒種，右謂夏至至大雪，左同右者，陰陽對應，皆先二日也。」

而《通卦驗》所載二十四節氣所値，群物氣候之應，與《夏小正》、《呂氏春秋・十二紀》、《禮記・月令》等，性質相近而說法相出入。又此候以晷影爲主，當至不至，未當至而至，皆以晷長短相應而得。再者，以陰陽之雲氣値司星宿之位，應於人身四支二十四脈之症狀，故曰：「凡此陰陽之雲，天之雲，天之便炁也，坎離震兑爲之，每卦六爻，既通於四時，二十四炁，人之四支、二十四脉亦存于期。」故知卦候徵驗之應用多方也。以下再依緯文列表錄之，文有謬漏者，均依鄭注及張惠言《易緯略義》改正。

表：二十四節氣徵驗

二十四節氣	八風	卦候之徵	晷長	陰陽氣直宿	當至不至	不當至而至	衝應	備註
冬至 (十一月氣)	廣莫風至	蘭射干生，麋角解，曷旦不鳴。	丈三尺	陰炁去，陽雲出〔箕〕。莖末如樹木之狀。	萬物大旱，大豆不爲。人足太陰脉虛，多病振寒。	人足太陰脉盛，多病暴逆，臚張心痛，大旱。	應在夏至。	「箕」原作「其」。
小寒 (十二月節)		合凍，虎始交，祭蚚垂首，曷旦入空。	丈二尺四分。	倉陽雲出〔氐〕，南倉北黑。	先小旱，後小水。人手太陰脉虛，人多病喉脾。	人手太陰脉盛，人多熱，來年麻不爲。	〔應在小暑〕	「氐」原作「平」。「應在小暑」一句原脫。
大寒 (十二月氣)		雪降，草木多生心，鵲始巢。	丈一尺八分。	黑陽雲出心，南黑北黃。	旱，後水，麥不成。人足少陰脉虛，多病蹶，逆惕善驚。	人足少陰脉盛，人多病，上炁嗌腫。	應在大暑。	
立春 (正月節)	條風至。	雨水降，雉雊雞乳，冰解，楊柳樟。	丈一尺二分。	青陽雲出房，如積水。	兵起，〔來年〕麥不成。人足少〔陰〕脉虛，多病疫瘧。	人足少〔陰〕脉盛，人多病粟疾疫。	應在立秋。	「來年」，羨字。「陰」字原作「陽」，似誤，故改。
雨水 (正月氣)		凍冰釋，猛風至。獺祭魚，鴿〔鶡〕鳴，蝙蝠出。	九尺一寸六分。	黃陽雲出亢，南黃北黑。	旱，麥不爲。人手〔太〕陽脉虛，人多病，心痛。	人手〔太〕陽脉盛，人多病目。	應在處暑。	「鶡」，原作「鶚」。「太陽」原作「少陽」。
驚蟄 (二月節)		雷候應北。	八尺二寸。	赤陽雲出翼，南赤北白。	霧，稚禾不爲。人足太〔陽〕脉虛，人多疫病瘧。	人足太〔陽〕脉盛，多病癰疽，脛腫。	應在白露。	「陽」，原作「陰」，似誤，故改。

春分(二月氣)	明庶風至。	雷雨行，桃始花，日月同道。	七尺二寸四分。	正陽雲出張，如積鵠。	先旱後水。歲惡重(穜)來(麥)不爲。人手太陽脉虛，人多病痺痛。	人手太陽脉盛，人多病癘疥身應。	應在秋分。	
清明(三月節)		雷鳴雨下，清明風至，玄鳥來。	六尺二寸八分。	白陽雲出〔宿〕，南白北黃。	菽豆不爲。人足陽明脉虛，人多病疥虛。振寒洞泄。	人足陽明脉盛，人多病溫，暴死。	應在寒露。	「宿」字原脫，今補入。
穀雨(三月氣)		田鼠化爲鴽。	五尺三寸二分。	太陽雲出張，上如車蓋，〔下〕如薄。	水物稻等不爲。人足陽明脉虛，人多病癰疽瘧，振寒霍亂。	人足陽明脉盛，人多病溫，黑腫。	應在霜降。	「下」原作「不」。
立夏(四月節)	清明風至。	暑，鵲聲蜚，電見早出，龍升天。	四尺三寸六分。	當陽雲出觜，紫赤如珠。	旱，五穀大傷，牛畜病。人手陽明脉虛，多病，寒熱、齒齲。	人手陽明脉盛，多病，頭腫嗌喉痺。	應在立冬。	
小滿(四月氣)		雀子蜚，螻蛄鳴。	三尺四寸。	上陽霍七星，赤而饒。	多凶言，有大喪，先水後旱。人足太陽脉虛，人多病滿，筋急痺痛。	人足太陽脉盛，人多病衝炁腫。	〔應在小雪〕。	「應在小雪」句原脫。
芒種(五月節)		蚯蚓出。	二尺四分。	長陽雲〔出宿〕，集赤如曼曼。	多凶言，國有狂令。人足太陽脉虛，多病血痺。	人足太陽脉盛，多蹶眩頭痛。	應在大雪。	「出宿」二字原句無。
夏至(五月氣)	景風至。	暑且濕，蟬鳴，螳螂生，鹿解角，木莖榮。	四寸八分。	少陰雲出，如水波崇崇。	邦有大殃，陰陽並傷，口乾嗌痛。〔人手陽脉虛〕	人手陽脉盛，多病肩痛。	應在冬至。	「人手陽脉虛」，原文疑脫。
小暑(六月節)		雲五色出。伯勞鳴，蝦蟆無聲。	二尺四寸四分。	黑陰雲出，南黃北黑。	前小水，後小旱，有兵。人足陽明脉虛，多病，泄注腹痛	人足陽明脉盛，多病臚腫。	應在小寒。	
大暑(六月氣)		雨濕，半夏生。	三尺四寸。	陰雲出，南赤北〔蒼〕。	外兵作，來年饑。人手少陽脉虛，多病，筋痺胸痛。	人手少陽脉盛，多病，脛痛惡炁。	應在大寒。	「蒼」原作「倉」。

立秋 (七月節)	涼風至。	白露下，腐草爲嗌，蜻蚓鳴。	四尺三寸六分。	濁陰雲出，上如赤繒，列下黃〔幣〕。	暴風爲災，年歲不入。人〔手〕少陽脉虛，多病癘。少陽炁中寒，白芒芒。	人手少陽脉盛，多病，咳嗽，上炁咽喉腫。	應在立春。	「幣」原作「獘」。「手」原作「足」，依例改。
處暑 (七月氣)		雨水，寒蟬鳴。	五尺三寸二分。	赤陰雲出，南黃北黑。	國有淫令，四方兵起。人〔足〕太陰脉虛，多病，脹身熱，來年麥不爲。	人〔足〕太陰脉盛，多病，脹身熱，不汗出。	應在雨水。	「足」原作「手」，依例改。
白露 (八月節)		雲炁五色，蜻蚓上堂，鷹祭鳥，燕子去室，鳥雌雄別。	六尺二寸八分。	黃陰雲出，南黑北黃。	六畜多傷，人〔手〕太陰脉虛，人多病痤疽泄。	人〔手〕太陰脉盛，多病，心脹閉症瘕。	應在驚蟄。	「手」原作「足」，依例改。
秋分 (八月氣)	昌盍風至。	風涼慘，雷始收，鷙鳥擊，元鳥歸。	七尺二寸四分。	白〔陽〕雲出，南黃北白。	草木復榮，人手少陽脉虛，多病溫，悲心痛。	人手少陽脉盛，多病，⿸疒囟脇鬲痛。	應在春分。	「白陽雲」，《古微書》作「白陰雲」。
寒露 (九月節)		霜小下，秋草死，眾鳥去。	八尺二寸。	正〔陽〕雲出如冠纓。	來年穀不成，六畜鳥獸被殃。人〔手〕蹶陰脉虛，多病，疵疼腰痛。	人〔手〕蹶陰脉盛，多病痛，⿸疒囟中熱。	應在清明。	「正陽雲」《占經》作「正陰雲」。「手」原作「足」，依例改。
霜降 (九月氣)		候雁南向，豺祭獸，霜大下，草禾死。	九尺六分。	太〔陽〕雲出，上如羊，下如磻石。	萬物大耗，來年多大風。人足蹶陰脉虛，多病，腰痛。	人足蹶陰脈盛，多病喉，風腫。	應在穀雨。	「太陽雲」《初學記》作「太陰雲」。
立冬 (十月節)	不周風至。	始冰，薺麥生，賓爵入水爲蛤。	丈一寸二分。	陰雲出接。	地炁不藏，立夏反寒，早旱晚水，萬物不成。人手少陽脉虛，多病溫，心煩。	人手少陽脉盛，多病，臂掌痛。	應在立夏。	
小雪 (十月氣)		陰寒，熊羆入穴，雉入水爲蜃。	丈一尺八分。	陰雲出而黑。	來年五穀傷，蠶麥不爲。人心主脉虛，多病，肘腋痛。	人心心主脉盛，人多病，腹耳痛。	應在小滿。	
大雪 (十一月節)		魚負冰，雨雪。	丈二尺四分。	長雲出，黑如介。	溫炁泄，夏蝗生，大水。人手心主脉虛，多病少炁、五疸、水腫。	人手心主脉盛，多病、癰疽腫痛。	應在芒種。	

晷長之度，《通卦驗．上》嘗曰：「冬至之日，立八神，樹八尺之表，日中規，其晷之如度者則歲美，人民和順；晷不如度者，則其歲惡，人民為譌言，政令為之不平。晷進則水，晷退則旱，進尺二寸則月食，退尺則日食。……晷進為贏，晷退為縮。」總言天之應人，象其事也。緯文所載晷長度數與《後漢書．律歷志》注所載不同，或以時差故也，《通卦驗》未載其法，故闕之不論。然可確知夏至日最長而晷影最短，而冬至日最短而晷影最長，此天文學上夏冬二至近日遠日之實測所得。

而陰陽雲之別，鄭玄注曰：「二十四炁，冬至芒種為陽，其位在天漢之南；夏至大雪為陰，其位在天漢之北。術候陽雲于陽位而以夜，候陰雲于陰位而以晝，夜則司之于星，晝則視于其位，而以其率爾。」《通卦驗》大抵合其率，唯秋分、寒露、霜降三炁皆作「陽雲」，然《古微書》、《占經》與《初學記》各引作「陰雲」，則三炁皆當依例改之也。陰陽雲所出直宿，緯文大抵於冬至至芒種言之，其後則未提及。陰陽雲五色亦未明。

由陰陽五行隨氣消長之故，緯文又與人體經絡氣行相繫。蓋易道至大，上及天文，下迨地理，中及百姓日用，無不彌綸其間，故醫學之生理學亦易道之一環。人稟天地之氣，應時而生，呼吸飲食、作息活動，必與氣化流行相感應，人體之結構系統亦可與天地日月相應，故可曰：「人身為一小天地」，如人體「頭圓足方」即應「天圓地方」，而體內五臟六腑可應陰陽五行，又有「內屬於腑臟，外絡於肢節」之經絡循環系統（十二經脈、十五絡脈、奇經八脈等），均隨時、辰、日、月、節氣、年歲而規律運行，故宇宙生化之妙與人身之生化相同也，《黃帝內經》一書相傳即為最早之中醫學理寶典，其〈素問〉、〈靈樞〉諸經均可見易學與醫學相通之處，其相通之關鍵即在陰陽五行相生相剋，以求氣動之均衡中和之至理。

十二經脈為經絡系統之主體，對稱分布於身體兩側，分手三陰經、手三陽經、足三陰經、足三陽經，而陰經屬臟而絡腑，陽經屬腑而絡臟，陰經為裡，陽經為表，故此表（陽）裡（陰）相合，以行氣血，調陰陽也。而三陰者，太陰、少陰、厥陰也；三陽者，太陽、陽明、少陽，手足各分陰陽，故有十二經脈。〔註7〕以其十二之故，可應十二節氣，而十二經脈氣流強弱盛衰

〔註 7〕其詳可參唐湘清所校訂《中醫經絡學》一書，木鐸出版社，七十七年版。十二經脈分成六對，每對一陰一陽互為表裡，手太陰肺經與手陽明大腸經，手少陰心經與手太陽小腸經，手厥陰心包經與手少陽三焦經，足陽明胃經

即隨節氣而有變化也。以針炙理論言，十二經脈各有其氣血最旺之時，即可對應十二辰、十二節；若以易卦言，雖其理可相通，亦僅止於比附，故或以〈乾〉〈坤〉二卦十二爻，或十二消息卦比附焉，如《通卦驗》者，當亦有比附之則，唯今依鄭注可知其例以坎離震兌四卦二十四爻當二十四節氣，陽爻爲手、陰爻爲足，至十二經脈之相繫，則未知其律則也。僅知卦氣當至不至則脈虛，不當至而至則脈盛，皆失常，故多病徵。

而卦氣不效之咎徵仍「應在其衝」，此卦候徵驗之鐵則也。

四、六十卦候徵驗

張惠言《易緯略義》有「六十卦候」一條，觀其文，亦述「十二卦候」之徵驗，二者乃範圍之差別而已，故繫於上說，此不贅敘。

綜上所論，《易緯》之卦驗說，細究卦爻，或不能全然相應，亦有欠合理處，然前已言，卦爻僅符號也，其所蘊涵之理則不可輕忽，藉卦候以探天象，占天象之徵驗以修省，當位者可因災異以設教，政教不失、惠愛其民，則可去災異以保太平，其理至當，非輕薄也。惜其所載之術不明，未得窺占驗術之全豹，否則，即可了解災異說盛行之魅力何在也。

參、貞辰法

世皆知鄭玄易學特點之一，即以爻辰解說經傳，此雖其首開風氣，然爻辰之法蓋有所承。京氏易占法有「八卦六位圖」（惠棟《易漢學》卷四載），卦納十干，爻納十二支，分陰分陽各自有其納甲納支，而後《火珠林》傳此占法，復爲術家沿用至今。鄭玄爻辰法本京氏易占法，而稍稍變易其說，〈乾卦〉六爻由下而上配子寅辰午申戌六辰，仍京氏之舊；〈坤卦〉則改京氏之配未巳卯丑亥酉，爲未酉亥丑卯巳，且參月律，只用〈乾〉〈坤〉二卦十二爻左右交錯，以配十二辰，〔註8〕非京氏之用八純卦。以圖示之如下：

與足太陰脾經，足太陽膀胱經與足少陰腎經，足少陽膽經與足厥陰肝經六對皆互爲表裡。而氣血運行次序則爲：

手太陰→手陽明→足陽明→足太陰→手少陰→手太陽→足太陽→足少陰→手厥陰→手少陽→足少陽→足厥陰

〔註8〕月律，即〈月令〉十二月所中之律，隔七相生，其詳可參《漢書・律曆志》

所載劉歆之三統曆。《周禮・春官・太師》鄭玄注曰：「黃鐘，初九也，下生林鐘之初六，林鐘又上生太簇之九二，太簇又下生南呂之六二，南呂又上生姑洗之九三，姑洗又下生應鐘之六三，應鐘又上生蕤賓之九四，蕤賓又上生大呂之六四，大呂又下生夷則之九五，夷則又上生夾鐘之六五，夾鐘又下生無射之上九，無射又上生中呂之上六。」則知其爻辰之法乃本於月律也。〈月令〉云：「仲冬之月，律中黃鐘」，黃鐘爲陽六律之首，始於子，當十一月，其餘依次可推。而後韋招注《國語・周語下》「王將鑄無射章」，即據鄭氏說也。惠棟《易漢學》據二氏注說，製爲「十二月爻辰圖」如下：

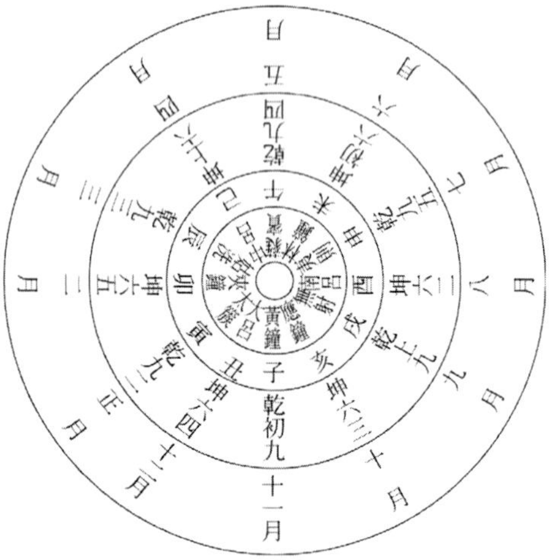

十二月爻辰圖

以上資料取自胡自逢《周易鄭氏學》〈爻辰〉，頁 188、189，高懷民《兩漢易學史》第五章第一節〈鄭玄易〉，頁 177～179，及徐芹庭《兩漢十六家易注闡微》拾貳〈鄭氏易闡微〉，頁 384、385。據《漢書・律曆志》：「律有十二，陽六爲律，陰六爲呂。」並列六律六呂之名，則鄭玄爻辰法可以簡圖示之：

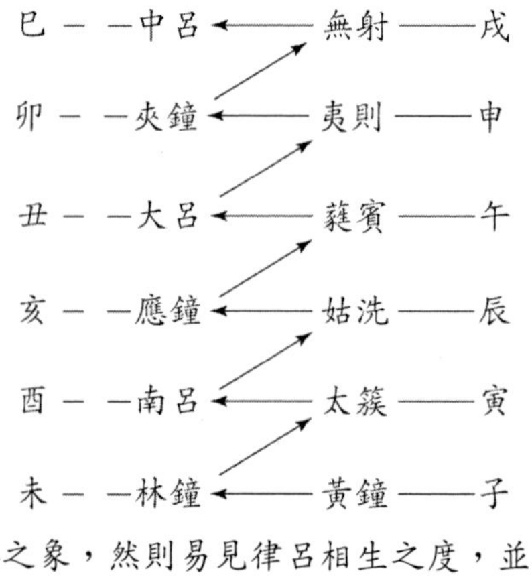

雖難以畢見期歲流轉之象，然則易見律呂相生之度，並可與京易爻辰說相較也。又《兩漢易學史》頁 181 所載「乾坤合律圖」（《道藏・周易圖》），則可見爻辰法亦合於樂律也。

鄭氏爻辰

乾			坤		
無射	⚊	戌（九月）	中呂	⚋	巳（四月）
夷則	⚊	申（七月）	夾鐘	⚋	卯（二月）
蕤賓	⚊	午（五月）	大呂	⚋	丑（十二月）
姑洗	⚊	辰（三月）	應鐘	⚋	亥（十月）
太簇	⚊	寅（正月）	南呂	⚋	酉（八月）
黃鐘	⚊	子（十一月）	林鐘	⚋	未（六月）

是知二說迥異。而據惠棟言，鄭玄爻辰實源於《易緯》之「貞辰法」，此說果其然耶？

《乾鑿度・下》云：

> 陽唱而陰和，男行而女隨。天道左旋，地道右遷，二卦十二爻而期一歲。乾，陽也；坤，陰也，並治而交錯行。乾貞於十一月子，左行，陽時六。坤貞於六月未，右行，陰時六，以奉順成其歲。歲終，次從於屯蒙。屯蒙主歲，屯爲陽，貞於十二月丑，其爻左行，以間時而治六辰；蒙爲陰，貞於正月寅，其爻右行，亦間時而治六辰，歲終則從其次卦。陽卦以其辰爲貞，其爻（原作「丑與」，據張惠言《易緯略義》改）左行，間辰而治六辰。陰卦與陽卦同位者，退一辰以爲貞，其爻右行，間辰而治六辰。泰否之卦，獨各貞其辰，共比（原作「北」，據《易緯略義》改）辰左行相隨也。中孚爲陽，貞於十一月子；小過爲陰，貞於六月未，法於乾坤。三十二歲期而周，六十四卦，三百八十四爻，萬一千五百二十析，復從於貞。

此節，張惠言《易緯略義》繫之於「六十四卦主歲」條下，蓋緯按六十四卦之序，每對立兩卦，其六爻配以十二辰，表十二月分，爲一歲，自〈乾〉〈坤〉至〈既濟〉〈未濟〉，歷三十二歲期而周六十四卦，此即「卦當歲」；而以一爻當一月，六十四卦三八十四爻配三十二年三百八十四月，往復循環，以推算年歲也，此明「爻當月」。其法謂之「貞辰法」。貞辰法乃仿效「天道左旋，地道右遷」，而以爻配辰，則是「並治而交錯行」。「天道左旋、地道右遷」之說，多見於緯書，如《春秋緯元命苞》:「天左旋，地右動」，《占經》引《元命苞》云:「地所以右轉者，氣濁清少，含陰而起遲，故右轉迎天佐其道。」又《春秋運斗樞》云:「地動則見於天象」，《尚書考靈曜》有「地有四游」之論，此爲我國最早之天旋地動說，由對天體左旋之觀察，推測出地向右轉，以爲地如天亦作旋轉運動，羅錫冬論之曰：「在當時天文學不發達的情況下，提出地動說，是一個天才的猜測，打破了以往『天動地靜』的傳統觀念。」〔註 9〕然以天文學言，漢代「天旋地動說」仍停留於樸素思維之初階，即以所居地球爲宇宙中心，靜止不動，日月星辰繞地旋轉爲則，僅覺悟出地球之自轉，未及地球公轉之「日心地動說」，故所見有所囿限也。以此前提而發展出「天左旋，日月五星右行」之「右旋說」，此漢以來步算家之通說也。〔註 10〕《乾鑿度》亦襲此通說，然未深一層發揮天文理論，而引入易卦以建爻辰之架構。天道左旋、地道右遷，則猶君臣男女陰陽相對之義也，陽唱而陰和，男行而女隨，以此，六十四卦中，二二相耦，一爲陽卦、一爲陰卦，二卦相配而期一歲，陽卦六爻配陽爻，陰卦六爻配陰爻，故坤隨乾「並治而交錯行」，乾六爻左行，坤六爻則右行。

至乾貞於子，坤貞於未者，此須與卦氣並觀。〔註 11〕而《乾鑿度》之「八卦用事」乃據〈說卦傳〉「帝出乎震」一章而列，故曰：「乾坤，陰陽之主也。陽始於亥，形於丑，乾位在西北，陽祖微據始也（鄭注：陽炁始於亥，生於子，形於丑）。陰始於巳，形於未，據正立位，故坤位在西南，陰之正也（鄭注：陰炁始於巳，生於午，形於未）。君道倡始，臣道終正，是以乾位在亥，坤位在未，所以明陰陽之職，定君臣之位也。」正可與乾坤貞辰合參。陽氣始生於十一月子，陰氣始生於五月午，子午位皆陽辰，依「陽卦以其辰爲貞，陰卦與陽卦同

〔註 9〕羅先生所論，見於〈《易緯》的樸素辯證法思想〉一文，《中國哲學史》1989 年，十一期。

〔註 10〕「左旋說」以恆星（天）及日月五星皆圍繞地球運行，恆星（天）移動最速，其次而日而月。「右旋說」則以恆星（天）左旋，日月右旋，此古曆算家依實測制曆之所據也。然此二說皆根於地球爲宇宙中心，靜止不動，日月星辰圍繞旋轉之前提而發，其說有誤。待至地球公轉（日心地動）說成立，以實測天象而證「右旋說」，乃爲確論也。詳參陳遵嬀《中國天文學史》第六冊，第九編第二章〈天旋地動說〉，頁 1820～1826。及曹謨《中華天文學史》，第三章第二節〈左旋與右旋〉，頁 32～36。

〔註 11〕黃宗羲《周易象數論》卷四〈乾坤鑿度二〉曰：「主歲之卦以周易爲序，而爻之起貞，則以六日七分之法爲序，內卦爲貞，外卦爲悔，故從初爻起爲貞。其卦於六日七分在某月即以某月起初爻。」又曰：「乾於卦序在四月巳，坤於卦序在十月亥，今乾初不起四月，坤初不起十月者，以十一月陽生，五月陰生，乾坤不與眾卦偶，故乾貞於十一月子，坤……貞於六月未，舍午而用未，是退一辰也。」雖不若《乾鑿度》之直捷了當，然以卦氣之序按核餘卦則大致若合符節，故可從也。

位者，退一辰以爲貞」之例，故乾貞於十一月子，坤則貞於六月未也（陰卦右行，爲逆數，故退一辰爲未，而非巳也）。貞者，鄭玄注云：「正也，初爻以此爲正，次爻左右者，各從次數之。」天道左旋，乾爲天，故左行，左行爲順，故〈乾卦〉初爻貞於子，依序而配寅辰午申戌，六爻皆陽時也。而地道右遷，坤爲地，故右行，右行爲逆，故〈坤卦〉初爻貞於未，依序而配巳卯丑亥酉，六爻皆陰時也，而〈乾〉〈坤〉十二爻兩相反對交叉並行，故曰：「並治而交錯行」。

按此乾坤之貞辰法，卻是合於京房之納支，陽卦納陽六支，由下而上順行；陰卦納陰六支，由下而上逆行，而與鄭玄爻辰乾坤俱順行，配合十二律呂相生之說違異。惠棟《易漢學》卷六〈鄭氏周易爻辰圖〉一文，謂《乾鑿度》乾貞於子，左行子寅辰午申戌；坤貞於未，右行未酉亥丑卯巳，與鄭注《周禮・春官・太師》十二律相生圖合，並謂宋儒朱子發〈十二律圖〉以坤貞于未而右行（未巳卯丑亥酉）之說爲謬，故曰鄭氏爻辰本之《乾鑿度》。王昶〈乾鑿度主歲卦解〉（見《春融堂集》）一文亦主其說。今由上述已知惠氏未經細察，蓋其爻辰圖所見，是乾坤俱爲左行，間時而治六辰，與《乾鑿度》之「乾左行，坤右行」不符也。張惠言《易緯略義》卷一嘗駁之曰：「經於泰否言其比辰左行相隨，則餘卦云左右行者不相隨可知。惠云坤貞於未，若從巳向卯，是爲左行，然則否貞於申，從酉向戌，何以得爲左行？蒙貞於寅，若如惠例，當從辰向午，何以得爲右行乎？凡言左右，各從其本位言之耳。十二律之位，乾坤相並俱生，乃易參天兩地六畫之位，故交錯相隨，不必與此爲一。火珠林八卦六位，乾，子寅辰午申戌；坤，未巳卯丑亥酉，蓋本此也。」黃宗羲《周易象數論》亦早發此語：「左行者，其次順數；右行者，其次逆數，皆間一辰。」是皆得其實，故從其說。乾坤二卦十二爻相間以奉順成其歲，歲終則次由屯蒙主歲。屯於卦氣值十二月丑，故屯初貞於十二月丑，屯爲陽卦，其爻左行，以間時而治六辰，丑卯巳未酉亥也。蒙於卦氣值正月寅，故蒙初貞於正月寅，蒙爲陰卦，其爻右行，亦間時而治六辰，寅子戌申午辰也。屯蒙歲終，從其次卦，即需訟主歲也。需貞辰於二月卯，訟貞辰於三月辰，推法同屯蒙。歲終則師比值歲也。師於卦氣值四月，比亦值四月，陰卦與陽卦同位則退一辰以爲貞，師爲陽卦，故以四月巳爲貞而順行；比爲陰卦，則退一辰以午爲貞而逆行也。據此可推餘卦也。然則泰否，中孚小過之例爲特例。

「泰否之卦，獨各貞其辰，共比辰左行相隨也。」鄭玄注云：「泰否獨各貞其辰，言不用卦次，……泰貞於正月，否貞於七月，六爻皆泰得否之乾，否得泰之坤。比辰左行，謂泰從正月至六月皆陽爻，否從七月至十二月皆陰爻，否泰各自相從。」黃宗羲《周易象數論》亦曰：「以兩卦獨得乾坤之體，故各貞其辰而皆左行。」其說蓋是也。而「中孚爲陽，貞於十一月子；小過爲陰，貞於六月未」者，中孚之貞於十一月子，固無可疑，然小過則正月卦也，依例當退一辰而貞於二月卯，今貞於六月未，非其次也。緯云：「法於乾坤」，不知何據？因蹇解之卦例亦同，〈蹇卦〉貞於子，〈解卦〉貞於卯，〈解卦〉並未去而貞於六月未也，是則可怪，故黃宗羲斥之曰：「蓋諸卦皆一例，惟乾、坤、泰、否、中孚、小過六卦不同，此是作者故爲更張，自亂其義。」

又《稽覽圖・上》有「乾十一月、坤六月……未濟」一節，依六十四卦次序，各爲之辭，語多艱深不可曉，亦言雜異之屬，觀其月分相屬卻頗有與貞辰法相合者，蓋推軌主歲之術不只一法，唯《乾鑿度》之貞辰法記錄完整，六十四卦皆可依例推求也。

雖則貞辰說有此小疵，然不掩其結合卦氣、律曆之巧妙，其義亦勝於鄭氏爻辰，三十二歲期而周，「卦當歲，爻當月」，則依次可明，亦可據以推軌論世也。而鄭玄注緯，其爻辰說或錯解緯義，或著眼於律呂相生而自創新說，又引以注經，此亦貞辰法之影響也。

以下引錄張惠言《易緯略義》貞辰法之三圖，與黃宗羲《周易象數論》之〈乾坤鑿度主歲卦〉一表，則《乾鑿度》貞辰之要訣則可了然於胸。

圖 5-1　二卦間時而治六辰圖

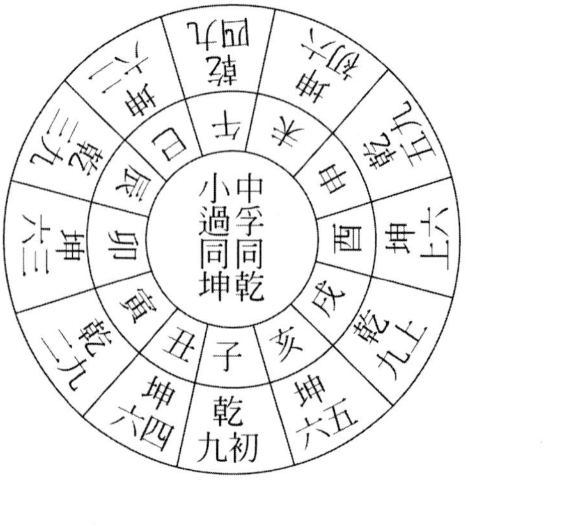

圖 5-2　否泰各貞其辰左行相隨圖

圖 5-3　六十四卦貞辰圖

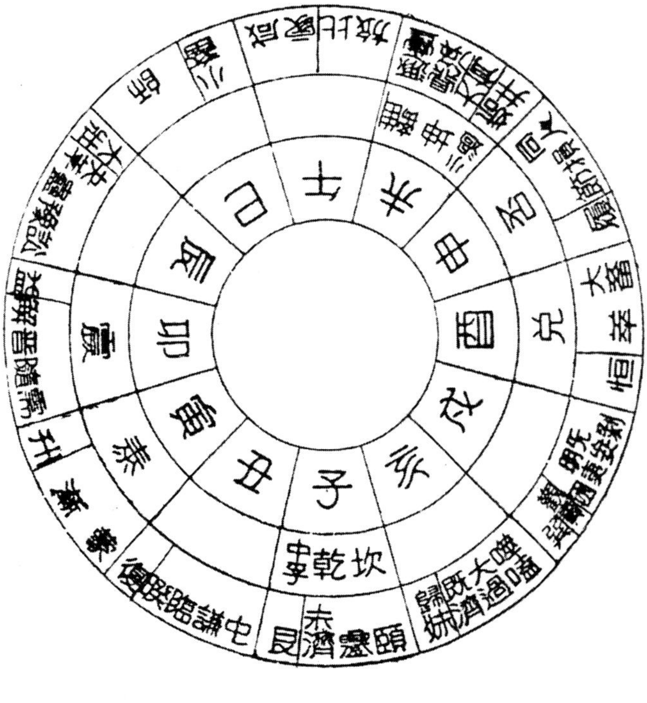

按：圖 5-3 六十四卦貞辰圖，乃依卦氣圖建構。中圈所列十卦，乾坤仿效天地，爲貞辰之基；泰否之卦，獨各貞其辰；中孚、小過之貞，法於乾坤，此皆緯文特加標著者。而坎離震兌四正卦，正卦氣圖主四時之卦，故此標明以示貞辰法與卦氣說之相繫不離。餘五十四卦各依初爻所貞卦候按辰繫入最外一圈，同一辰中以線區隔，線右諸卦即卦氣圖當月所值卦，線左所示乃所謂「陰卦與陽卦同位，而退一辰以爲貞」者，是皆陰卦也，其所値辰實當退一辰，如艮貞於十一月子，而其本値十月亥也（此依陽卦左旋順行之則而說，若以陰卦立場說則反是也）。張氏所製圖甚具巧思，按圖索驥，配以黃氏之圖，六十四卦三百八十四爻，値歲値爻，依次可明矣！

乾坤鑿度主歲卦

乾	九月	七月	五月	三月	正月	十一月
坤	八月	十月	十二月	二月	四月	六月
屯	十月	八月	六月	四月	二月	十二月
蒙	三月	五月	七月	九月	十一月	正月
需	十二月	十月	八月	六月	四月	二月
訟	五月	七月	九月	十一月	正月	三月
師	二月	十二月	十月	八月	六月	四月
比	七月	九月	十一月	正月	三月	五月
小畜	二月	十二月	十月	八月	六月	四月
履	九月	十一月	正月	三月	五月	七月
泰	六月	五月	四月	三月	二月	正月
否	十二月	十一月	十月	九月	八月	七月
同人	五月	三月	正月	十一月	九月	七月
大有	八月	十月	十二月	二月	四月	六月
謙	十月	八月	六月	四月	二月	十二月
豫	正月	七月	九月	十一月	正月	三月
隨	十二月	十月	八月	六月	四月	二月
蠱	五月	七月	九月	十一月	正月	三月
臨	十月	八月	六月	四月	二月	十二月
觀	十一月	正月	三月	五月	七月	九月
噬嗑	八月	六月	四月	二月	十二月	十月
賁	十一月	正月	三月	五月	七月	九月
剝	七月	五月	三月	正月	十一月	九月
復	二月	四月	六月	八月	十月	十二月
无妄	七月	五月	三月	正月	十一月	九月
大畜	十月	十二月	二月	四月	六月	八月
頤	九月	七月	五月	三月	正月	十一月
大過	十二月	二月	四月	六月	八月	十月
坎	九月	七月	五月	三月	正月	十一月
離	八月	十月	十二月	二月	四月	六月
咸	三月	正月	十一月	九月	七月	五月
恆	十月	十二月	二月	四月	六月	八月
遯	四月	二月	十二月	十月	八月	六月
大壯	五月	七月	九月	十一月	正月	三月
晉	十二月	十月	八月	六月	四月	二月
明夷	十一月	正月	三月	五月	七月	九月
家人	三月	正月	十一月	九月	七月	五月
睽	二月	四月	六月	八月	十月	十二月
蹇	九月	七月	五月	三月	正月	十一月
解	四月	六月	八月	十月	十二月	二月
損	五月	三月	正月	十一月	九月	七月
益	四月	六月	八月	十月	十二月	二月
夬	正月	十一月	九月	七月	五月	三月
姤	八月	十月	十二月	二月	四月	六月
萃	六月	四月	二月	十二月	十月	八月
升	三月	五月	七月	九月	十一月	正月
困	七月	五月	三月	正月	十一月	九月
井	八月	十月	十二月	二月	四月	六月
革	正月	十一月	九月	七月	五月	三月
鼎	八月	十月	十二月	二月	四月	六月
震	十二月	十月	八月	六月	四月	二月
艮	正月	三月	五月	七月	九月	十一月
漸	十一月	九月	七月	五月	三月	正月
歸妹	十二月	二月	四月	六月	八月	十月
豐	四月	二月	十二月	十月	八月	六月
旅	七月	九月	十一月	正月	三月	五月
巽	十一月	正月	三月	五月	七月	九月
兌	六月	四月	二月	十二月	十月	八月
渙	四月	二月	十二月	十月	八月	六月
節	九月	十一月	正月	三月	五月	七月
中孚	九月	七月	五月	三月	正月	十一月
小過	八月	十月	十二月	二月	四月	六月
既濟	八月	六月	四月	二月	十二月	十月
未濟	正月	三月	五月	七月	九月	十一月

肆、求卦主歲術

前言「貞辰法」即爲「求卦主歲術」鋪路也。「求卦主歲術」蓋統言之也，其術可推及至「爻當月」與「折當日」。因卦爻與歲實猶有餘分之出入，故《易緯》於六日七分之卦氣說外；又有六十四卦主歲法，其法即爲綰合律曆而設也。

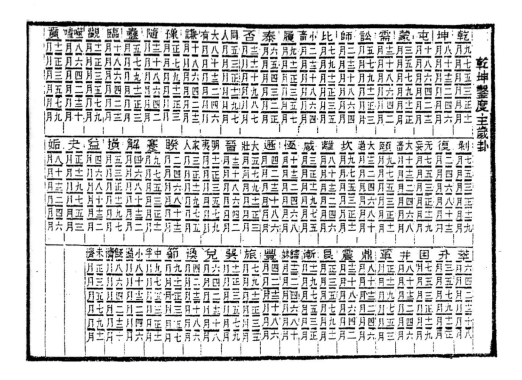

《乾鑿度・下》曰：

> 常以太歲紀歲，七十六爲一紀，二十紀爲一部首，即積置部首歲數，加所入紀歲數，以三十二除之，餘不足者，以乾坤始數，二卦而得一歲，末算即主歲之卦。

二卦而得一歲，三十二歲而六十四卦一周，即所謂「卦當歲」也。而三百八十四爻以「爻當月」，萬有一千五百二十折以「折當日」，卦爻折之數定，繫以干支宮世，亦可旁涉五音六律二十八宿，則三十二歲中，年月日時均可推算，三十二年後，亦可循環推衍，兼以言世軌、推災厄，可謂涵蓋天人，應用無窮也。

《乾鑿度》以歲紀部首推歲卦正術與天元歲數，《稽覽圖》則先言其術之本，以六十四卦主歲，並以策術軌術推得各卦軌折之數，而列有〈六十四卦流轉注十二之辰〉表，此表乃求卦主歲術與推世軌災厄之本，故須先明於此。第二章「軌折之數」一節已言本表有「世、初、折、軌」四要項。「世」者，出於京房「宮世說」，京房有八宮卦變之法，託言於孔子曰：「有四易，一世、二世爲地易，三世、四世爲人易，五世、六世爲天易，游魂、歸魂爲鬼易。」（《京氏易傳》）八純卦之世即在上爻，故得〈八宮卦變表〉如圖 5-4。京氏易說又有納甲納支，以五行十干十二支、分屬八純卦各爻，此〈八卦六位圖〉爲《火珠林》所引，見圖 5-5。

圖 5-4　八宮卦變圖

區分	天易	地易		人易		天易	鬼易	
	八純本卦	一世	二世	三世	四世	五世	游魂	歸魂
乾宮（金）	乾 ䷀	姤 ䷫	遯 ䷠	否 ䷋	觀 ䷓	剝 ䷖	晉 ䷢	大有 ䷍
震宮（木）	震 ䷲	豫 ䷏	解 ䷧	恆 ䷟	升 ䷭	井 ䷯	大過 ䷛	隨 ䷐
坎宮（水）	坎 ䷜	節 ䷻	屯 ䷂	既濟 ䷾	革 ䷰	豐 ䷶	明夷 ䷣	師 ䷆

艮宮（土）	艮	賁	大畜	損	睽	履	中孚	漸
坤宮（土）	坤	復	臨	泰	大壯	夬	需	比
巽宮（木）	巽	小畜	家人	益	无妄	噬嗑	頤	蠱
離宮（火）	離	旅	鼎	未濟	蒙	渙	訟	同人
兌宮（金）	兌	困	萃	咸	蹇	謙	小過	歸妹

圖 5-5　八卦六位圖

乾屬金	壬戌土	壬申金	壬午火	甲辰土	甲寅木	甲子水
坤屬土	癸酉金	癸亥水	癸丑土	乙卯木	乙巳火	乙未土
震屬木	庚戌土	庚申金	庚午火	庚辰土	庚寅木	庚子水
巽屬木	辛卯木	辛巳火	辛未土	辛酉金	辛亥水	辛丑土
坎屬水	戊子水	戊戌土	戊申金	戊午火	戊辰土	戊寅木
離屬火	己巳火	己未土	己酉金	己亥水	己丑土	己卯木
艮屬土	丙寅木	丙子水	丙戌土	丙申金	丙午火	丙辰土
兌屬金	丁未土	丁酉金	丁亥水	丁丑土	丁卯木	丁巳火

參之，則知本表所列各卦之世，即以其在八宮中所居何世，再以其所納支爲準也，如〈乾〉〈坤〉皆爲八純卦，其世在上爻，乾上爻壬戌土，故世戌；坤上爻癸酉金，故世酉。又如〈屯〉爲坎宮二世卦，下卦爲震，震六二爲庚寅木，故世寅；〈蒙〉爲離宮四世卦，上卦爲艮，艮六四爲丙戌土，故世戌。餘者可類推之。唯不符者有二，離世子、睽世丑，應作離世巳，睽世酉。

「初」者，張惠言《易緯略義》注曰：「此圖陽卦以子寅辰午申戌爲次，陰卦以未巳卯丑亥丑爲次。乾坤子未，屯蒙寅巳、需訟辰卯，師比午丑，小畜履申亥、泰否戌酉，周而復始，正乾鑿度末簡所謂。案圖違經，不合有三者也，然則貞辰不可用。」不合有三者，即革當初子、鼎當初未，漸當初辰也。此法與貞辰法初之配辰不同，可參見上節。

而軌術以「陽爻九七，陰爻八六」，策術以「陽爻九、陰爻六」，則可推算各卦軌折之數，其法參見第二章「軌折之數」，以下即列此表，「初世折軌」其誤者計十九處，茲以數字標示，林金泉先生〈易緯「六十四卦流轉注十二之辰」表研究〉一文〔註 12〕已逐一訂正，茲轉錄如下：

「六十四卦流轉注十二之辰」表

一乾世戌初子	坤世酉初未	
二合折三百六十	分各乾二百一十六	坤一百四十四
二軌合一千四百四十	分各乾七百六十八	坤六百七十二 1
二屯世寅初寅	蒙世戌初巳	
二合折三百三十六	分各屯一百六十八	蒙一百六十八
二軌合一千四百八	分各屯七百四	蒙七百四
三需世申初辰	訟世午初卯	
二合折三百八十四	分各需一百九十二	訟一百九十二
二軌合一千四百七十二 2	分各需七百三十六 3	訟七百三十六 4
四師世午初午	比世卯初丑	
二合折三百十二	分各師一百五十六	比一百五十六
二軌合一千三百七十六	分各師六百八十八	比六百八十八
五小畜世子初申	履世申初亥	
二合折四百八	分各小畜二百四	履二百四
二軌合一千五百四	分各小畜七百五十二	履七百五十二
六泰世辰初戌	否世卯初酉	
二合折三百六十 5	分各泰一百八十 6	否一百八十 7
二軌合一千四百四十	分各泰七百二十	否七百二十

〔註 12〕林先生文見《漢學研究》，第六卷第二期。又因所據版本不同，林文據《古經解彙函》摘出十八處謬誤，而《四庫聚珍本》坤卦軌數作「六百六十二」，故有十九處也。

七同人世亥初子　大有世辰初未

二合折四百八　分各同人二百四　大有二百四

二軌合一千五百四[8]　分各同人七百五十二　大有七百五十二

八謙世亥初寅　豫世未初巳

二合折三百一十二　分各謙一百五十六　豫一百五十六

二軌合一千三百七十六　分各謙六百八十八　豫六百八十八

九隨世辰初辰　蠱世酉初卯

二合折三百六十　分各隨一百八十　蠱一百八十

二軌合一千四百四十　分各隨七百二十　蠱七百二十

十臨世卯初午　觀世未初丑

二合折三百三十六　分各臨一百六十八　觀一百六十八

二軌合一千四百八　分各臨七百四　觀七百四

十一噬嗑世未初申　賁世卯初亥

二合折三百六十　分各噬嗑一百八十　賁一百八十

二軌合一千四百四十　分各噬嗑七百二十　賁七百二十

十二剝世子初戌　復世子初酉

二合折三百一十二　分各剝一百五十六　復一百五十六

二軌合一千三百七十六　分各剝六百八十八　復六百八十八

十三无妄世午初子　大畜世寅初未

二合折三百八十四　分各无妄一百九十二　大畜一百九十二

二軌合一千四百七十二[9]　分各无妄七百三十六[10]　大畜七百三十六[11]

十四頤世戌初寅　大過世亥初巳

二合折三百六十　分各頤一百六十八　大過一百九十二

二軌合一千四百四十　分各頤七百四　大過七百三十六

十五坎世子初辰　離世子初卯[12]

二合折三百六十　分各坎一百六十八　離一百九十二

二軌合一千四百四十　分各坎七百四　離七百三十六

十六咸世申初午　恆世酉初丑

二合折三百六十　分各咸一百八十　恆一百八十

二軌合一千四百四十　分各咸七百二十　恆七百二十

十七遯世午初申　大壯世午初亥

二合折三百八十四　分各遯一百九十二　大壯一百九十二

二軌合一千四百七十二　分各遯七百三十六　大壯七百三十六

十八晉世酉初戌　明夷世丑初酉

二合折三百三十六　分各晉一百六十八　明夷一百六十八

二軌合一千四百八　分各晉七百四　明夷七百四

十九家人世丑初子　睽世丑初未[13]

二合折三百八十四　分各家人一百九十二　睽一百九十二

二軌合一千四百七十二　分各家人七百三十六　睽七百三十六

二十蹇世申初寅　解世辰初巳

二合折三百三十六　分各蹇一百六十八　解一百六十八

二軌合一千四百八　分各蹇七百四　解七百四

二十一損世丑初辰　益世辰初辰

二合折三百六十　分各損一百八十　益一百八十

二軌合一千四百四十[14]　分各損七百二十　益七百二十

二十二夬世酉初午　姤世酉初丑

二合折四百八　分各夬二百四　姤二百四

二軌合一千五百四　分各夬七百五十二　姤七百五十二

二十三萃世巳初申　升世丑初亥

二合折三百三十六　分各萃一百六十八　升一百六十八

二軌合一千四百八　分各萃七百四　升七百四

二十四困世寅初戌　井世戌初酉

二合折三百六十　分各困一百八十　井一百八十

二軌合一千四百四十　分各困七百二十　井七百二十

二十五革世亥初未[15]　鼎世亥初寅[16]

二合折三百八十四　分各革一百九十二　鼎一百九十二

二軌合一千四百七十二　分各革七百三十六　鼎七百三十六

二十六震世戌初寅　艮世寅初巳

二合折三百三十六　分各震一百六十八　艮一百六十八

二軌合一千四百八　分各震七百四　艮七百四

二十七漸世申初午[17]　歸妹世丑初卯

二合折三百六十　分各漸一百八十　歸妹一百八十

二軌合一千四百四十　　分各漸七百二十　　歸妹七百二十

二十八豐世申初午　　旅世辰初丑

二合折三百六十　　分各豐一百八十　　旅一百八十

二軌合一千四百四十　　分各豐七百二十　　旅七百二十

二十九巽世卯初申　　兑世未初亥

二合折三百八十四　　分各巽一百九十二　　兑一百九十二

二軌合一千四百七十二　　分各巽七百三十六　　兑七百三十六

三十渙世巳初戌　　節世巳初酉

二合折三百六十　　分各渙一百八十　　節一百八十

二軌合一千四百四十　　分各渙七百二十　　節七百二十

三十一中孚世未初子　　小過世午初未

二合折三百六十　　分各中孚一百九十二[18]　　小過一百六十八[19]

二軌合一千四百四十　　分各中孚七百三十六　　小過七百四

三十二既濟世亥初寅　　未濟世未初巳

二合折三百六十　　分各既濟一百八十　　未濟一百八十

二軌合一千四百四十　　分各既濟七百二十　　未濟七百二十

《稽覽圖》表後又曰：

> 乾初子，坤初未。陽爻折數，一爻三十六，計六千九百一十二；陽爻軌數，一爻一百二十八，計二萬四千五百七十六。陰爻折數，一爻二十（「十」下原有「之」字，衍字也）四，計四千六百八；陰爻軌數，一爻一百一十二，計二萬一千五百四，陰陽爻（本脱「陽」字，據文意補入）又合折一萬一千五百二十，合二軌四萬六（原作「一」，依算例改）千八十。

以數計之：

陽爻折數：36×192＝6912	陰爻折數：24×192＝4608
陽爻軌數：128×192＝24576	陰爻軌數：112×192＝21504
（凡陽爻用六十四爲法，乘倍之）	（凡陰爻用五十六爲法，乘得倍之）
陰陽爻折數：5912+4608＝11520	陰陽爻軌數：24576+21504＝46080

與上表三十二組總折數、總軌數相合也。

用此，卦當歲（二卦當一歲），爻當月（見貞辰法）外，折可當日。一折當一日，總折數萬一千五百二十可當三十二年萬一千五百二十日也。據此而推，三十二組總軌數四萬六千八十，除三十二歲，則一年軌數爲一千四百四十；除十二月，則一月軌數爲一百二十；除三十日，則一日軌數爲四軌，此平均値也。

《稽覽圖．下》載推軌當日術曰：

置軌以其歲之日除之，得軌不盡，日每分，即日之分也。

如第一年乾坤歲軌合一千四百四十，以歲三百六十日除之得四軌算盡，即合於平均値也。而屯蒙歲以下以積年軌數除之，得軌不盡，餘分即日之分也，則以算餘軌分起算，盡三十二年則軌餘算盡，無餘分也。

緯文又載推折當日術曰：

以二十四除折數，所得是日軌折，皆當歲之折，有餘如上。

此以一氣之日算之也。如第一年乾坤合折三百六日，除二十四節氣，得十五折，此合於一氣折數（一日一折，一氣十五折）之平均値也。第二年屯蒙以下，以積年折數除之，不足平均數者，即以餘折起算，盡三十二年而折餘算盡，亦無餘分。以上二法皆可參考林金泉先生〈易緯「六十四卦流轉注十二之辰」表研究〉一文，其算法詳備可參，此不另敘。

以卦爻紀歲如此，考以歲實則不然。《乾鑿度》曰：「歷以三百六十五日四分度之一爲一歲，易以三百六十析當期之日，此律歷數也。五歲再閏，故再扐而後卦，以應律歷之數。」五歲再閏者，乃因應陰陽曆法之歲差（此約數也，曆法則多持十九歲七閏之說），而二曆之平均數約三百六十，適符易之三百六十折也。鄭注曰：「歷以記時，律以候氣，氣率十五日一轉，與律相感，則三百六十日粗爲終也。歷之數有餘者五日（原脱「五日」二字，依事實補入）四分之一，參差不齊，故閏月建，四時成歲，令相應也。」鄭氏之定爻辰，即以律呂相生爲準也，推之即可應歷數節氣也。

職是之故，《乾鑿度》之「求卦主歲術」，常以太歲紀歲。依〈三統曆〉之「章統元」法及〈四分曆〉之「章蔀紀元」法言，十九年爲一章，四章即七十六年爲一蔀，二十蔀爲一紀，積一千五百二十歲，而緯文「七十六爲一紀，二十紀爲一部首」則反以紀爲部首也。我國古曆多採十九年七閏月之法，而爲去其日數之小數，多以十九之四倍七十六爲周期，故以七十六年爲一蔀（即緯所言之紀）。

《乾鑿度》於算得主歲之卦後，續曰：

即置一歲積日法，二十九日與八十一分日四十三（原作「二」，誤也）

除之，得一命曰（原作「日」，依《易緯略義》改）月，得積月十二與十九分月之七一歲。以七十六乘之，得積月九百四十，積日二萬七千七百五十九，此一紀也。以二十乘之，得積歲千五百二十，積月萬八千八百，積日五十五萬五千一百八十，此一部首。更置一紀，以六十四乘之，得積日百七十七萬六千五百七十六。又以六十乘之，得積部首百九十二，得積紀三千八百四十紀，得積歲二十九萬一千八百四十。以三十二除之，得九千一百二十周，此謂卦當歲者。得積月三百六十萬九千六百月，其十萬七千五百二十月者，閏也，即三百八十四爻除之，得九千一百二十周，〔註13〕此謂爻當月者。得積日萬六百五十九萬四千五百六十，〔註14〕萬一千五百二十析除之，得九千二百五十三周，此謂析當日者。而易一大周，律歷相得焉。

以下仍本林文列算說明。

1. 一月爲二十九日八十一分日之四十三。（一月＝$29\frac{43}{81}$日）

   一年爲十二月又十九分之七。（一年＝$12\frac{7}{19}$月）

   一紀爲七十六年，則得積月九百四十，積日二萬七千七百五十九。

   （一紀＝76 年＝940 月＝27759 日）

   （此周期朔旦冬至復在同一天夜半）

2. 一部首爲二十紀，則得積歲一千五百二十，積月萬八千八百，積日五十五萬五千一百八十也。

   （一部首＝20 紀＝1520 年＝18800 月＝555180 日）

   （此周期爲甲子朔旦冬至在同一天夜半）

3. 更置一紀，以六十四乘之，得積日百七十七萬六千五百七十六。

   $76\times64=4864$（年）

   $12\frac{7}{19}\times4864=60160$（月）

〔註13〕原作九千四百日之二十周。董祐誠曰：「句有誤，當作九千一百二十周，蓋二卦主一歲，則爻主一月，不數閏月，以閏數減積月，三百八十四除之，而爻與氣朔分俱盡也。」說見張惠言《易緯略義》引。

〔註14〕「十」下原有「八」字，董祐誠曰：「得積日句原本固有訛脱，四庫本亦衍八字，當作得積日萬六百五十九萬四千五百六十，萬一千五百二十析除之方合，此所謂析當日，即二篇之策數也。」亦見《易緯略義》引。

$29\frac{43}{81}\times61160=1776576$（日）

（此周期爲甲子日朔旦冬至同在一天夜半乾卦）

4. 又以六十乘之，得積歲二十九萬一千八百四十。

$60\times4864=291840$（年）

得積部首百九十二。

$291840\div1520=192$（部首）

得積紀三千八百四十。

$291840\div76=3840$（紀）

（此周期爲甲寅年甲子日朔旦冬至同在一天夜半起乾卦）

5. 以三十二除之，得九千一百二十周，此謂卦當歲者。

$291840\div32=9120$（周）

得積月三百六十萬九千六百月。

$12\frac{7}{19}\times291840=3609600$（月）

其十萬七千五百二十月者。閏也。（蓋以十九年七閏之故也）

$291840\times\frac{7}{19}=107520$（月）

即以三百八十四爻除之，得九千一百二十周，此謂爻當月者。

$(3609600-107520)\div384=9120$（周）

得積日萬六百五十九萬四千五百六十

$555180\times192=106594560$（日）

以萬一千五百二十析除之，得九千二百五十三周，此謂析當日者。

$106594560\div11520=9253$（周）

由上可知，歷二十九萬一千四百四十年，閏十萬七千五百二十月，而六十四卦、律、歷三者，相應而無參差，此則所謂「易一大周，律歷相得焉」也。

《乾鑿度》之「求卦主歲術」，述及天文曆法處，貽留後人考證成書之資藉。按兩漢曆法沿革可分三大時期：漢初至武帝太初元年（204BC～104BC）用顓頊曆，太初元年至後漢章帝元和二年（104BC～85AD）用太初曆（即三統曆），元和二年至漢末（85AD～220AD）壹、卦氣説　則採四分曆。顓頊曆即古六曆之一，其法類同後漢之四分曆，爲漢初所用，《淮南子・天文篇》所載即此，亦有「章蔀紀元」之稱。簡言之，即：

一歲＝$12\frac{7}{19}$月＝$365\frac{1}{4}$日（＝365.25 日）

一月＝$29\frac{499}{940}$日

一章＝19 年 7 閏月＝235 月＝6939.75 日（此周期，朔旦冬至復在同一天）

一部＝4 章＝76 年＝940 月＝27759 日（此周期，朔旦冬至復在同一天夜半）

一紀＝20 蔀＝1520 年＝555180 日（此周期，甲子朔旦冬至復在同一天夜半）

陳遵嬀云：「古人治曆，是以夜半爲一日的開始，朔旦爲一月的開始，冬至爲一年的開始；所以規定從冬至到冬至爲一歲，朔旦到朔旦爲一月，夜半到夜半爲一日。古人治曆的基本觀念，首先注重曆元，一定要以甲子那天恰好是夜半朔旦冬至，作爲起算的開始。」並有「演紀上元」之舉，〔註 15〕古曆已有如此先進之觀念。以此曆法月容與緯文相較，「章蔀紀元」大體未變，唯餘分計數單位不同。然漢初以曆法未定於一統之故，仍有殷曆與不同於古六曆之某曆法，其詳可參陳遵嬀《中國天文學史》，就中，殷曆用甲寅年十一月甲子日平朔冬至爲曆元，《乾鑿度》首曰：

曆元名握先，紀日甲子，歲甲寅。〔註 16〕

即符殷曆曆元，不同於顓頊曆之以己卯歲正月己巳日平朔立春爲曆元。故大衍歷議曰：「緯所據者，殷歷也。」此以曆之積歲言，而其紀歲常數又有不同也。

至漢武帝元封七年十一月朔旦，恰逢甲子日，氣交冬至，遂採鄧平、落下閎所議「八十一分律曆」，又名「太初曆」。其常數乃定一朔望月爲二十九日八十一分日四十三，故名八十一分律曆。至西漢末，劉歆改稱爲三統曆，並作《三統曆譜》，議定：

一月＝$29\frac{43}{81}$日＝$\frac{2392}{81}$日

〔註 15〕參見《中國天文學史》第五冊《曆法・曆書》，頁 70。「演紀上元」者，即假定最遠之元，假定其時之日分月分、甲子食分，乃至日月五星行度均在同時，如日月合璧、五星連珠，乃用爲推算之總起點，謂之上元。唐大衍曆後即稱之爲「演紀上元」。

〔註 16〕原作「元歷無名，推先紀曰甲寅」，今據《雅雨堂》本改。

$$一歲 = 12\frac{7}{19}月 = \frac{235}{19}月（以十九年七閏之故也）= 365\frac{385}{1539}日$$

又以一章爲十九年，一統爲八十一章，一元爲三統，故名三統曆。太初以改元而得名，三統則以法數而得名也。其歲月之常數則緯文之所用也。

太初曆施行百年後，因歲曆有落後實際天象一天之故，至章帝元和二年乃重訂四分曆頒布施行，其基本常數與古曆之四分曆類同也。

觀《乾鑿度》所用曆法，乃推極以殷曆上元甲寅爲始，又爲太初曆（三統曆）與四分曆之結合也，其用四分曆未必即後漢作品之鐵證，蓋四分古法已有之，太初（三統）曆之未盡合於天象，必有擬議改曆者，故再倡議重訂古四分曆，四分曆之推行，讖緯諸家亦有推贊之功也，《乾鑿度》曆法當即太初（三統）末緒，欲與歲律相應而結合四分之產物也。而其能綰合易卦，推算軌折，以卦當歲、爻當月、折當日，二十九萬一千八百四十年而歲曆閏分餘氣皆盡，易律曆皆相得，其精思巧構，誠漢易象數學之極致展現也，研究天文曆法者亦多參引其術，王先謙《漢書補註》以下多見矣，此緯書亦足參研之證也。

伍、推世軌

夫世軌者，一朝享國之年數也，緯文以卦主歲術求與律曆相合，而又轉以推災度厄，預言世軌也。《乾鑿度》載世軌者凡二處，一以七百六十爲世軌，謂之唐堯世軌；一以七百二十爲世軌，謂之文王世軌，其用法則同也。先言唐堯世軌之術。

《乾度度・下》曰：

> 孔子曰（原作「軌」，依文意改）：以七百六十爲世軌者堯，以甲子受天元，爲推術。

鄭玄注曰：「甲子爲部，起十一月朔日，每一部者七十六歲，如是世積一千五百二十歲後復。然則七十六歲之時十一月朔旦甲子，堯既以此爲一陰一陽而中分，推以爲軌度也。」因緯文反以部爲紀，故「一部首一千五百二十歲」，而甲子朔旦冬至復於同日也，故以甲子受天元。緯文又曰：

> 孔子曰：三萬一千九百二十歲，錄圖受命，易姓四（原作「三」，據數改）十二紀（注曰：一本作四十二軌）。德有七，其三法天，其四法地，王（「王」字上原有「五」，衍字也）有三十五半聖人君子。

消息卦，純者爲帝，不純者爲王，六子上不及帝，下有過王，故六子雖純，不爲乾坤。

「德有七」以下，其義未詳。另《稽覽圖》有「易姓四十二，消息三十六，六子在其數，合八十四戒，各有所繫而出之」一表可合參。消息卦之純者則乾坤也，爲帝，餘爲王，而震巽坎離艮兌六子則另列之，合四十二數也。以大周三萬一千九百二十除以四十二，則一軌七百六十也。黃宗羲述其法曰:「置積算以大周三萬一千九百二十除之，餘以七百六十而一爲一軌，不滿軌者，即入軌之年也。一軌消息一卦大周，逢奇起復，逢偶起姤，四十二軌消息卦三周有半，八十四軌消息卦七周，所謂八十四戒也。」〔註 17〕逢奇起復者，由復而臨而泰而大壯而夬而乾也；逢偶起姤者，由姤而遯而否而觀而剝而坤也，四十二軌則消息卦三周，軌及六子也。八十四軌則六子在其數，合八十四戒也。

《乾鑿度》又託言於孔子曰：

推即位之術，乾坤三，上中下。坤變初六，復曰正，陽在下，爲聖人。故一聖、二庸、三君子、四庸、五聖、六庸、七小人、八君子、九小人、十君子、十一小人、十二君子。

以下循環推至四十二庸人。其下續云：

孔子曰：極至德之世不過此，乾三十二世消，陰三十六世消。代聖人者仁，繼之者庸人，仁世淫、庸世狠。

其可以考見者，以所値之軌，分受命之君之善惡也。凡陽得正爲聖人（或君子），失正爲庸人；陰失正爲小人，得正爲君子。故復之初陽得正，爲聖人；臨之二陽失正，爲庸人。姤之初陰失正，爲小人；遯之二陰得正，爲君子，餘可推知。緯之言「仁人」，似宜指「小人」，小人之世淫，庸人之世狠，足見其性也。

而以一卦得正之爻爲享國之世祚數也。黃宗羲《周易象數論》推其術如下:〈復卦〉䷗，二四上三爻陰得正，三六一十八，故十八世而消也。〈臨卦〉䷒，四上得正，二六也，故十二世消。復臨之初陽皆得正而不數者，陽少故也，自泰以上則壯矣，故數及之。〈泰卦〉䷊，初三得正爲二九，四上得正爲二六，合之爲三十世也。〈大壯卦〉䷡，初三得正爲二九，上得正爲一六，合

〔註 17〕見《周易象數論》卷四，下文亦多所援引，又見胡煦《周易函書約存》卷九所錄。

之爲二十四世消。〈夬卦〉䷪，初三五得正爲三九，上得正爲一五（盛極而消），并之三十二世也。而姤遯主陰，唯三五得正而皆陽，故止一世也。〈否卦〉䷋，二五得正，一九一六得十五世，而非盛時，故即以二五爲世數。〈觀卦〉䷓，二四五得正，而二五止數其位，四則數位兼數，并之得二十世消。〈剝卦〉䷖，二四得正爲二六，故十二世消。〈乾卦〉初三五得正，三九二十七，而言三十二世者，於五兼數其位也。〈坤卦〉二四上得正，三六十八，而言三十六世者，偶其數也。此釋緯文引孔子曰：「復十八世消，以三六也。臨十二世消，以二六也。……」一節之義。綜上所述，則唐堯世軌可見一斑，黃宗羲製爲一表，玆轉錄如下：

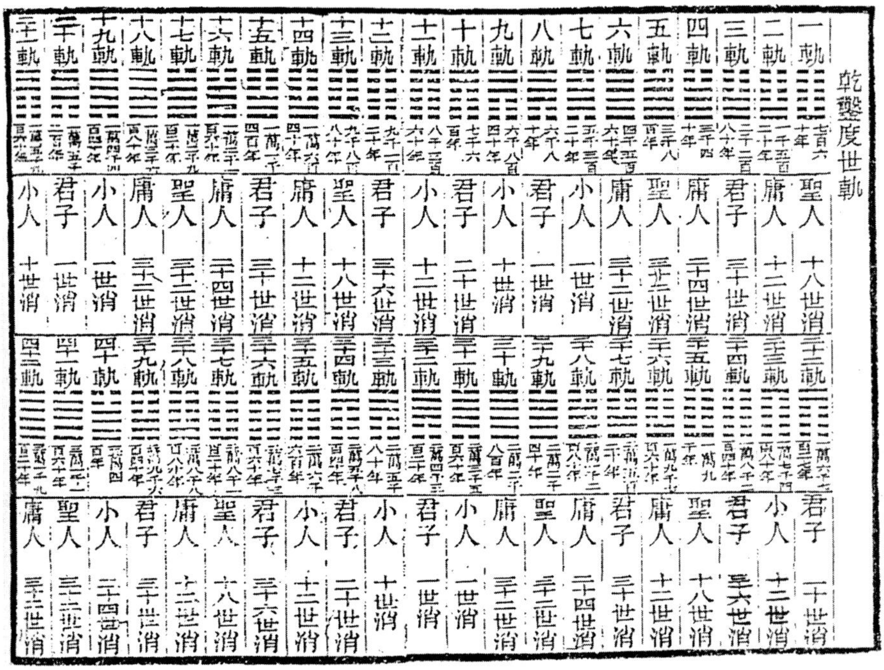
乾鑿度世軌

一軌	聖人	十八世消
二軌	庸人	十二世消
三軌	君子	三十世消
四軌	庸人	二十四世消
五軌	聖人	三十二世消
六軌	庸人	三十二世消
七軌	小人	一世消
八軌	君子	一世消
九軌	小人	十世消
十軌	君子	二十世消
十一軌	小人	十二世消
十二軌	君子	三十六世消
十三軌	聖人	十八世消
十四軌	庸人	十二世消
十五軌	君子	三十世消
十六軌	庸人	二十四世消
十七軌	聖人	三十二世消
十八軌	庸人	三十二世消
十九軌	小人	一世消
二十軌	君子	一世消
二十一軌	小人	十世消
二十二軌	君子	一十世消
二十三軌	小人	十二世消
二十四軌	君子	三十六世消
二十五軌	聖人	十八世消
二十六軌	庸人	十二世消
二十七軌	君子	三十世消
二十八軌	庸人	二十四世消
二十九軌	聖人	三十二世消
三十軌	庸人	三十二世消
三十一軌	小人	一世消
三十二軌	君子	一世消
三十三軌	小人	十世消
三十四軌	君子	二十世消
三十五軌	小人	十二世消
三十六軌	君子	三十六世消
三十七軌	聖人	十八世消
三十八軌	庸人	十二世消
三十九軌	君子	三十世消
四十軌	小人	二十四世消
四十一軌	聖人	三十二世消
四十二軌	庸人	三十二世消

考以緯文，黃氏所製表未盡合於緯說。如《稽覽圖》所列「易姓四十二，消息三十六，六子在其數」者，十二消息卦可當三十六軌，其下則「震三十七，巽三十八，坎三十九，離四十，艮四十一，兌四十二」，各有所繫，非重以消息卦數之也。況且此數項資料果可相合以推唐堯世軌，亦未可知也。然黃氏之指摘世軌之違理甚是，其言：「一軌七百六十年，所謂聖人、庸人、君子、小人者，一君當之乎？統一軌之君以當之乎？乾爲庸人，而三十二世；遯爲君子，而一世，則是有天下者，可一委之運數而人事不修也？……帝王

之治天下，允執其中，寧因消息所直而過剛過柔以迎卦氣乎？」是其術可見緯學家之用心精製，然小道也，致遠恐泥，無關易術宏旨也。

再言文王世軌。《乾鑿度・下》又曰：

以往六來八，往九來七爲世軌者文王，推爻四，乃術數。

鄭注云：「易有四象、文王用之焉。往布六於北方以象水，布八於東方以象木，布九於西方以象金，布七於南方以象火。如是備爲一爻而正，爲四營而成，由是故生四八四九四七四六之數，爻倍之，則每卦率得七百二（原作「六」，依數改之）十歲，言往來者，外陽內陰也。」

七百二十歲者，文王世軌也。其數當爲六十四卦總軌數（四萬六千八十）之均數也。緯文另有計法：

一軌享國之法，陽得位以九七，九七者，四九四七也；陰得位以六八，六八者，四六四八也。陽失位三十六，陰失位二十四。

四九爲三十六，四七爲二十八，合得六十四，此陽得位之數。四六爲二十四，四八爲三十二，合得五十六，此陰得位之數。鄭注曰：「此文王推爻一世，凡七百二十歲，歲軌是其居位年數，得位者兼彖變而已，有德者重也，故軌七百二十歲。」則推爻一世，即六十四與五十六之和，乘爻數六，乃得七百二十，此因文王之軌六爻皆以得位計也。黃宗羲《周易象數論》推文王世軌，仍以四十二軌爲據，一軌七百二十年，二軌一千四百四十年，推至四十二軌則三萬二百四十年也。然既有唐堯世軌，何以別立文王世軌？唐堯文王皆聖人也，其軌年數又以何故而異者，未見說明。張惠言則以爲「文王受命當咸恆，咸恆軌皆七百二十。」（見《易緯略義・卦軌》），可知以〈六十四卦流轉注十二之辰〉表推得也。

《乾鑿度》「求卦主歲術」下曰：

今入天元二百七十五萬九千二百八十歲，昌以西伯受命。

此積歲以三十二除之，此謂卦當歲也，所得爲八萬六千二百二十七周。餘十六，即得第十六組咸恆卦當歲也，爲文王受命卦歲，咸恆軌數各爲七百二十，亦即文王世軌軌數。此說亦頗符數理。

推世軌者，欲推一朝享國之年數也，此年數爲約數，非定數，故《乾鑿度》曰：

子受父母之位，行父母之事，年而謂之數然，自勉於軌，即位不如爻數，即不厄（原作「勉」，據鄭注改）於軌，中厄絕（原作「紀」，據鄭注而改)。

張惠言據鄭注而曰:「受命之君,不若有德,即不能延期,當軌年之初而卒,其子孫相承受父之軌,能繼體守文,竟其軌數。若德更下,則享國之時,不能當其軌年之初,其子孫又不能竟父之軌數,遭厄即絕,死不嗣也。」黃宗羲亦曰:「其受命即位之年在入軌之初,與天運相符,則有賢子孫繼之,以畢其軌,亦如六爻次序,自初至上。不當軌年之初,既與天運不符,身倖不失,子孫自不能繼受命之君,其德宜與卦運相符。苟失其德,陰則起大而強;陽則柔易而弱,則不永其位。水旱兵饑,考知其年,預為之備,則可以救災度厄。」此皆能肯定推世軌之積極用意,勉受命之君勵善修德,既延續國祚,並惠及子孫,未嘗不當理也。然若純以術數論之,則天元積歲之數本已參差,合之卦軌則有出入也。又以卦軌言,六十四卦各卦約值七百二十,以文王之德,周祚可當七百二十歲,此約數也。(《史記·周本紀》皇甫謐注曰:「周凡三十七王、八百六十七年。」),而秦祚當值何軌哉?雖如緯文、鄭注、及張、黃二氏釋義,可以「受命之君,有德延期,無德則遭厄即絕」言之,然此命題放諸國史皆準,乃歷史鐵則,正如「善有善報,惡有惡報,不是不報,時辰未到」之為詭辭也,既推其術,則當應其數,有法則可循。推世軌或可應以一二,不能周遍,則為詭巧比附之邪說也。

陸、推災厄

《易緯》既立卦軌,則以策術、軌術預言世軌、推度災厄,自屬必然。其推世軌雖得年數,然以受命之君,繼體之君能否德應天運,守德不失,而自有取捨,有德則竟其軌數,失德則不永其位,遭厄即絕,故世軌之數蓋一約數也,其定數則為預推災厄之所據。《易緯》載「推厄所遭法」凡三見,大體皆同。

《乾鑿度》曰:

> 欲求水旱之厄,以位入軌年數除軌竿盡,則厄所遭也。甲乙為饑,丙丁為旱,戊己為中興,庚辛為兵,壬癸為水。臥算為年,立算為日。必除先入軌年數,水旱兵饑得矣,如是乃救災度厄矣。

其推法,求之鄭注,則以受命消息卦逐爻除之,至其算之法則不可推矣。《稽覽圖·下》此節二見,並雜有南朝宋術士所推宋軌,及唐開元術家附益軌算,皆因卦軌之義而闡衍其法,今僅取宋軌例以備術意。

緯文載曰：

> 遠期算，天元甲寅歲以來，至宋高祖劉裕禪晉，歲在庚申（原作「辰」，據《宋書》改），號爲永初元年，凡得積年二百七十六萬八百四十七年算上，以三十二除之，不盡十五，入坎離軌。

即以積歲除以三十二，餘數十五，即得第十五組坎離卦軌。坎軌七百四，離軌七百三十六，宋軌即以離軌爲據也（何以不據坎軌，此可怪也），故緯文續引：

> 宋軌七百三十六，庚申歲（永初元年，420AD），至今甲子歲，宋元嘉元年甲子（424AD），宋高祖第二息文帝義隆年號，爲入位五年，以五除軌數上，所得積周一百四十七，餘（「餘」下原有「所」字，衍字也）一，厄所遭也。丙寅歲（426AD），入位七年，以七除軌數上，得積周一百五軌，亦餘一（此三字據《易緯略義》加），命得庚申（原作「庚寅」，以永初元年庚申歲起算，餘一亦應爲庚申也。），主兵，其年起兵，荊州謝晦也。

以入位年數除軌數七百三十六，餘一，故仍爲庚申，庚爲兵，故其年有兵厄也，其下又曰：

> 癸未歲，入位二十四年，以除軌數上，得積周三十，餘十六不盡，以庚申命之，得乙亥，乙主饑。其年河南大饑，豫州人相食。

按，元嘉元年歲次甲子，癸未歲則元嘉二十年也，自劉裕受命永初元年歲次庚申始算，適爲入位二十四年，以宋軌七百三十六除以二十四，得積周三十，餘十六，由庚申下數十六則乙亥也，依推厄所遭法，甲乙爲饑，故有饑厄也。《宋書・五行志》載：「元嘉十九年、二十年，南兗、豫州旱。」即指此事也。

自此以下，《稽覽圖》又數至癸巳歲（元嘉 34 年）。逐年占驗，其法皆同，即以入位年數除軌數，餘數即厄所遭也。核以十干所値災厄，則多水旱兵饑也；中興之歲，十不及一也，是亂日多而治日少也。

今先以推法言，元嘉法與《乾鑿度》、《稽覽圖》所載法差合，但未及「臥算爲年，立算爲日」，張惠言《易緯略義》曰：「古人計算，除者臥之，存者立之，蓋謂以年數除算，以餘數命算耳。日謂十干甲乙之名也。」〔註 18〕即謂以除數推日干，或此之謂也。以此考訂宋文帝之也，尙可尋其故實與之相應。

然則，治世之朝，豈無歲災？依推厄所遭法而斷，水旱兵饑，十年內外不能不遇，如何成其治世之太平年歲，以延其國祚？反之，亂世之朝亂日既

〔註 18〕見《易緯略義》卷二〈入厄〉一節。

多，以世軌言，國君無德則遭厄中絕，既年年逢厄，則當止於何歲，絕於何厄哉？況以一國疆域之廣，轄區之眾，小災小厄必是連年不斷，隨手引以比附，何難之有？故曰：推災厄之術乃假歷史故實，巧為比附，是渣滓糟糠也，〔註19〕與卦主歲術之參合天文曆數，直是雲泥之判，不可同日而語矣！

〔註19〕林金泉先生評語，說見〈易緯「六十四卦流轉注十二之辰」表研究〉。本文術法多參引其文，特此識之，不敢掠美。

結 論

夫《易》有正傳別傳，主義理、切人事者，易之正傳也，雜陰陽、言術數者，易之別傳也。以正傳之《周易》能擺脫占筮而言哲理，範圍天地，曲盡人事，故成其博大精深而躍為群經之首，然其本質，與陰陽五行家思想固有相契之處，是故漢世孟京之徒以象數說易，雜以陰陽五行說，而彌綸玄妙難測之宇宙萬象，使易說更形嚴密而盡其精微，百代之下，莫不受其影響；而其術數之方，雖無益於易學，要可探賾索隱，符合世道人心，實為用世之學，故象數易學雖言別傳，亦有其可觀之處。

《易緯》者，即孟京之流，以陰陽五行、災異術數說易，故當屬之別傳，然其要旨仍通記天地、切近人事，不離經義也。時人深疾之，斥為妄謬，蓋以其為讖緯故也。徐養原述其因由曰：「圖讖乃術士之言，與經義初不相涉，至後人造作緯書，則因圖讖而牽合於經義。」此徐氏區分讖緯二途而貶斥緯書，然繼則肯定緯書亦有其價值處：「既比附經義，必勦襲古物，然後能取信於人。」是緯亦古書也。又曰：「書中之說多本於先儒，故純駁雜陳，精粗互見，談經之士，莫能廢焉。康成之信緯，非信緯也，信其與經義有合者也。……歐陽永叔欲刪九經疏中讖緯之文，幸而其言不行，蓋因其為僞而一概抹殺，實屬大誤特誤。善乎昔人之言曰：『緯書之文，未必盡出妄人之手，其間謬妄雖亦不無，要在學者擇焉而已。』又曰：『緯書起自前漢，去古未遠，彼時學者多見古書，凡為著述，必有所本，不可以其不經而忽之。』斯可謂持平之論矣。」(〈緯候不起於哀平辨〉) 徐氏能檢視緯書中之精言奧義而予肯定，其睿智可嘉也，至荀悅《申鑒》則摭摘「言必有用，術必有典，名必有實，事必有功」四原則，為治緯之要籥。俞正燮進而視緯為古史之餘，凡先儒所采以輔證經義者，皆醇古之文，故緯宜傳留，此則破除前人「讖緯妄誕，宜加禁絕」之疑。今觀《易緯》書中保存部分有關古代天文、曆法、數學、醫學、地理、生物等史料，與政治、歷史、倫理等常道，則其精醇勝義，足可徵信，足爲法式也。《四庫全書總目提要》亦以緯爲「經之支流，衍及旁義」，並謂：「班固稱聖人作經，賢者緯之；楊侃稱緯書之類謂之秘經。」則緯書悉與圖讖之熒惑民志、悖理傷教者不同，是以提升其地位，著錄於《易經》類之末列，由此，《易緯》確有可稱述者也。

本文緒論起首即論定《易緯》爲漢代之《易傳》，其故已作條述，而後釋易數、易象、易義、易術四章，即由探究緯書義蘊，證成其書確可當之《易傳》也。

以易數言，《易緯》之釋「天地之數」、「卦爻之數」、「大衍之數」、「蓍策之數」，大抵與〈繫辭傳・上〉「大衍章」之數相符也，並據以推極數、運五行，運造縱横，極盡鬼神變化之妙也。其中「天地之數」並影響揚雄《太玄經》之圖式，而爲宋代「河圖數」之源。「大衍之數」則並有五十與五十五二說，可見數變之該羅天象、閡物演理也。「蓍策之數」、「軌折之數」則見演蓍成卦之占術由來久矣，並可參合律曆以成卦主歲術之大用。而「九宮之數」乃資取明堂，以爲卦氣說之張本，又啓宋代「洛書數」之端，而廣爲星術占歷者所傳，爲《易緯》易數方面最大之創獲也。至其「二十九卦數例」，則有點睛之效，凸顯卦爻之「用數」非無端造作，觀其象而玩其辭，象數理之密合無間，亦饒有深意也。

以易象言，《易緯》悉本《易傳》八卦大象，酌參〈說卦傳〉廣象章而發也。「古文八卦」一例別立古文字說，乃觀象說之引申，此新義則影響及楊萬里、黃宗炎之說易也。「八卦大象」中提煉出「離日坎月」說，則影響漢易之象數論，而魏伯陽《參同契》之水火煉丹之術尤稱奇絕。緯文又推廣八卦之象，而立「四正四門」，乃具體體現「帝出乎震」之方位說與五行說，頗與陰陽消長，天理流行相應也。而「聖人索象畫卦」，用字精簡卻曲盡立卦之意，取象取物、裁形配身、法天地宜、經分上下，皆耐人咀嚼玩味，實爲《易傳》之萃義簡篇也。「十二消息卦」則根於易義，本之孟氏，繫以上古聖王之瑞徵而得其形象，附以律呂長飷而得其姓名，雖乏哲理，然足爲玩象之資。總之，緯之釋象，既尊古訓，又啓新說，善體卦中之象，象外之意，亦符合《易傳》通德類情之旨也。

以易義言，剔除蕪雜曼衍之文，《易緯》亦足與經義相發明，誠稽古者所不可廢也。視其所述，「易歷三聖」乃爲傳統說所祖述也，綜觀易學史，其說自有立論基礎。而《乾鑿度》，開宗明義即言易有「易、變易、不易」三義，盛爲後儒所稱道，遂成易義之定論；《乾坤鑿度》更立「日月相銜」之義，於文字學與魏伯陽《參同契》皆有影響也。「太極生次」與「太易三始」則本之宇宙氣化論，向上創設宇宙之源起，探尋宇宙由無形至有形之變化過程，下以易數轉論卦之生成，由兩儀而四象而八卦，以卦爻擬象天地人物也。「乾坤兩儀」則啓抉乾坤之大法，立乾坤以經天地、理人倫而明王道，可並與乾坤二卦《文言傳》相參。「八卦用事」則見生長收藏之至道，與人倫五常之分際。「經分上下」則寓以錯綜天人，以效變化之企圖，直爲〈序卦傳〉之總綱也。「三才六位」說，一以氣之流轉盛衰言，一以貴賤尊卑言，精醇入理，寓意深刻，亦廣爲說易者之取資。「君人五號」乃爲變文以著名，題德以別操，求其德位相稱也。「觀象制器」則闡發聖人開物成務之用心。「天地相應」除發相應之旨，亦明示卦爻相應之易例，亦其創獲也。「懸聖著德」乃懸示大人之德，以著成德之教。「陰陽消息」則曉喻君子處夬、處剝之常道也。「中和時變」亦能闡發執中和、順時變之大用也。以上撮其大要，用見其義理精蘊，或承舊說，或創新義，皆有祖述，不離經旨，盡得「緯」之命意也。

以易術言，《易》本爲占筮之用，其始即爲術數之方，《易緯》即依此而顯其用也。「卦氣說」爲孟京一路之學，結合易學與天文學、陰陽五行學說，建構龐大體系，以占驗災異、推斷吉凶，指導群生趨時步吉之道。「卦候徵驗」則言天象吉凶之應，藉災異以設君民之教，因陰陽、定消息，度時制宜，以齊整綱紀也。由自然天象，又可與人體氣脈相應，故可由保身而覺醒天人相應之理。由個人之養身，則可推及於保國以致太平也。「貞辰法」主用於求「卦主歲術」，乃綰合律曆而設也。貞辰法乃仿效「天道左旋、地道右遷」而行，是已具「天旋地動」說之先進觀念也。其法並予鄭玄爻辰說相當啓發也。卦主歲術則其獨創之法，以「卦當歲、爻當月、析當日」，求易律曆之相得，精思巧構，誠象數易之極致展現也；就中並可考見所用曆法有殷曆及古四分曆，可爲研求漢代天文曆法之所資也。「推世軌」及「推災厄」，藉推術以警示國君勵善修德，是皆有其積極用意，故《易緯》之易術，亦有當於民用也。

緯之釋易，已如上言，緯之價値，亦見首章，則《易緯》何妄謬迂怪之有哉？其間固陋雖亦不無，其精醇勝義，則未必盡出妄人之手。雖以《易緯》

比之《易傳》，誠爲謬賞，然其闡發幽微，互證經義，信有輔翼之功也；而其密合天文、曆法、陰陽、五行、算學、醫學、樂律、星相等，較《易傳》更爲精緻、系統也。其書去古未遠，內涵豐富（尤以《乾鑿度》一書爲最），發明易旨之處甚多，並促進漢象數易之發展，其與孟、焦、京氏互通聲氣，並影響及當代鄭玄（爲之作注）、魏伯陽（日月爲易說）、揚雄（太玄圖）等大儒之易學論著，唐代孔穎達《正義》、李鼎祚《易傳》徵引最多；並爲宋儒圖數之所由出，故其書頗有研究價值。本文旨在拋磚引玉，立論粗疏，自所難免，學者研治《易緯》，要在辨其眞僞，識其醇旨，則可探其驪珠，發其深義，進窺易學之堂奧也。

引用及參考書目

壹、專書部分

一、讖緯類

1.《易緯》八種

（1）《易緯乾坤鑿度》，題蒼頡注。

（2）《易緯乾鑿度》，漢・鄭玄注。

（3）《易緯稽覽圖》，漢・鄭玄注。

（4）《易緯辨終備》，漢・鄭玄注。

（5）《易緯通卦驗》，漢・鄭玄注。

（6）《易緯乾元序制記》，漢・鄭玄注。

（7）《易緯是類謀》，漢・鄭玄注。

（8）《易緯坤靈圖》，漢・鄭玄注。

有五種版本：

（1）商務印書館《文淵閣四庫全書》第五三冊，民國 72 年版。

（2）成文出版社《無求備齋易經集成》第一五七～一六一冊，民國 65 年版〔1〕武英殿《四庫全書》初刻本〔2〕《古經解彙函》本〔3〕《黃氏逸書考》本

（3）明德出版社《重修緯書集成》本

（4）新興書局，民國 52 年版

（5）三才書局，民國 67 年版

2.《古微書》，明・孫瑴輯，文友書局影印張海鵬纂刊《墨海金壺》本。

3. 《玉函山房輯佚書》，清・馬國翰輯，文海書局，民國 56 年初版。
4. 《七緯》，清・趙在翰輯。
5. 《黃氏逸書考》，清・黃奭輯，《古經解彙函》本。
6. 《古經解彙函》，清・鍾謙鈞校刊，中新書局，民國 62 年版。
7. 《緯攟》，清・喬松年輯，新文豐出版公司《叢書集成續編》據《山右叢書初編》本，第四四冊，民國 78 年版。
8. 《易緯略義》，清・張惠言撰，《易經集成》第一六一冊。
9. 《易緯札迻》，清・孫詒讓撰，《易經集成》第一六二冊。
10. 《易緯通義》，清・莊忠棫撰，北大圖書館藏書。
11. 《緯書源流與廢考》，清・蔣清翊撰，研文出版社。
12. 《乾鑿度主歲卦解》，清・王昶撰，《春融堂集》本。
13. 《鄭玄之讖緯學》，呂凱撰，商務印書館，民國 71 年初版。
14. 《緯學探原》，王令樾撰，幼獅文化事業公司，民國 73 年出版。
15. 《緯書》，日人・安居香山撰，明德出版社，昭和五十七年三版。
16. 《重修緯書集成》，日人・安居香山、中村璋八合編，明德出版社（易上），昭和五十六年發行、（易下），昭和六十年發行。
17. 《緯書の基礎的研究》，日人・安居香山、中村璋八合撰，漢魏文化研究會，昭和四十一年發行。

二、易學類

1. 《孟氏章句》，漢・孟喜撰，《易經集成》第一七三冊引《黃氏逸書考》本。
2. 《焦氏易林》，漢・焦延壽撰，藝文印書館，民國 48 年初版。
3. 《京氏易傳》，漢・京房撰，《中國子學名著集成》第九八冊。
4. 《周易注》，漢・鄭玄，《古經解彙函》本。
5. 《太玄》，漢・揚雄撰，商務印書館《四部叢刊本初編》第九一冊。
6. 《周易》，魏・王弼、梁・韓康伯注、唐・孔穎達正義，藝文印書館《十三經注疏》本。
7. 《周易略例》，魏・王弼撰，《易經集成》第一四九冊。
8. 《周易音義》，唐・陸德明撰，《易經集成》第一四二冊引《經典釋文》本。
9. 《周易集解纂疏》，唐・李鼎祚集解、清・李道平纂疏，廣文書局，民國 78 年再版。
10. 《易數鉤隱圖》，宋・劉牧撰，漢京文化事業公司《通志堂經解》本第一冊。
11. 《周易口義》，宋・胡瑗撰，《四庫全書》第八冊。

12. 《易童子問》，宋・歐陽修撰，《易經集成》第一四一冊。
13. 《易程傳》，宋・程頤撰，世界書局，民國 77 年十版。
14. 《易本義》，宋・朱熹撰，世界書局，民國 77 年十版。
15. 《南軒易說》，宋・張栻撰，《四庫全書》第十三冊。
16. 《筮宗》，宋・趙汝楳撰，《易經集成》第一五四冊。
17. 《漢上易傳》，宋・朱震撰，廣文書局，民國 63 年初版。
18. 《誠齋易傳》，宋・楊萬里撰，《易經集成》第二六、二七冊。
19. 《周易來注》，明・來知德撰，《易經集成》第六三～六六冊。
20. 《船山易學》，清・王夫之撰，廣文書局，民國 70 年三版。
21. 《合訂刪補大易集義粹言》，清・納蘭成德撰，漢京《通志堂經解》本第十冊。
22. 《周易象數論》，清・黃宗羲撰，《易經集成》第一一五冊。
23. 《周易象辭》，清・黃宗炎撰，《四庫全書》第四十冊。
24. 《周易函書約存》，清・胡煦撰，《四庫全書》第四八冊。
25. 《六十四卦經解》，清・朱駿聲撰，《易經集成》第九五冊。
26. 《仲氏易》，清・毛奇齡撰，《易經集成》第七七、七八冊。
27. 《易圖明辨》，清・胡渭撰，《易經集成》第一四五冊據《守山閣叢書》本。
28. 《周易姚氏學》，清・姚配中撰，《易經集成》第九二冊據《皇清經解續編》本。
29. 《周易互體徵》，清・俞樾撰，《皇清經解續編》本。
30. 《周易爻辰圖》，清・惠棟撰，《易經集成》第一四六冊。
31. 《周易述》，清・惠棟撰，《四庫全書》第五二冊。
32. 《易漢學》，清・惠棟撰，《廣文書局》，民國 70 年再版。
33. 《易例》，清・惠棟撰，《易經集成》第一五〇冊。
34. 《周易釋爻例》，清・成蓉鏡撰，《易經集成》第一五〇冊。
35. 《易通釋》，清・焦循撰，鼎文書局，民國 64 年初版。
36. 《周易鄭氏義》，清・張惠言撰，《易經集成》第一七六冊。
37. 《卦氣解》，清・莊存與撰，《易經集成》第一三二冊。
38. 《爻辰表》，徐昂撰，《易經集成》第一四八冊。
39. 《釋鄭氏爻辰補》，徐昂撰，《易經集成》第一四八冊。
40. 《清儒易經彙解》，鼎文書局，民國 61 年初版。
41. 《卦氣集解》，黃元炳撰，《易經集成》第一四八冊。
42. 《易學五書》，王震撰，華正書局，民國 73 年版。

43. 《易學應用之研究》，陳立夫編，中華書局，民國 64 年初版。
44. 《周易鄭氏學》，胡自逢撰，嘉新文化基金會，民國 58 年版。
45. 《先秦諸子易說通考》，胡自逢撰，文史哲出版社，民國 63 年版。
46. 《先秦漢魏易例述評》，屈萬里撰，學生書局，民國 74 年三版。
47. 《談易》，戴君仁撰，開明書店，民國 69 年六版。
48. 《周易理解》，傅隸樸撰，商務印書館，民國 78 年三版。
49. 《魏晉南北朝易學書考佚》，黃師慶萱撰，幼獅文化事業公司，民國 64 年初版。
50. 《周易讀本》，黃師慶萱撰，三民書局，民國 73 年再版。
51. 《易學源流》，徐芹庭撰，國立編釋館，民國 76 年初版。
52. 《兩漢十六家易注闡微》，徐芹庭撰，五洲出版社，民國 64 年版。
53. 《漢魏七家易學之研究》，徐芹庭撰，成文出版社，民國 65 年版。
54. 《虞氏易述解》，徐芹庭撰，五洲出版社，民國 63 年版。
55. 《易經研究》，徐芹庭撰，五洲出版社，民國 63 年版。
56. 《易來氏學》，徐芹庭撰，嘉新文化基金會，民國 58 年初版。
57. 《周易事理通義》，劉百閔撰，中華大典編印會，民國 55 年版。
58. 《易傳之形成及其思想》，戴師璉璋撰，文津出版社，民國 78 年初版。
59. 《易經新證》，于省吾撰，藝文印書館，民國 64 年三版。
60. 《周易的自然哲學與道德函義》，牟宗三撰，文津出版社，民國 77 年出版。
61. 《易學新論》，嚴靈峰撰，正中書局，民國 65 年三版。
62. 《學易筆談》，杭辛齋撰，廣文書局，民國 76 年再版。
63. 《易學通論》，王瓊珊撰，廣文書局，民國 51 年初版。
64. 《周易經傳象義闡釋》，朱維煥撰，學生書局，民國 75 年二版。
65. 《周易古義》，楊樹達撰，河洛出版社，民國 63 年初版。
66. 《周易古義補》，屈萬里撰，聯經出版公司《屈萬里先生文存》第一冊民國 74 年初版。
67. 《易鑰》，陳炳元撰，弘道文化事業有限公司，民國 65 年初版。
68. 《易數淺說》，黎凱旋撰，名山出版社，民國 65 年三版。
69. 《易經研究論集》，林尹等撰，黎明文化事業公司《孔孟學說叢書》，民國 71 年再版。
70. 《大易哲學論》，高懷民撰，自印，民國 77 年再版。
71. 《先秦易學史》，高懷民撰，中國學術著作獎助委員會，民國 75 年再版。
72. 《兩漢易學史》，高懷民撰，中國學術著作獎助委員會，民國 72 年三版。

73. 《易學論著選集》，黃師沛榮撰， 長安出版社，民國 77 年再版。
74. 《周易彖象傳義理探微》，黃師沛榮撰，漢京文化事業公司，民國 73 年初版。
75. 《周易要義》，周大利撰，文史哲出版社，民國 70 年初版。
76. 《易經繫辭傳解義》，吳怡撰，三民書局，民國 80 年初版。
77. 《周易古經今注》，高亨撰，北京中華書局，1989 年三版。
78. 《周易大傳今注》，高亨撰，齊魯書社，1988 年六版。
79. 《周易通義》，李鏡池撰，北京中華書局，1986 年一版。
80. 《易學哲學史》，朱伯崑撰，北京大學出版社，1986 年一版。
81. 《易象通說》，錢世明撰，華夏出版社，1989 年一版。
82. 《周易思想研究》，張立文撰，湖北人民出版社，1980 年一版。

三、經史類

1. 《尚書》，漢・孔安國傳、唐・孔穎達正義，藝文印書館《十三經注疏》阮刻本民國 74 年十版。
2. 《毛詩》，漢・毛公傳、漢・鄭玄箋、唐・孔穎達正義，藝文印書館《十三經注疏》本。
3. 《周禮注疏》，漢・鄭玄注、唐・賈公彥疏，藝文印書館《十三經注疏》本。
4. 《禮記》，漢・鄭玄注、唐・孔穎達正義，藝文印書館《十三經注疏》本。
5. 《春秋左傳》，晉・杜預注、唐・孔穎達正義，藝文印書館《十三經注疏》本。
6. 《論語注疏》，魏・何晏注、宋・邢昺疏，藝文印書館《十三經注疏》本。
7. 《孟子注疏》，漢・趙岐注、宋・孫奭疏，藝文印書館《十三經注疏》本。
8. 《四書集註》，宋・朱熹集註，世界書局，民國 66 年二十二版。
9. 《大戴禮記》，漢・戴德撰，四部叢書刊正本。
10. 《春秋繁露義證》，清・蘇輿義證，河洛圖書出版社，民國 63 年初版。
11. 《經解入門》，清・江藩撰，廣文書局，民國 66 年初版。
12. 《經學通論》，清・皮錫瑞撰，河洛圖書出版社，民國 63 年初版。
13. 《增註經學歷史》，清・皮錫瑞撰，藝文印書館，民國 76 年二版。
14. 《羣經平議》，清・俞樾撰，世界書局，民國 73 年二版。
15. 《禮學卮言》，清・孔廣森撰，漢京《皇清經解》本。
16. 《經義述聞》，清・王引之撰，商務印書館，民國 68 年出版。
17. 《經學源流考》，清・甘鵬雲撰，廣文書局，民國 66 年出版。

18. 《經義叢鈔》，清・嚴杰輯，《皇清經解》本。
19. 《讀經示要》，熊十力撰，洪氏出版社，民六十七年四版。
20. 《中國經學史的基礎》，徐復觀撰，學生書局，民國 71 年初版。
21. 《中國經學史》，馬宗霍撰，商務印書館，民國 68 年九版。
22. 《中國經學史》，日人・本田成之撰，學海出版社，民國 74 年初版。
23. 《兩漢經學今古文平議》，錢穆撰，東大圖書公司，民國 72 年三版。
24. 《群經述要》，高師仲華撰，黎明文化事業公司，民國 68 年初版。
25. 《說文解字》，漢・許慎撰、清・段玉裁注，藝文印書館，民國 74 年六版。
26. 《釋名》，漢・劉熙撰，《四庫全書》第二二一冊。
27. 《中國字例》，高鴻縉撰，三民書局，民國 65 年五版。
28. 《新校本史記三家注并附編二種》，漢・司馬遷撰，鼎文書局，民國 68 年二版。
29. 《新校漢書集注》，漢・班固撰、唐・顏師古注，世界書局，民國 67 年三版。
30. 《新校後漢書注》，劉・宋范曄撰、唐・李賢等注，世界書局，民國 70 年四版。
31. 《隋書》，唐・魏徵等撰，鼎文書局，民國 75 年三版。
32. 《舊唐書》，晉・劉昫等撰，鼎文書局，民國 75 年三版。
33. 《新唐書》，宋・歐陽修、宋祁等撰，鼎文書局，民國 75 年三版。
34. 《宋史》，元・托托等撰，鼎文書局，民國 75 年三版。
35. 《路史》，宋・羅泌撰，《四庫全書》第三八三冊。
36. 《繹史》，清・馬驌撰，《四庫全書》第三六五～三六八冊。
37. 《國語》，九思出版社，民國 67 年初版。
38. 《古史辨第三冊》，顧頡剛等撰，明倫出版社，民國 59 年初版。
39. 《中國哲學史》，馮友蘭撰，翻印本。
40. 《中國哲學史》，勞思光撰，三民書局，民國 70 年初版。
41. 《中國哲學思想史》，羅光撰，學生書局，民國 67 年初版。
42. 《漢代學術史略》，顧頡剛撰，天山出版社，民國 74 年版。
43. 《兩漢思想史》，徐復觀撰，學生書局，民國 78 年四版。
44. 《兩漢思想史》，祝瑞開撰，上海古籍出版社，1989 年一版。
45. 《中國中古思想史》，郭湛波撰，龍門書局，民國 56 年版。
46. 《中國之科學與文明》，李約瑟撰、陳立夫主譯，商務印書館，民國 66 年二版。

47. 《中國文化史工具書》，無名氏撰，木鐸出版社，民國 72 年版。
48. 《中國古代天文學簡史》，陳遵嬀撰，木鐸出版社，民國 71 年版。
49. 《中國天文曆法史料》，鼎文書局，民國 75 年版。
50. 《中國天文學史》，陳遵嬀撰，明文書局，民國 79 年初版。
51. 《中國天文史話》，明文書局，民國 77 年三版。
52. 《中華天文學史》，曹謨撰，商務印書館，民國 75 年初版。
53. 《曆法通志》，朱文鑫撰，商務印書館，民國 23 年版。
54. 《中國醫學史》，陳邦賢撰，慶文書局，民國 68 年版。

四、子集類

1. 《老子道德經注》，周・李耳撰、魏・王弼注，世界書局《新編諸子集成》第三冊，民國 67 年三版。
2. 《荀子集解》，唐・楊倞注、清・王先謙集解，《新編諸子集成》第二冊。
3. 《莊子集釋》，晉・郭象注、唐・成玄英疏、清・郭慶藩集釋，《新編諸子集成》第三冊。
4. 《莊子集解》，清・王先謙集解，《新編諸子集成》第四冊。
5. 《列子注》，晉・張湛撰，《新編諸子集成》第四冊。
6. 《管子校正》，唐・尹知章注、清・戴望校正，《新編諸子集成》第五冊。
7. 《呂氏春秋》，秦・呂不韋撰、漢・高誘注，《新編諸子集成》第七冊。
8. 《淮南子》，漢・劉安撰、漢・高誘注，《新編諸子集成》第七冊。
9. 《論衡》，漢・王充撰，《新編諸子集成》第七冊。
10. 《申鑑》，漢・荀悅撰，《新編諸子集成》第二冊。
11. 《白虎通疏證》，漢・班固撰、清・陳立疏證，《中國子學名著集成》第八十六冊。
12. 《山海經》，晉・郭璞注，廣文書局，民國 54 年版。
13. 《周髀算經》，漢・趙君卿注，《四庫全書》第七九七冊。
14. 《九章算術》，晉・劉徽注，《四庫全書》第七九七冊。
15. 《數術記遺》，北周・甄鸞注，《四庫全書》第七九七冊。
16. 《五行大義透解》，隋・蕭吉撰，武陵出版社，民國 72 年初版。
17. 《唐開元占經》，唐・瞿曇悉達撰，《四庫全書》第八〇七冊。
18. 《增補六臣註文選》，梁・蕭統撰，華正書局，民國 68 年版。
19. 《文心雕龍注》，范文瀾注，明倫書局，民國 60 年出版。
20. 《朱子語類》，宋・黎靖德編，正中書局，民國 62 年版。
21. 《日知錄》，清・顧炎武撰，商務印書館，民國 67 年版。

22. 《述學》，清·汪中撰，廣文書局筆記三編，民國59年初版。
23. 《癸巳類稿》，清·俞正燮撰，世界書局。
24. 《癸巳存稿》，清·俞正燮撰，商務印書館，民國60年版。
25. 《黄氏日抄》，清·黄震撰，《四庫全書》第七〇八冊。
26. 《十駕齋養新錄》，清·錢大昕撰，商務印書館，民國67年版。
27. 《章氏遺書》，清·章學誠撰，漢·聲出版社，民國62年初版。
28. 《古今圖書集成》，清·陳夢雷編纂，鼎文書局文星版，民國66年初版。
29. 《高明文輯——鄭玄學案》，高師仲華撰，黎明文化事業公司，民國64年初版。
30. 《觀堂集林》，王國維撰，藝文印書館，民國47年初版。
31. 《劉申叔先生遺書》，劉師培撰，大新書局，民國54年版。
32. 《中國哲學原論》，唐君毅撰，學生書局，民國69年四版。
33. 《中國哲學十九講》，牟宗三撰，學生書局，民國72年初版。
34. 《中國哲學的特質》，牟宗三撰，學生書局，民國69年六版。
35. 《兩漢哲學》，周紹賢撰，文景出版社，民國67年再版。
36. 《神話與詩》，聞一多撰。
37. 《陰陽五行家思想之述評》，郭爲撰，復文書局民國68年初版。
38. 《先秦兩漢之陰陽五行學說》，李漢三撰，鐘鼎出版社，民國56年初版。
39. 《秦漢思想簡議》，李澤厚撰，谷風出版社，民國79年初版。
40. 《漢代的相人術》，祝平一撰，學生書局，民國79年初版。
41. 《中醫經絡學》，唐湘清撰，木鐸出版社，民國77年初版。
42. 《神相全編》，明·袁忠徹校訂，大孚書局，民國75年再版。

五、書志類

1. 《崇文總目》，宋·王堯臣等編，商務《業書集成簡編》本。
2. 《通志》，宋·鄭樵撰，商務《文淵閣四庫全書》第三七二～三八一冊。
3. 《郡齋讀書志》，宋·晁公武撰，《四庫全書》第六七四冊。
4. 《郡齋讀書後志》，宋·趙希弁輯，《四庫全書》第六七四冊。
5. 《郡齋讀書附志》，宋·趙希弁輯，《四庫全書》第六七四冊。
6. 《直齋書錄解題》，宋·陳振孫撰，《四庫全書》第六七四冊。
7. 《文獻通考》，元·馬端臨撰，《四庫全書》第六一〇～六一六冊。
8. 《四庫全書總目提要》，清·紀昀撰，商務印書館，民國72年初版。
9. 《四庫提要辨正》，余嘉錫撰，藝文印書館，民國46年版。

10. 《四庫全書總目提要補正》，胡玉縉撰，木鐸出版社，民國 70 年版。
11. 《精義考》，清・朱彝尊撰，中華書局，民國 59 年二版。
12. 《四部正》，清・胡應麟撰，商務《古書辨僞四種》本，民國 67 年版。
13. 《古書眞僞及其年代》，梁啓超撰，中華書局，民國 45 年版。
14. 《古今僞書考》，姚際恆撰，商務《古書辨僞四種》本，民國 67 年版。
15. 《僞書通考》，張心澂撰，明倫出版社，民國 60 年再版。
16. 《續僞書通考》，鄭良樹撰，學生書局，民國 73 年初版。
17. 《中國古典文獻學》，張舜徽撰，木鐸出版社，民國 72 年出版。
18. 《中國歷代經籍典》，中華書局，民國 59 年版。
19. 《中國歷代典籍考》，程登元撰，順風出版社，民國 57 年版。
20. 《永樂大典考》，郭伯恭校輯，商務印書館，民國 51 年版。
21. 《百部叢書集成分類目錄》，藝文印書館。
22. 《叢書集成新編總目、書名索引、作者索引》，新文豐出版社，民國 78 年版。
23. 《國立故宮博物院善本書目》，國立故宮博物院編印，民國 72 年初版。
24. 《臺灣公藏普通本線裝書目書名索引》，中央圖書館印行，民國 71 年版。
25. 《叢書子目類編》，文史哲出版社，民國 75 年再版。
26. 《經學研究論著目錄》，林慶彰主編，中央圖書館漢學研究中心編印，民國 78 年版。

貳、論文及期刊部分

一、論文之屬

1. 《漢易闡微》，徐芹庭撰，師大國研所六十二年博士論文。
2. 《東漢讖緯與政治》，陳郁芬撰，台大中研所六十六年碩士論文。
3. 《孔穎達周易正義研究》，龔鵬程撰，師大國研所六十八年碩士論文。
4. 《易與天人之學》，呂碧霞撰，香港能仁中研所一九八二年碩士論文。
5. 《周秦陰陽五行家思想研究》，林金泉撰，師大國研所七十一年碩士論文。
6. 《原氣》，莊耀郎撰，師大國研所七十三年碩士論文。
7. 《易爻指例》，朱介國撰，師大國研所七十四年碩士論文。
8. 《論易經乾坤之作用》，楊遠謀撰，文化哲研所七十五年碩士論文。
9. 《易數研究》，劉・遠智撰，文大國研所七十六年博士論文。
10. 《易經卦象初探》，南基守撰，師大國研所七十六年碩士論文。

11. 《周易元亨利貞四德說研究》，方中士撰，高師國研所七十六年碩士論文。
12. 《惠棟易例研究》，江弘遠撰，師大國研所七十七年碩士論文。
13. 《楊萬里易學之研究》，黃忠天撰，高師國研所七十七年碩士論文。
14. 《從災異到玄學》，謝大寧撰，師大國研所七十九年碩士論文。
15. 《項安世《周易玩辭》研究》，賴貴三撰，師大國研所七十九年碩士論文。

二、期刊之屬

1. 〈緯論〉，姜忠奎撰，《新民月刊》第一卷第六期。
2. 〈易緯中的河圖洛書〉，黎凱旋撰，《中華易學》第一卷第三期。
3. 〈易緯乾鑿度初探〉，李煥明撰，《中華易學》第四卷第七期。
4. 〈易緯脞錄〉，沈延國撰，《制言半月刊》第四十三期。
5. 〈由卜兆記數推究殷人對於數的觀念〉，饒宗頤撰，史語所《慶祝董作賓先生六十五歲論文集》。
6. 〈河圖洛書的本質及其原來的功用〉，戴君仁撰，《文史哲學報》第十五期。
7. 〈易卦源於龜卜考〉，屈萬里撰，元刊《中研院史語所集刊》第二十七本。
8. 〈周易卦爻辭成於周武王時代考〉，屈萬里撰，《文史哲學報》第一期。
9. 〈周易卦爻辭中的故事〉，顧頡剛撰，《燕京大學學報》第六期。
10. 〈讖緯釋名〉，陳槃撰，元刊《中研院史語所集刊》第十一本。
11. 〈讖緯溯原上〉，陳槃撰，元刊《中研院史語所集刊》第十一本。
12. 〈秦漢間之所謂「符應」論略〉，陳槃撰，元刊《中研院史語所集刊》第十六本。
13. 〈戰國秦漢間方士考論〉，陳槃撰，元刊《中研院史語所集刊》第十七本。
14. 〈論早期讖緯及其與鄒衍書說之關係〉，陳槃撰，元刊《中研院史語所集刊》第二十本。
15. 〈讖緯命名及其相關之問題〉，陳槃撰，元刊《中研院史語所集刊》第二十一本。
16. 〈論古「讖」「緯」「圖」「候」「符」「書」「錄」之稱謂〉，陳槃撰，《學術季刊》第三卷第三期。
17. 〈緯書與古天文學之關係〉，沈訒撰，《國專月刊》第一卷第一期。
18. 〈易緯「六十四卦流轉注十二之辰」表研究〉，林金泉撰，《漢學研究》第六卷第二期。
19. 〈太極問題疏抉〉，唐君毅撰，新亞書院《學術季刊》第六期。
20. 〈易象探原〉，高師仲華撰，《孔孟學報》第十五期。
21. 〈周易繫辭傳的十二蓋取〉，李周龍撰，《孔孟學報》第四十二期。

22. 〈周易繫辭傳的三陳九卦釋義〉，李周龍撰，《孔孟學報》第四十九期。
23. 〈周易「元亨利貞」析論〉，蒙傳銘撰，《中國學術年刊》第二期。
24. 〈易經占筮性質辨說〉，季旭昇撰，《中國學術年刊》第四期。
25. 〈從漢易源流探討京房易的承傳問題〉，李周龍撰，《中國學術年刊》第六期。
26. 〈周易時觀初探〉，黃師慶萱撰，《中國學術年刊》第十期。
27. 〈說易散稿〉，屈萬里撰，《文史哲學報》第七期。
28. 〈易經中的「理」與「氣」——對《中國哲學》中「有」與「無」的重新考察〉，成玄英撰，《幼獅學誌》第十六卷第四期。
29. 〈周易與陰陽五行思想〉，林金泉撰，《孔孟月刊》第二十卷第一期。
30. 〈中華文化的迷津——龜策和讖緯〉，周錫俟撰，《中華文化復興月刊》第二十一卷第四期。
31. 〈河圖象數與天人體用〉，廖維藩撰，《學粹》第五卷第二期。
32. 〈洛書象數與天人運行〉，廖維藩撰，《學粹》第五卷第三期。
33. 〈兩漢之經術〉，廖維藩撰，《學粹》第六卷第三、四、五、六期。
34. 〈中國古代天文成就〉，席澤宗撰，市立天文台《天文通訊》第二三二期。
35. 〈中國最早的北極光記錄——燭龍〉，蔡哲茂撰，中央日報〈長河版〉，民國 80 年 3 月 7 日。
36. 〈從科技史觀點談傳統思想中的「數」〉，何丙郁撰。
37. 〈論馬王堆帛書易經之卦序〉，黃師沛榮撰，《書目季刊》第十八卷第四期。
38. 〈在甲骨金文中所見的一種已經遺失的中國古代文字〉，唐蘭撰，《考古學報》，1957 年第二期。
39. 〈試譯周初青銅器銘文中的易卦〉，張政烺撰，《考古學報》，1980 年第四期。
40. 〈帛書六十四卦跋〉，張政烺撰，《文物》，1984 年第三期。
41. 〈殷虛甲骨文中所見的一種筮卦〉，張政烺撰，《文史》二十四輯，1985 年。
42. 〈西周卦畫試說〉，徐錫台、樓宇烈撰，《中國哲學》第三輯，1980 年。
43. 〈從商周八卦數字符號談筮法的幾個問題〉，張亞初、劉雨撰，《考古學報》，1981 年第二期。
44. 〈帛書周易〉，于豪亮撰，《文物》，1984 年第三期。
45. 〈帛書《周易》「水火相射」釋疑〉〉，霍斐然撰，《文史》第二十九輯。
46. 〈帛書周易釋疑一例——天行健究應如何解釋〉，韓仲民撰，《文物天地》，1984 年第五期。

47. 〈緯書與經今古文學〉，周予同撰，《民鐸雜誌》，1926 年第七卷第二期。又《周予同經學史論著選集》上海人民出版社。
48. 〈易乾鑿度思想初論〉，丁培仁撰，《四川大學學報》，1982 年第三期。
49. 〈周易乾鑿度的哲學思想〉，鍾肇鵬撰，《社會科學研究》，1983 年第一期。
50. 〈論漢代讖緯神學〉，黃開國撰，《中國哲學史研究》，1984 年第一期。
51. 〈由氣體到氣用——易緯的宇宙演化論初析〉，尚洪恩撰，《中國哲學史研究》，1987 年第一期。
52. 〈易學傳統中的象數思維模式〉，唐明邦撰，《中國哲學史研究》，1989 年第四期。
53. 〈「易緯」的樸素辯證法思想〉，羅錫冬撰，《中國哲學史研究》，1989 年第十一期。
54. 〈「易緯坤靈圖」象數考〉，日人・武田時昌撰，《日本中國學會報》第三十九集。

書影

書影一　國立北京大學圖書館藏清乾隆二十一年丙子盧見曾雅雨堂刊本《周易乾鑿度》書影

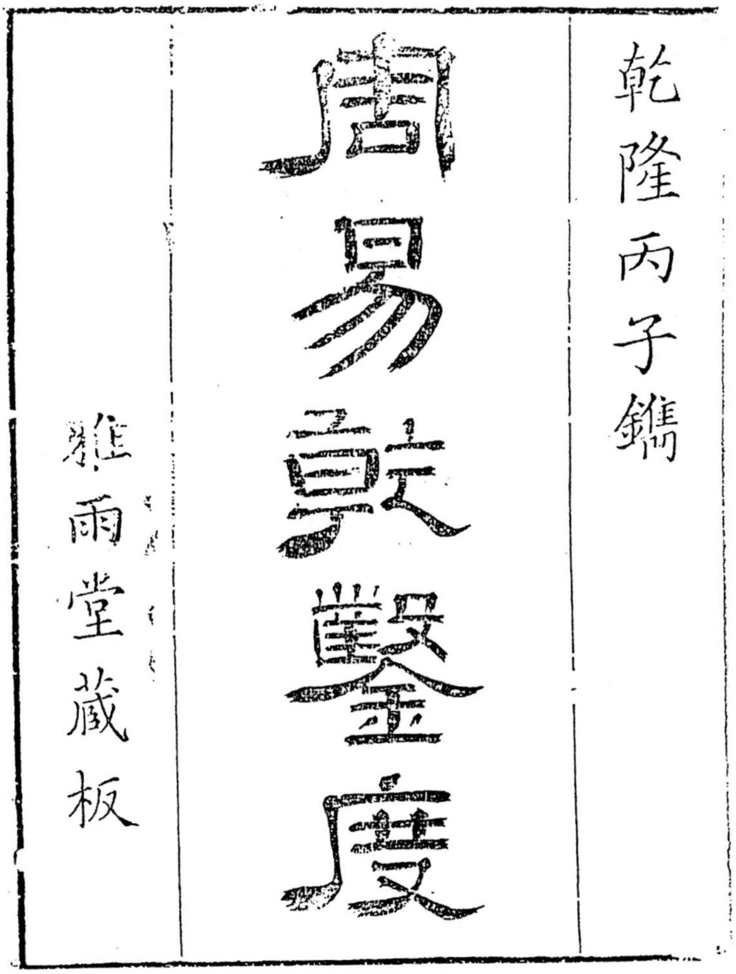

乾隆丙子鐫

周易乾鑿度

雅雨堂藏板

周易乾鑿度卷上

鄭氏注

孔子曰易者易也變易也不易也管三成德爲道苞籥管統也德者得也道者理也籥者要也言易道統此三事故能成天下之道德故云包道之要籥也易者以言其德也通情無門藏神無内也佼易無爲故天下之性莫不自得也光明四通佼易立節佼易者寂然無爲之謂也天地爛明日月星辰布設八卦錯序律歷調列五緯順軌五緯五星也四時和粟孳結孳育也結成也四瀆通情優游信潔水有信而清潔根著浮流根著者草木也浮流者人兼鳥獸也氣更相實比皆言易道無爲故天地萬物各得以自通也虛无感動清淨炤哲炤明也夫惟虛无也故能感天下之動唯清淨也故能炤天下之明移物

周易乾鑿度　卷上　一　雅雨堂

書影二　嚴靈峰先生《無求備齋易經集成》據清乾隆三十八年《武英殿初刻》本《易緯乾鑿度》書影

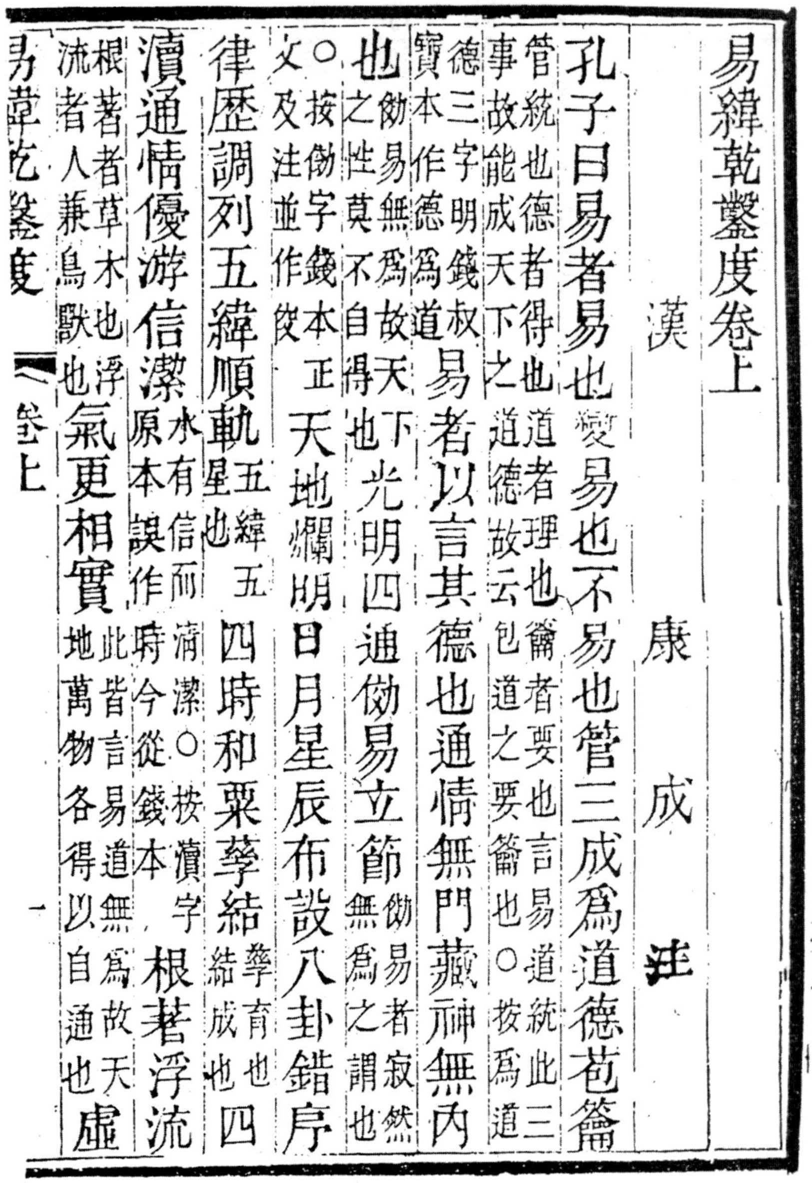
易緯乾鑿度卷上

漢　康成　注

孔子曰易者易也變易也不易也管三成爲道德苞籥管統也德者得也道者理也籥者要也言易道統此三事故能成天下之道德故云包道之要籥也○按爲道德三字明錢叔寶本作德爲道易者以言其德也通情無門藏神無內也倣易無爲故天下之性莫不自得也光明四通倣易立節倣易者寂然無爲之謂也○按倣字錢本正文及注並作傚天地爛明日月星辰布設八卦錯序律歷調列五緯順軌五緯五星也四時和粟孳結孳育也結成也四瀆通情優游信潔水有信而淸潔○按瀆字原本誤作時今從錢本根著浮流根著者草木也浮流者人兼鳥獸也氣更相實此皆言易道無爲故天地萬物各得以自通也虛

易緯乾鑿度　卷上　一